人力资源管理的未来

徐刚 著

The Future of Human Resources Management

《人力资源管理的未来》一书主要探讨人力资源管理在因外部环境飞速变化而遭遇巨大挑战的背景下，如何打破传统人力资源管理模式的局限性，顺应未来发展趋势，以业务结果为导向，通过技术赋能、数据驱动、员工体验、出海全球、突破边界、生态协同、创新领导等方式进行人力资源管理的变革，以提升组织效能，应对未来挑战，持续为企业创造价值。

本书讨论人工智能等新技术给人力资源管理带来的影响，包括企业如何进行人力资源管理的数智化转型，阐述了如何运用数据分析工具与方法辅助人力资源决策。同时本书也探讨了如何从员工体验出发，通过更创新的赋能型领导提升员工内驱力、敬业度，激发组织活力。本书还探讨了人力资源管理面临的全球化问题，以及人力资源管理如何突破组织边界进行更广泛的生态协作赋能业务。最后还提示了HR应对未来的关键胜任力与学习方法。

本书对人力资源管理的未来发展进行了多方位展望，内容丰富，可为人力资源从业者提供转型发展的思路与方法。

图书在版编目（CIP）数据

人力资源管理的未来 / 徐刚著. --北京 : 机械工业出版社，2024.9. -- ISBN 978-7-111-76521-9

Ⅰ. F243

中国国家版本馆CIP数据核字第2024U8T092号

机械工业出版社（北京市百万庄大街22号　邮政编码100037）

策划编辑：坚喜斌　　责任编辑：坚喜斌　刘林澍

责任校对：肖　琳　张　征　　责任印制：刘　媛

唐山楠萍印务有限公司印刷

2024年11月第1版第1次印刷

170mm×240mm · 18印张 · 1插页 · 236千字

标准书号：ISBN 978-7-111-76521-9

定价：75.00元

电话服务

客服电话：010-88361066

010-88379833

010-68326294

网络服务

机　工　官　网：www. cmpbook. com

机　工　官　博：weibo. com/cmp1952

金　　书　　网：www. golden-book. com

机工教育服务网：www. cmpedu. com

前　言

新质生产力呼唤“新质 HR”

2023 年 9 月习近平总书记首次提出了“新质生产力”的概念，2024 年 1 月 31 日，中共中央政治局就扎实推进高质量发展进行第十一次集体学习，习近平总书记对新质生产力做出了系统阐述。

新质生产力意味着生产力领域发生的根本性变化，这种变化体现为技术创新、模式创新、产业创新和管理创新，它代表了社会生产力演化的一次巨大跃升。新质生产力相较于传统生产力，具有更高的技术水平、更好的质量、更高的效率和更强的可持续性。

新质生产力区别于传统的依靠大量资源投入的生产力发展方式，主要以科技创新为核心驱动力，通过管理创新、制度创新等手段，推动传统产业升级，培育新兴产业，并优化产业链和供应链的现代化生产力体系。

根据“十四五”规划纲要战略性新兴产业包括新一代信息技术、生物技术、新能源、新材料、高端装备、新能源汽车、绿色环保以及航空航天、海洋装备等，未来产业包括类脑智能、量子信息、基因技术、未来网络、深海空天开发、氢能与储能等。新质生产力不仅是中国现代化建设的重要战略，更是应对全球科技革命和产业变革趋势的必然选择。

任何变革都需要由人来驱动，因此新质生产力的发展对人力资源管理的未来也会产生如下影响：

- 人才需求的变化：随着科技和产业创新的加速，对高技能、高科技人才的需求将显著增加。企业需要加大对技术人才的培养和引进力度，并建立完善的激励机制来吸引和留住优秀人才。
- 技能提升和再培训：传统产业的升级和新兴产业的兴起需要员工不断更新和提升技能。企业需要提供持续的职业培训和发展机会，以帮助员工适应新的技术和工作模式 。
- 工作模式的转变：数字经济和绿色发展的融合将推动远程办公、智能制造等新工作模式的普及，要求企业在工作管理和员工协作方式上进行调整 。
- 创新文化的培养：推动企业文化向创新型转变，鼓励员工积极参与创新活动，营造包容失败、鼓励尝试的工作氛围，以提升整体创新能力和竞争力。

因此，新质生产力的推进不仅是国家战略层面的重大举措，也将深刻影响企业的人力资源管理实践，推动人力资源向更加智能和高效的方向发展。新质生产力需要“新质 HR”，所有的人力资源从业者也需要积极思考人力资源管理的未来。

传统人力资源管理所面临的挑战

如何面向未来，成为“新质 HR”？我们要基于现实来看看随着时代的发展，传统的人力资源管理在当前主要面临着哪些挑战；要结合当前的痛点，才更能引发我们对于人力资源管理变革方向的思考。

当前很多企业的 HR 部门是由人力资源负责人（HRD）领导的 HR 三支柱组成，分别是人力资源业务伙伴（HRBP）、人力资源专家中心（CoE）和人力资源共享服务中心（SSC），我们分别来看看这些团队所面临的挑战。

1. 人力资源业务伙伴（HRBP）面临的挑战

HRBP 普遍被认为是 HR 团队中非常重要的角色，但 HRBP 是拿着 HRBP 的钱，操着 HRD 的心。为什么这么说呢？

第一，HRBP 一般都会负责大大小小不同的业务部门，在业务部门里无论有什么和 HR 有关的事情都要找 HRBP。所以，HRBP 就好像是一个小公司的 HRD，业务部门的方方面面都要照顾到。

第二，HRBP 要调动资源。不容易解决的业务侧问题需要调动招聘、培训发展、全面薪酬、共享服务中心等各种 HR 团队资源。但是，这些资源又都不直接汇报给 HRBP，所以就要考验 HRBP 的横向协调沟通能力了。

第三，HRBP 常常左右为难。HRBP 经常是从业务部门听到声音后，要代表业务部门去催促招聘，和薪酬团队争论岗位评估结果，联络 SSC 处理紧急需求等。但这时又往往反过来受到 HR 内部团队的挑战，说公司有公司的流程和政策规定，为什么不管理好业务部门的期望值？很多时候 HRBP 都需要在业务需求和公司人事政策之间寻找平衡点。被夹在中间的活真是不好干啊！

第四，对 HRBP 的知识要求非常高。一般业务部门只要做好自己的专业就行了，但 HRBP 为了应对业务的各种需求，不但要了解 HR 全模块的知识，还得懂业务，搞清楚其他部门都在做什么事情。所以 HRBP 就得努力和各业务部门的人员沟通，尝试了解各部门的日常工作都是做什么的。但有些业务部门人员对 HRBP 又会抱着提防的心态，关键事情不和 HRBP 说，增加了 HRBP 学习的难度。

第五，对 HRBP 的评估主观性比较强。HRBP 一年到头到底表现如何，不像SSC有那么多硬性指标可以衡量，常常最后就是业务领导们的一句话。所以HRBP就必须得深入业务团队，搞好关系，混个脸熟。还要经常倾听每一位关键业务领导的声音，看看业务团队遇到了什么困难，有什么是HR可以支持的。各种会议团建HRBP也都要跟着出差参与，露个脸，发个声，提升在业务团队中HR的品牌和价值。建立了信任感，今后才好做工作。

第六，HRBP总有忙不完的事情。虽说HRBP名义上是战略型角色，但很多公司的HRBP到最后不得不做很多事务性工作。新人来了要找HRBP，团队有矛盾了要找HRBP，离职率高了要找HRBP，要培训了要找HRBP，绩效出问题了要找HRBP，调薪了要找HRBP，工资有疑问了也要找HRBP，裁员了还要找HRBP……

综上所述，不少公司的HRBP最后成了百科宝典+大管家。因此，HRBP在未来需要更多的支持，这样才能真正深入业务，从业务战略规划角度出发来明确工作优先级，真正赋能业务。也才能真正成为业务伙伴，持续成长，而不是到处救火。

2. 人力资源专家中心（CoE）面临的挑战

再来看看CoE，CoE的全称虽然是Center of Excellence，但其他团队好像总要挑战CoE的Excellence（专业性），任何一个方案出来，HRBP们都能给出好多意见。雇主品牌方案被挑战，不够有创意和吸引力；培训方案被挑战，不够落地、无法衡量效果、趣味性不高；薪酬方案被挑战，市场数据分析结果和日常大家的实际体验不符等。

HR虽然有招聘、培训发展、薪酬福利的CoE团队，但近年来不少相关运营工作被SSC逐步蚕食，抢走了“生意”。现在有很多SSC都已经承接了招聘、培训、薪酬福利的相关工作，相关人手也逐步分配到了

SSC。然后，老板就觉得 CoE 应该个个都是一个人能当两个人用的高精尖人才。其实，人员太精简了，在快速变化的环境中一旦要做什么项目，人手就立马捉襟见肘了。

CoE 要应对各种数字化的挑战。全行业都在说数字化，人工智能面试、人才画像、智能学习、即时激励、弹性福利等铺天盖地而来。CoE 在和各种软件供应商的各种艰难协作中被各种数字化专业名词轮番轰炸，逐渐迷失了自我，不禁怀疑自己是不是哪一天就可以转行做 IT 产品经理了。但是，虽然有了数字化，招聘还是一天到晚被放鸽子，总是被业务催着要人；培训还得忙里忙外组织各种工作坊；每天要忙着做各种测算和做各种薪酬项目。大家都没有切身感受到数字化真正把 CoE 的工作量降下来了，真希望人工智能是真的智能，而不是用“人工”的智能。

CoE 对未来职业的发展也很有困惑，会纠结到底是深耕当前领域还是拓展更多技能、多接触业务，往 HR 负责人的方向去发展。在公司里 HR 都在为其他部门做职业发展赋能，但就是忽视了自己内部的职业规划。现在不少企业都是一个萝卜一个坑，让 CoE 对于未来长远的发展也颇感焦虑。

因此，CoE 需要重新审视未来应该如何更好地发挥应有的作用，HR 团队也要思考什么样的 HR 组织设计才能让 CoE 更贴近一线需求，而不是迷失在各种方法论中。

3. 人力资源共享服务中心（SSC）面临的挑战

接下来谈谈 SSC，不少老板总觉得 SSC 就是做重复的事情，价值不高，因此不愿意多分配预算，还总想着要减人。但现在外部政策经常变化，使得 SSC 经常要忙着应对额外的项目来。无论是社保三位一体还是个人信息保护等事项，都需要各家公司 SSC 的 HR 积极应对，经常要在同行间打听各种最新消息并采取各种行动。随着数字化时代的发展，人力资源数字化和人力大数据分析的任务往往也会让SSC承担，因此，我们应该认识到SSC在未来应该是一个高价值的团队。

SSC的平均工资水平虽然不高，但是服务协议（SLA）的要求却一年比一年高。SSC的日常事务做好了没有人说好，因为大家觉得是应该的。但如果一件事情做错了，那么就会被要求解释原因并给出改进方案。其实，只要是人就一定都会犯错，没人可以保证在工作中不犯错。而且，还有不少错其实是流程中前道工序的失误造成的,SSC只是最后背锅而已。

有些员工在公司里遇到一些与绩效管理等相关的不开心的事情时，可能有时还会故意找SSC的麻烦。SSC有时真的是内心极度不爽，但是还要尽量理解这些员工，保持好的态度。

规模较大的公司的SSC，为了规范管理要制定很多复杂的SOP。从流程管理的角度，还经常要被审计。外部的审计人员“站着说话不腰疼”，总会鸡蛋里挑骨头。外部的审计人员还会要求在控制点上层层加码，有的HR部门人少，一件事情只有一个人负责，但审计人员还非得要求流程上再多一个人检查，有时就是过度防范。

由于SSC通常会负责HR系统，所以各个部门会经常向SSC要各种格式的数据报表，SSC的HR都要翻来覆去地帮着做。

还有，现在很多全球公司都在想办法降低人力成本，外企的SSC现在还要担心是不是哪一天会被印度、马来西亚、菲律宾等国家的共享服务中心把生意给抢走了。但事实证明用国外的共享服务中心来服务中国员工，这体验一般都好不到哪里去。远在千万里之外的外国人是很难应对中国快速变化的社会环境和政策的。

因此，未来SSC需要思考如何进一步提升自己的价值，发掘并放大自己的优势，更好地利用数字化让SSC能够持续创新，提升员工体验，让满意的员工为公司带来更多满意的客户和满意的业务结果！

4. 人力资源负责人面临的挑战

HRBP、CoE、SSC 都这么不容易，可想而知，HR 负责人就更不容易了，单是要解决手下各团队棘手的事就够费心费力了。因此，我们再来总结一下 HR 负责人有哪些不容易：

第一，不少企业的 HR 负责人叫 CHO（Chief HR Officer），看上去离 CEO 只有一小步了。但事实上，世界上最遥远的距离，有可能就是 CHO 与 CEO 之间的距离。如果我们看福布斯全球排名领先公司任职 CEO 的过往背景，除了之前就是 CEO 以外，大多是 CFO 和 COO。因此，大家应该也能看到不少 CHO 在本职岗位上已经任职多年，但还是一直都在那里。

第二，HR 负责人要周旋在公司最高领导层团队中间，和一群高智商、高情商的人斗智斗勇。如何能干实事、讲真话，还要能左右逢源，本来就是个难题。HR 作为支持部门经常会被挑战，说总用一些工具、流程和方法论给业务部门添麻烦，只说空话不干实事。因此，CHO 就得努力贴近业务，需要对市场和业务环境的变化保持开放的态度，持续学习，还得具有创新精神，能独立做出重要决定。在最高领导会议上要能和大家就业务话题打成一片，还要体现出 CHO 的独到之处，积极提案并在日常工作中将方案落地，干实事让大家都能看到结果。除了干实事，讲真话也不是件容易的事情。作为企业价值观的主要宣导核心，HR 负责人一定要心正，要敢于讲真话！但是，在职场中也不能轻易得罪人，所以如何进行沟通对于 CHO 来说就需要不断斟酌了。长此以往，CHO 一般都磨炼出了极高的情商！

第三，讽刺的是，HR 部门往往是公司中最没有人力也没有资源的一个部门。老板和 CHO 谈 HR 战略时，理想都很丰满，提出一堆明年要做的人力资源规划和人才发展目标。但从会议室出来后，CHO 往往又会发现现实很骨感：就给这么点预算，哪里能达成那么宏伟的目标？于是，每天不得不开始柴米油盐、精打细算，与高大上的战略渐行渐远。

公司业绩一旦有问题，要降本增效时，CEO 可能还会问 CHO，说你们 HR 部门是不是得做个榜样，帮忙多背点被动离职指标？然后，CHO 一边要带着团队帮业务部门解雇人，还得一边自己动手解雇自己人。

第四，本来 CHO 的位置就不好做，能和所有高管搞好关系就已经谢天谢地了。但现在数字化时代又到来了，各个部门都开始数字化，逼得 HR 也要搞人力资源数字化！大家和 CHO 对话时的画风也变了，动不动就要 CHO 来进行各种量化人才管理，用数字结果来证明 HR 的工作有效性。其实，人的特性使得管人这件事情是最难量化的，所以 CHO 又开始面临新的挑战，真的快分身乏术了！

因此，对于 HR 负责人的各种 CHO、CHRO、HRVP、HRD 来说，在未来一定要想办法提升 HR 在业务部门心目中的地位，才能在未来看到有更多 CHO 升级成为 CEO。

正因为现在有很多 HR 在人力资源管理上遇到不少痛点，又遇到变化越来越快的时代，因此，是时候认真结合未来趋势以及当前人力资源管理的痛点来思考面向未来的人力资源管理的破局点了。这也是我写这本书的初衷，希望能与更多的人力资源从业者们一起探讨人力资源管理的未来之路。

目　录

第 1 章

未来趋势

1.1 HR 应对未来的正确姿势

1. 企业和商业环境的未来

正如在前言中提到的，人力资源部门需要提升在业务部门心目中被重视的程度才能展现更大的价值，而企业的业务部门最重视的当然是作为企业生存之本的业务价值。因此，作为 HR 必须从业务环境的趋势出发来思考人力资源管理如何变革。

我国企业和商业环境的未来将是多元化和动态变化的，会受到多种因素的影响，包括经济政策、科技进步、全球化以及社会文化的变迁等，结合大家所体验到的变化以及新质生产力的方向，未来的商业发展有如下这些主要趋势：

- **数字化转型加速**：随着互联网、大数据、人工智能等技术的快速发展，中国企业将加速数字化转型。这不仅影响产品和服务的创新，也促使企业内部运营、管理方式及其与客户的互动方式发生变革。数字化已成为提高效率、创新服务和满足个性化需求的关键。
- **绿色可持续发展**：环境保护和可持续发展成为全球共识，我国政府也强调绿色发展、循环经济和低碳经济的重要性。企业将面临更严格的环保法规和标准，同时，绿色、低碳的产品和解决方案也将成为市场新宠。
- **国际化步伐加快**：我国企业将继续“走出去”，通过海外并购、建立研发中心和生产基地等方式加快国际化布局。同时，随着“一带一路”倡议的深入推进，中国企业在基础设施、能源、信息通信等领域的国际合作将进一步加强。

- **供应链的全球化和本地化并重：**未来我国企业将更加注重供应链的韧性和灵活性，通过技术创新和管理升级，实现供应链的优化和多元化，同时加强本地化布局，减少外部冲击的风险。
- **人才竞争加剧：**随着企业转型升级和新兴产业的快速发展，对高技能、创新型人才的需求将进一步增加。企业需要通过提供有竞争力的薪酬福利、职业发展机会和良好的工作环境，吸引和留住关键人才。
- **创新与合作并重：**在激烈的市场竞争中，持续的技术创新和产品创新是企业脱颖而出的关键。同时，通过跨行业合作、产学研合作等方式共享资源、互补优势，将成为企业快速发展的有效路径。
- **政策环境和监管框架的变化：**随着经济发展和市场环境的变化，政府的政策导向和监管框架也将相应调整。企业需要密切关注相关政策的变化，及时调整战略和运营计划，以合法合规的方式追求发展。

从这些趋势，我们可以感受到世界的变化将越来越快。之前我们是用 VUCA 这个词来形容这个世界的不确定性。VUCA 是 Volatile（易变的）、Uncertain（不确定）、Complex（复杂的）、Ambiguous（模糊的）第一个字母的组合。但现在这个词已经被 BANI 所升级替代。所谓 BANI，同样是四个单词的首字母组合：Brittle（脆弱）、Anxious（焦虑）、Nonlinear（非线性）、Incomprehensible（无法理解）。这些单词表明这个世界变化的程度和速度都在加剧。企业需要在保持敏捷性和创新力的同时，积极应对外部环境的挑战，把握发展的机遇。这个不断进步和变化的时代对于人力资源管理也有着更多复合型的需求，我们一起来看一看未来对 HR 会有哪些不一样的要求。

2. HR既要低头做事，也要抬头看路

无论外界如何变化，HR首先还是必须专注于其核心职能，通过勤奋和努力提升自身的专业能力和服务质量。把本职工作做好是一个职场人的基本素质、立身根本。一屋不扫何以扫天下，如果在周遭快速变化的环境中静不下心来，总是想入非非、眼高手低，不专注、不投入，势必不会被重视。行动力是低头做好事情的能力，只有将日常招聘、培训、员工关系工作做到极致，确保组织的人力资源得到最优化配置，HR才能在专业性上建立起不可替代的地位。

但对于HR来说同样非常重要的是要抬头看路，观察行业趋势，时刻保持对外界变化的敏锐洞察力，以预见性的思维引领组织适应未来的变化，才能紧跟时代的步伐，结合趋势，有重点地计划学习和工作。例如，如果能认清数字化时代重复性工作必定被淘汰，那就要思考如何在工作过程中让自己的能力得到升级。如果发现当前的工作好像重复性比较大，就可以学习如何通过工具和技术来将自己的工作自动化。节省出来的时间可以用来思考如何持续优化流程，积极提案。还可以学习那些不容易被技术取代的咨询、管理、沟通等技能。例如，通过研究数字化转型对人才管理的影响，探索如何利用技术提升工作效率和员工满意度。在这个过程中，积极学习新技能，如数据分析能力，将使HR能够更准确地预测人才趋势，优化人力资源配置。

再进一步，HR需要拥有大局观，有能看清各种人、事、物间的内在联系和因果关系的能力。每个人的时间都是有限的，为了在有限的时间内更有效地应对未来，我们不能两耳不闻窗外事，一心只读圣贤书，而是需要多关注这个世界发展的各种趋势，尽可能多地了解各领域的一些最新动态，多结交一些人脉以便有更多获取信息的渠道。对获取到的信息进行思考、整理、归纳，结合自己的特长来持续寻找和调整最适合自己的发展方向以及对个人发展最有利的优先事项。这样就可以让自己在有选择机会时更好地做出正确的选择，少走弯路。

3. HR 需要持续学习，文理兼备

在飞速变化的时代，HR 需要保持极度开放的心态，持续突破舒适圈。如果始终在舒适圈内用传统的思维去看待新生的事物，不用开放的心态去接纳，我们就会被时代所淘汰，而且速度很快。

在不久的将来，由于数字化、人工智能、自动化等技术的快速发展，企业中非常多的用人岗位可能会消失。例如，有不少地方已经建立了无人工厂，全自动进行生产。同样，在未来也会有更多新岗位诞生，需要既拥有数字化思维和技能，又懂专业的复合型人才。所以，为了应对未来的变化，我们一定要培养自己终身快速学习的能力。谁的学习能力强，谁的可塑性就强，就可以在未来更轻松地适应变化。

那我们应该学什么呢？目前从事人力资源行业的朋友们有着各种不同的专业背景，有学文科的也有学理科的，但文科占了大多数。文科生的思维模式偏向于感性，感性的人情感细腻，与人打交道时更容易让对方产生亲切感。在面试或者员工沟通中，这种亲切感会让员工或候选人感受到友好和热情。这一点在人力资源工作中有很大的优势，因为人在做决定时往往情感因素比理智因素要起到更大的作用。因此，感性的 HR 更容易影响员工和候选人。

感性的人还善于洞察人性，有同理心。有时候遇到情绪化的员工，讲逻辑和讲道理是没用的，唯有理解才能有机会化干戈为玉帛。文科出身的 HR 文笔好，对于公司文化建设的宣传工作，想个创意、写个文案问题不大，比较适合负责对内与员工沟通，对外宣传雇主品牌。平时公司开个年会、联欢会，文科出身的 HR 能歌善舞，出个节目、做个主持也不在话下。

但未来人力资源的工作，会对具备理性思维的理科出身的 HR 有更多的需求。传统人力资源的薪酬模块、运营流程设计等工作本来就需要极强的逻辑思维和数据敏感性。思维逻辑性强的人往往有大局观，更容易理解业务运作逻辑，因此对业务的理解会比较快。如果 HR 想要做一

些与组织发展有关的工作，通过一些方法论进行理性诊断也是必不可少的。逻辑思考能力强的HR，在与理科背景的员工多的部门进行沟通合作时，也能更懂理科出身的员工在想什么、需要什么。

例如，理科出身的HR在和程序员进行绩效管理相关的沟通时可能就更容易达成共识。理科背景的HR善于归纳和挖掘事物的本质和用数据说话，因此在进行分析和汇报时往往比较有深度。逻辑性强的HR更喜欢尝试用技术来解决问题，这样就可以推动HR事务性工作的自动化，让HR可以把时间投入到更有价值的工作中去。

在未来人工智能与数字化转型时代，理性思维的优势更显而易见。如果要培养人力资源数字化转型的人才，让理科生学HR的知识会比让文科生学IT知识相对更容易些。感性思维和理性思维在人力资源工作中都有各自独特的优势，基于未来趋势，如果想让自己成为更好的HR，最好能够文理双全。如果实在找不到文理双全的HR，那么建议在建立HR团队时最好能做到文理搭配，才能更好地打造面向未来的高绩效HR团队。

4. HR需要更多“妙手”，积极实践

“本手、妙手、俗手”是围棋的三个术语。“本手”是指合乎棋理的正规下法；“妙手”是指出人意料的精妙下法；“俗手”是指貌似合理，而从全局看通常会受损的下法。

传统的HR更喜欢人力资源管理的“本手”，也就是各路专家学者通过理论与实践结合总结出来的一些常用做法。例如，绩效KPI管理、薪酬对标分析、人才盘点九宫格等，无论放到哪家企业，多少都能起到点作用，不会有大错。HR如果希望在企业中能把自己的工作做稳，可以去学习一些基本的人力资源管理理论、方法和工具。例如，行为面试法、课程设计ADDIE模型、海氏岗位评估、人才测评DISC、MBTI、税法、劳动法等。结合企业人员管理需求，能把这些工具运用到企业的日常人力资源管理工作中来，就可以称为“本手”。毕竟是市场上积累下来的最

佳实践，在企业中适时运用能起到一定的效果。

不过，在实际企业管理过程中，不少 HR 往往也会听到业务人员的一些声音，说 HR 不懂业务，总是拿所谓的工具、方法来给业务部门找麻烦。这就是体现 HR 功力，需要 HR 出“妙手”的时候了。所谓 HR 的“妙手”，就是要有大局观，从业务价值和员工体验的角度出发，把握现在公司在人力资源管理上最需要的是什么。只有能诊断出业务人员最关心的问题和痛点，我们才能对症下药，能真正解决痛点的方案才是“妙手”。

同时我们也可以利用与时俱进的数字化技术来尝试创新做法。例如，把普通的定期绩效评估改成实时的数字化反馈来提高员工获得反馈的频率，推动员工成长。或者，通过组织网络分析来发掘企业内部真正的核心人才等。在快速变化的时代，HR 需要有更多新思维、新技能、新方法、新视野，才更容易提高下出“妙手”的概率。

当然，在管理过程中我们最需要避免的就是在 HR 基本功不扎实，又不了解业务和员工的想法和状况的前提下，随意拍脑袋去决策，听到什么新名词就想模仿，以为是“妙手”，但很有可能下出“俗手”，从而导致效率低下甚至是帮倒忙。例如，有的公司把 OKR 做成和 KPI 差不多的考核机制，不注重过程的跟踪，那么就是换汤不换药，经理、员工还得陪着一起折腾。

HR 在做人力资源管理决策和计划时，需要由点到面、考虑大局、把握痛点、跟踪数据，以此来推动可持续发展的闭环管理。以设计 HR 工作的 KPI 为例，HR 就应该从业务指标推导到绩效指标再推导到员工能力指标，最后设计出人力资源日常运营的相关指标，才能确保所有的 HR 工作都能和业务结果相关联。

快速行动实践才能出真知，想到了“妙手”，找到了方向，我们也需要有极强的行动力，进行敏捷的尝试，通过结果来判断方向是否正确。如果有想法但是行动缓慢，就可能会失去先机，被他人所超越。在未来，走得快才能走得远。

应对未来，HR 需要更多地看趋势，识大局，做实事，勤学习，懂业务，识人心，勤实践，出妙手！

1.2 人力资源管理的未来趋势概览

理解了 HR 为了应对未来需要更多的全局思维，我们就需要结合我国企业和商业环境的未来趋势来思考人力资源管理在未来有哪些重要趋势。我用图 1–1 进行了总结。

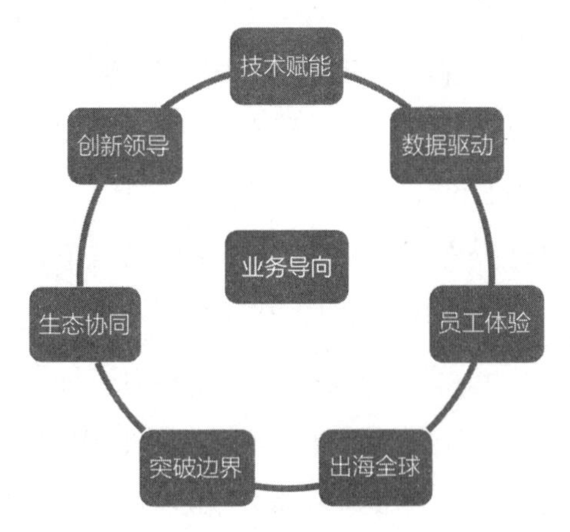

图 1–1 人力资源管理的未来趋势

1. 业务导向

无论时代发生什么变化，企业的战略目标、业务结果、商业价值永远都是最根本的终极目标。因此，所有的人力资源管理趋势必定要围绕业务结果来展开，在应对不同的人力资源管理趋势的同时，我们要不断关注企业业务结果的达成情况，并以此为导向持续迭代人力资源管理模式，只有这样才能让人力资源管理最终赋能企业的发展，业务导向是以不变应万变的未来趋势。

2. 技术赋能

随着人工智能技术的发展，人力资源部门在未来可以进一步高效地处理日常工作，每一位 HR 都有可能成为超级个体。利用技术释放出更多时间和精力后，HR 可以不断思考如何推动更多 HR 业务的数字化，进一步从日常琐事中解放出来，并更多聚焦在高价值的工作上，扩展自己的业务领域和工作范围，并能有机会进一步贴近业务，参与对业务的战略讨论和组织的设计及变革。

如能做到这些，公司的业务部门一定更能体会到人力资源部门的价值所在，对于人力资源部门的重视程度和资源投入也会相应提高。这就形成了一个正循环，使得 HR 在业务中所产生的价值比重可以逐步提升，人力资源部门就能具备更高的能力和影响力。

此外，未来快速变化的时代使得我们需要更加敏捷应变的组织，而先进的技术为构建敏捷组织提供了可能，各种新技术能够推动企业实现协同工作，还能让员工突破时间和空间的限制，进行远程协作。员工之间可以快速地交流想法和信息，管理者可以及时了解工作动态。企业也可以利用数字化平台建立知识库，实现组织内部知识的积累、共享和创新，有效利用集体智慧。这些都有助于构建一个信息流通、快速反应的敏捷组织。而 HR 需要思考的就是如何借助技术的力量来赋能打造高效组织。

3. 数据驱动

随着技术的发展，数据分析在未来将会变得更加容易和便捷，并逐步成为企业决策至关重要的依据。HR 在未来应该通过全面收集各种与人才、组织密切相关的数据，并结合业务数据来获取深入洞察，以优化人力规划、招聘策略、人才发展以及薪酬绩效等各项工作。

在瞬息万变的商业环境中，只有通过数据来找到当前业务及人员管理的痛点，才能让人力资源工作重点更聚焦，提升决策的质量和精准度，减少传统缺乏依据的“拍脑袋决策”的做法，使人力资源管理更具说服力。有了全面的人力数据分析作为支撑，人力资源的各模块可以形成一个紧密相连、相互牵制并且能够彼此支持的有机整体，进一步推动业务结果的达成。

4. 员工体验

为了让组织和员工能更好地应对未来，我们需要员工有更多内在动力去不断接受挑战和创新，但传统的薪酬福利机制越来越难激发员工的内驱力。这时，员工体验将会变得越来越重要，我们要从员工的角度出发，让员工找寻到工作的意义感，在工作中得到认同和信任，能与公司共同成长和发展，以此来真正激发员工发自内心的驱动力。在未来，员工体验将成为企业吸引和留住优秀人才，提高员工的工作效能和创造力的重要因素。

如果在这些体验点和体验方向上还能做到有独特的壁垒，那么企业的员工体验就能走在市场前沿。领先的员工体验在信息传播速度极快的时代同样会带来领先的雇主品牌，帮助企业更好地吸引和保留人才。员工体验的分析和实施应该是一个闭环迭代的过程，需要 HR 的持续重视与行动。

5. 出海全球

随着我国企业国际化步伐的显著加快，当下越来越多的国内企业踊跃投身于“出海”的浪潮之中。大批优秀企业正加速推进海外布局，全力以赴地探寻新的增长点。在强有力的政策支持以及企业自身发展需求的推动下，“走出去”已成为众多企业全新的增长战略。

在这样的大背景下，人力资源管理也不可避免地需要思考如何推动人力资源管理体系的国际化，帮助企业招募国际人才并向海外派遣人才，在各国不同的劳动法、税法框架下合规地使用海外用工，设计合理的薪酬福利体系，协助业务部门构建跨国组织架构和管理流程，并赋能跨文化管理，制定差异化的人才策略等。因此，HR 在未来更需要具备全球视野，不断学习和实践以支持企业全球化战略的实施和成功。

6. 突破边界

为应对未来，HR 战略角色的提升是关键，HR 不再仅仅局限于承担招聘和薪资等常规事务性工作，而应当在公司的战略制定过程中发挥举足轻重的作用。因此 HR 需要能够突破传统的职责边界，在企业高层决策中占据更为关键的地位。这就需要 HR 突破边界，进一步深入业务，更多地了解业务人员想什么、做什么、需要什么。

为顺应技术赋能和数据驱动的趋势，HR 也必须了解这些新技术和数据如何能辅助 HR 提升工作效率和决策质量。这也需要 HR 进一步打破边界，学习和掌握更多的新知识。技术创新在企业中的运用对企业未来的发展至关重要，HR 需要不断鼓励员工突破边界，因此必须自己先具备突破边界的思维。

为了应对企业出海趋势，HR 也迫切需要打破当前的边界，迅速具备跨文化管理的卓越能力，深度理解并充分满足不同地区员工的多样化需求。

7. 生态协同

在创新与合作的大趋势下，人力资源管理需要更多企业内外部的生态协同。在企业内部，各部门的系统、流程和数据都要打通，才能更快速地应对未来变化，真正进行更有效的管理、分析和决策；在企业外部，HR 也需要和政府部门以及不同的服务商相互配合来应对未来各项政策及管理趋势的变化。因此，HR 需要与更多内外部合作伙伴建立紧密协作关系，以共同推动人力资源和组织管理效能的提升。

基于商业环境变化加剧的趋势，企业在未来也会需要更加灵活的用工模式，以提升企业响应市场变化的灵活度，减低运营风险。因此，企业会更多地与外部企业或外部不同类型的劳动力合作，HR 需要思考如何相应地升级人力资源管理模式来匹配生态协同的趋势。

8. 创新领导

为应对未来，我们需要更多具备创新能力的员工，领导力的定义也发生了变化。传统的命令式领导已经不再适用，我们需要更强调赋能和激励员工，更有温度的管理。

领导者需要具备创新和变革的能力，能够适应快速变化的环境，并激发团队的创造力和协作精神。领导者还必须具备数字思维，能够利用新技术提高决策质量和执行效率。他们还需要关注员工的学习与发展，帮助员工获得必要的数字技能，适应新的工作方式。领导者本身也要不断学习新知识，树立创新和变革的行为典范。

面对瞬息万变的外部环境，领导者更需要培养前瞻性眼光和战略视野。他们要正确判断行业趋势，并制定灵活的发展策略。在执行过程中，领导者还需调动员工的积极性，建立高效的协作机制，以便快速响应各种复杂情况。

因此，HR 需要以全新的理念来打造组织内部的赋能型领导力和数字化领导力，才能帮助组织在未来实现持续创新，达成高绩效。

从以上这些趋势我们可以看到，未来给人力资源管理带来了新的挑战，同时也带来了新的机遇。如果各家企业的人力资源部门都能结合趋势进行规划，就能更好地适应和引领这个时代的变革，赋能组织的可持续发展。本书后续章节将结合深度思考、实践经验与工具方法向大家逐一介绍针对不同的趋势 HR 应该如何进行思考与应对。

第2章

业务导向

2.1 人力资源管理赋能业务的核心

在传统的人力资源管理中，HR 的工作有很大一部分在事务性的执行和管理层面，这就导致从业务视角来看 HR 的重要性被相对低估，这也是为什么在前言中提到的 CHO 晋升为 CEO 的比例不如 CFO 或 COO 那么高。因为和 CFO 或者 COO 相比，人力资源部门比较难证明自己的工作和业务成果之间的直接联系。

因此，未来人力资源管理的一大变革方向，便是从赋能业务的角度出发，强化其在推动业务发展中的核心作用。这也是为什么我把业务导向放在未来趋势的首要中心位置，因为这是非常能体现人力资源管理价值的重要突破口。万变不离其宗，企业始终是以业务发展为主要目标。

那 HR 到底应该从哪些维度来为业务赋能呢？我们要先想清楚的问题是，HR 管理的本质是什么？业务是由组织创造的，而组织是由人组成的，因此 HR 管理的本质就是让人产生更大的效能，赋能组织来应对未来的变化。因此通过招对人、用对人、激励人、发展人让本企业的人效领先其他企业，这就是 HR 的各项工作赋能业务的核心点。从这个本质出发，我们就比较容易推导出 HR 应该从如下这些方向来赋能业务。

1. 对齐公司战略

要招对人、用对人、激励人、发展人，离不开一个方向，这个方向就是公司的战略目标，因此 HR 需要参加公司的战略经营会议，从以下这些维度来对齐业务的战略目标：

1）企业的使命、愿景和长期目标：基于客户需求、股东利益、员工期望、社会责任等与业务人员共同明确组织的核心目标与方向。

2）识别战略计划：确定组织的关键战略计划和业务模式，包括市场扩张、产品开发、技术创新等。

3）外部环境分析：考虑市场趋势、行业标准、产品定位、竞争对手、技术发展和劳动市场动态等因素。

2. 洞察部门目标

企业的战略目标只有被分解到每个部门才能转化成进一步的行动，在这个过程中 HR 需要了解业务部门的想法和逻辑，以及目标制定的合理性。

HR 只有通过与业务领导和团队的紧密合作，深入洞察不同业务部门为了实现分解战略目标的全方位需求，才能预测人才缺口，并制定相应的招聘、培训和绩效管理等人力资源战略。这种战略伙伴关系确保了人力资源的决策与公司的整体战略和目标保持一致，吸引、保留和发展拥有和业务战略相关的必要技能和能力的人才，从而推动业务的持续增长和成功。

特别是为了更好地进行与业务结果紧密相连的绩效考核，HR 如果没有在年初计划阶段深入参与，其实就已经丧失了主动权。因为不知道业务部门的主要目标，就完全无法和业务“同频”，无法理解他们的感受和挑战，还谈什么支持业务呢？

3. 预测人才缺口

HR 基于组织的战略目标分解，可以与相关业务部门共同确定实现各部门目标所需的关键职能、角色和技能。同时也需要与业务部门基于行业趋势、技术发展、市场变化等因素，共同预测未来对特定职能或技能的需求变化。HR 需要与业务部门共同确定那些对实现组织战略至关重要的关键岗位，并明确关键岗位的需求。

接着 HR 可以与业务部门共同进行人力资源盘点，对现有员工的技能、能力和潜力进行全面评估，包括教育背景、工作经验、绩效数据和职业发展意愿。在这一点上，未来在技术和数据的加持下，将会有更多的可能性。

在人才盘点时，将未来的人才需求与当前员工的能力和潜力评估结果进行对比，就能识别出在哪些岗位或者技能上有人才缺口。随着科学技术的进步和时代的变化，未来的岗位需求会越来越动态，HR 需要与时俱进把握未来需要的职位、技能和相应数量的人才缺口信息。

4. 制定人力战略

为了弥补人才缺口，HR 需要进行整合思考，从如下这些维度多管齐下，制定适合部门战略的人才战略。

1）招聘与选拔：基于人才缺口分析，制订针对性的招聘计划，明确招聘目标、关键职位、技能要求、招聘策略等，以此来吸引和选拔拥有必要技能和文化契合度的人才。在某些用工领域可以更多地引入灵活用工，降低企业用工的整体成本。

2）培训与发展：设计培训和发展计划，提升现有员工的技能，以填补某些缺口。包括内部培训、外部课程、职业发展路径规划等，确保员工能够满足未来的工作需求。对关键岗位制订继任计划，确保关键职能的持续性和组织的稳定性。

3）绩效与激励：调整绩效管理体系，确保与战略目标和个人绩效目标对齐。设计薪酬、股权等各项激励机制，鼓励员工发展与组织目标一致的技能。制定策略以提升员工体验、敬业度和参与度，包括职业发展机会、福利计划、工作生活平衡、员工身心健康等。

5. 跟踪执行调整

有了人力资源战略，接下来就要不断地对战略执行进行监控，定期评估人力资源战略的执行情况和成效，确保与业务战略保持一致。根据监控结果和组织环境的变化，调整人力资源战略和计划，以确保持续的战略对齐。

1）优化招聘流程：在人力资源的日常运营中，在招聘上要不断通过数据来跟踪反馈招聘的进程和招聘的质量。在人才发展方面，要持续跟踪员工的绩效和能力，为员工提供发展机会、职业规划和有意义的工作。

2）人才技能发展：基于未来动态变化的趋势，企业会更加重视员工技能的持续提升，只有这样我们才能确保组织的活力和竞争力，因此 HR 需要持续关注人才技能提升的情况，并依据业务需求进行动态调整。

3）员工绩效评估：员工的绩效会直接带来业务结果，因此员工绩效管理是 HR 面向业务管理方向的重中之重，HR 需要利用 KPI、OKR 等各种工具来持续跟踪各部门员工的绩效，并适时进行必要的调整。

4）员工体验提升：通过员工体验提升，可以有效提升员工敬业度，让员工更有可能展现出高效率和创新能力，从而直接对业务成果产生积极影响。

5）关注组织健康：HR 需要确保组织的健康，才能让组织产出业务结果。强大的健康组织也能更好地保留和吸引引顶尖人才，促进创新，提高员工满意度和留任率。

6）持续变革管理：在不断变化的商业环境中，组织必须快速适应以保持竞争力。HR 需要在帮助员工理解变革、调整期望并发展必要的新技能方面发挥关键作用。通过有效的沟通策略、培训程序和支持系统，HR 可以降低变革带来的不确定性，确保平稳过渡。

在人力资源日常运营的过程中，要与业务战略紧密结合，确保组织能够在正确的时间、以正确的方式拥有合适的人才，从而实现其业务目标。成功的人力资源规划不仅关注当前需求，能够迅速响应市场变化和业务机会，还要预见未来的挑战和机遇，以灵活和前瞻性的方式支持组织的成长和发展。

2.2　人力资源未来将如何管绩效

2.2.1　绩效管理的未来挑战

绩效管理在赋能业务的过程中扮演了一个极其关键的角色，它是连接人力资源战略与业务成果的桥梁。然而，在实践中绩效管理却是一项极具挑战性的任务，很少有企业能自信地宣称在绩效管理领域做得非常出色。在科学技术飞速进步的未来，绩效管理面临的挑战也会更大。主要是由于以下几个原因：

1. 绩效业务的关联

从赋能业务的角度来看，绩效管理应该是非常重要的承上启下的部分，但要让绩效管理与整体业务结果产生因果关系又是非常难的，虽然很多企业尝试用各种方式来衡量绩效，有的用 360 度环评、有的用 KPI、有的用 OKR、有的公司强制排名、有的公司不强制排名，但最终你会发觉很多所谓的目标其实最终和业务关联不大，这其实是绩效管理最大的挑战。

2. 工作性质的变化

随着人工智能和自动化技术的发展，重复性和程序化的工作将越来越多地被机器取代，人类工作的重点将转向创新和创造性工作。这些类型的工作难以用传统的绩效指标来衡量，因为它们与业务成果之间往往没有简单直接的联系。技术的发展也将促使不同领域间的合作变得更加频繁，这意味着绩效管理需要跨越不同的专业领域，评估标准更难统一。

3. 业务环境的变化

科技的进步加速了市场和行业的变化，企业需要不断地调整和更新业务模式以适应这些变化。绩效管理系统也必须灵活适应，但这增加了管理的复杂性。在快速变化的环境中，组织目标可能需要频繁调整，这对绩效管理系统的适应性和灵活性提出了更高的要求。

4. 员工期望的变化

随着社会的发展，尤其是年轻一代员工更加重视工作的意义和对个人成长的贡献。他们期望的不仅是薪水和晋升，更重视工作给予的自我实现感和成就感，这要求绩效管理系统能够更加个性化和发展导向。技术的发展使得远程工作和灵活工时成为可能，但这也给绩效的跟踪和管理带来了挑战。如何公平有效地评估在不同时间、不同地点工作的员工的绩效成了一个问题。

因此，未来组织在设计和实施绩效管理时，不仅要考虑技术的使能作用，还要充分考虑人的因素、组织文化和业务战略的适应性，以建立一个既公正又高效、既灵活又人性化的绩效管理体系。

2.2.2　绩效管理的未来方向

那么应对未来，绩效管理应该如何进行呢？我有如下几点建议：

1. 深入理解业务趋势

为了更有效地赋能业务，人力资源部门需要深入了解未来业务的需求特点，并据此来设计、实施并持续调整绩效管理体系。这就要求 HR 具备深厚的业务理解能力，始终与业务同频并具备创新和变革能力，以适应不断变化的业务环境。

以往每年设定一次指标，到年终再以年初设置指标的达成率来评估绩效的时代将一去不复返，因为环境变化实在太快了。未来每个人的工作目标一定是会动态变化的。从根本上讲，有效的绩效管理系统需要深刻理解并与业务目标紧密联动，确保评价标准和业务成果高度相关。这就要求企业在设计和实施绩效管理体系时，要有深入的业务洞察力和对组织目标的深刻理解。

2. 灵活跟踪结果过程

绩效管理的一大挑战是如何平衡结果和过程的关注点。不同部门、不同岗位的特性决定了对它们评价的侧重点不同。不同岗位和项目对成果的贡献和评估方式有本质的差异。一些岗位的成果容易量化（如销售额），而另一些则更注重质量和过程（如研发创新）。

绩效管理体系需要反映这一多样性，以确保公平性和激励性。有些角色或任务，其成果较容易量化，适合采用以结果为导向的 KPI 系统；而对于那些更侧重创新和团队协作的角色或任务，则可能更适合采用 OKR 来强调目标的达成和过程中的关键成果。这种灵活性要求 HR 能够根据组织内不同部门的具体情况和外部环境的变化做出适应性调整。

根据岗位特性定制绩效评估模型，为方便量化的岗位设定 KPI（关键绩效指标），为需要创新和团队合作的岗位采用 OKR（目标与关键成果）。无论是 KPI 还是 OKR，都有确保绩效评估体系同时关注短期成果和长期价值、避免过度强调某一方面而忽视了另一方面的重要性。

3. 合理应用强制排名

不同企业对强制排名的看法也有很多不同，有的实施强制排名，有的则不采取这种做法。强制排名作为一种激励机制，能够在一定程度上增加组织内部的竞争活力，但它并不适用于所有团队或情境。特别是在工作性质差异大、难以公正比较的团队中，强制排名可能导致不健康的竞争、团队分裂，甚至损害员工的士气和团队凝聚力。就拿 HR 来说，HR 团队内部的分工是非常多的，不同的 HR 的可比性其实是很差的，这时如果要进行强制排名，其实大家都是在博弈，拼命地找一些理由来说某个人不好。这样的强制排名是很伤害团队的，而且每年都要伤害一次。因此，在考虑是否实施强制排名时，HR 需要权衡其潜在的利弊，确保任何形式的绩效排名都能公正、合理，且能促进团队的整体发展。

4. 定期反馈促进成长

绩效管理不是最终目的，持续提升业务结果才是，而业务结果是由人产生的，因此以绩效管理为契机，展开定期的对话与辅导意义重大。需要通过绩效辅导来认可员工的优势，在员工的弱势方面给予反馈和帮助。这样才能持续有效地打造一个具备战斗力的团队。

绩效管理的根本目的在于促进员工和组织的持续成长与发展。通过定期的绩效反馈会谈，HR 和管理者能够及时认可员工的成就，有针对性地在员工的短板上提供具体的反馈和支持。这种持续的沟通和辅导过程有助于员工更好地理解自己的工作表现，明确未来的发展方向，并持续提升自身的工作能力和业务成果。

5. 公平激励奖勤罚懒

有效的激励机制是绩效管理体系的重要组成部分，但激励并不仅限于对绩效的直接奖励。公平、透明的奖惩制度能够确保员工的努力和成果得到恰当的认可和回报，从而激发员工的积极性和创造性。奖励机制应关注可量化的业绩成果，同时也要考虑到员工对组织文化、团队合作等方面的非量化贡献的重要性，以确保综合激励体系的公平性和有效性。

HR 可以基于以上这些原则持续地创新和优化绩效管理实践，以适应不断变化的业务环境和员工需求。

2.2.3　未来成功的早期指标

能够发现预示未来成功的关键信号和指标即“未来成功的早期指标”，其关键在于基于对未来趋势的判断，积极做好面向未来的准备。这无论是对于企业还是个人发展都非常重要。特别是在变化越来越快的世界，企业和个人都需要避免短视，不仅要关注短期的结果，更要关注那些可能在未来可以导致成功的因素。

在企业成长方面，创新能力、市场适应性、财务健康、增长潜力、客户满意度和忠诚度、人才密度等都可能是企业未来成功的早期指标。这些指标并不一定能直接关联到每年的销售收入或利润等业绩指标，但是对于长期发展来说至关重要。

在个人发展方面，领导力、社交力、影响力、适应力、自驱力、学习力、合作力、成长思维等都可能是未来成功的早期指标。

我们如何才能找到适合企业发展和个人成长的未来成功的早期指标

呢？这不是一件容易的事情，而是需要整体的思考和长期的跟踪规划。我们可以尝试通过如下这些行动来寻找未来成功的早期指标。

1. 核心使命愿景

企业或个人需要明确自己的核心价值和使命愿景，这将成为寻找未来成功的早期指标的基础。有了意义感，才会更有驱动力来思考现在做哪些事才是未来成功的关键。例如，未来的社会更需要我们深度思考、广泛连接、协同共创，那么我们就需要关注日常如何能通过输出等方式倒逼自己进行输入和深度思考，并与更多的业界朋友深度连接和共创等。

2. 持续观察学习

通过持续观察市场变化、行业趋势和技术进步，可能发现影响未来成功的早期信号。例如，人工智能数智化、企业出海等都是我们能看到的大趋势，因此在工作之余要多花些时间在相关知识的学习和业界朋友的连接上。虽然有些无法立刻用到我们的工作中，但要相信这一定是正确的方向，会带来未来的价值。

3. 数据驱动思维

使用数据分析工具和技术来量化跟踪行业趋势，这些数据可以帮助识别未来成功的要素和潜在的风险。例如，对于人工智能数智化、企业出海的趋势，我们平时可以关注身边的各种信息渠道和行业报告，通过这些信息和数据的收集分析，来不断验证并调整自己个人学习、发展提升方向的优先级。

4. 动态反馈调整

积极寻求各方反馈，并根据这些反馈进行必要的调整，以确保行动和决策与未来成功的早期指标保持一致。例如，我们平时可以留意与不同的朋友、校友、群友、读者们相互学习交流，通过了解其他人的实践和看法，来思考自己的行动方向和优先级是否需要调整。

5. 创新实验探索

要尽量有一些创新思维和实验精神，通过尝试新的方法和策略来探索可能的成功路径。例如，对于人工智能，我们需要不断关注和使用，因为用才是最好的学。在学习使用的过程中可以感受人工智能是否能对未来的人力资源管理产生重要影响。我比较坚信人工智能和数智化思维能力一定是未来成功的早期指标。

6. 保持长期视角

保持长期视角，关注那些可能在短期内不明显，但对长期成功有重要影响的因素。具备大局和前瞻意识，就能真正有预见性地引领并坚持做正确的事情。例如，这本书的目的就是希望把重点放在对未来的关注上，结合社会发展趋势思考人力资源管理的未来。

当然，企业和个人也是需要活在当下的，不能一味地关注未来成功的早期指标，只为诗和远方，而不顾眼前的苟且，还是要把握好度和平衡。希望有更多企业和个人能更好地洞见未来，识别和把握住未来成功的早期指标，在变化多端的环境中实现持续的成长和发展。

2.3　人力资源业务伙伴的核心作用

2.3.1　做好 HRBP 的四大秘籍

为了更好地赋能业务，人力资源业务伙伴（HRBP）通常是 HR 和业务之间最重要的桥梁和纽带，HRBP 早已不再仅仅是传统的人事管理者，而是需要在人力资源管理领域扮演更加战略性的角色。在这个新的角色定位下，对 HRBP 的要求不仅包括要精通人力资源管理的理论与实践，更包括要对业务领域有一定的了解和深入的洞察力。那么，要成为优秀的 HRBP 有何秘籍呢？结合我日常与各家企业 HRBP 的分享交流，我整理出了如下四大秘籍。

1. 懂业务

既然 HRBP 名称里的 BP 就是业务伙伴的意思，那么懂业务一定是首要的！业务结果是由人做出来的。业务干好了，HRBP 一定有功劳；业务没做好，HRBP 也一定有责任。因此，HRBP 要与业务部门共担荣辱。HRBP 要懂得业务运作逻辑，了解市场动态。有大局观，眼观六路，耳听八方，为业务决策提供有价值的信息，懂得排兵布阵，支持业务发展。

2. 同理心

HRBP 不但要服务业务部门，同样也要服务员工，因此 HRBP 要不断切换自己的视角，站在不同人的角度去考虑问题、解决问题，多些同理心与包容。我们既是 HR，也是员工。因此，在遇到矛盾和冲突的时候，到底站在哪一边，内心会比较煎熬，需要有理性和感性的权衡。无论遇到什么样的困难和情况，始终要保持比较好的心态。视人为人、视己为人、视人为己、视己为己。

3. 影响力

HRBP 需要有非职权影响力，因为通常 HRBP 需要在没有汇报线关系的前提下去影响他人，融合团队。因此 HRBP 一定要真诚，才能得团队人心。但 HRBP 也不能只做“小棉袄”，该坚持的时候也要坚持。HRBP 既要会做也要会说，沟通是达成影响的重要手段，HRBP 需要与组织内外的各种人员进行有效沟通，以便高效获取、传达信息。判断 HRBP 有没有影响力有一个简单的办法，那就是看业务团队会不会主动邀请 HRBP 一起开业务会，会不会主动咨询 HRBP，会不会来找 HRBP 聊关于组织的想法。而不是只把 HRBP 当工具人，只在发生和人相关的问题时才来找 HRBP，或者要走流程了才来找 HRBP。

4. 专业力

HRBP 要体现 HR 的专业性，懂方法、会工具、晓政策、知流程。只有够专业，才能做到兵来将挡水来土掩，提升执行力，才能有更独立的思考与判断，有自己的原则。在各种专业力中，作为 HRBP 特别需要具备的是组织诊断能力：从业务问题分析出组织问题，找到解决问题的抓手。

当然，HRBP 也要致力于个人的成长和专业发展，保持对人力资源最佳实践、行业趋势和新兴技术的了解。所谓的伙伴关系，其实只有综合能力对等，才有可能成为伙伴。

2.3.2　HR 懂业务要懂到什么程度

虽说 HRBP 的第一大秘籍是“懂业务”，但大家要想一想，如果 HRBP 真的能深谙业务之道，那还做什么 HRBP，去做业务经理不是能给业务带来更大的价值吗？在和很多 HRBP 交流后，大家一致认为除非是业务人员转 HRBP，否则 HRBP 要非常懂业务这件事情是不太可能的，毕竟 HRBP 不会天天在一线做业务，很难从纯业务的角度去指导业务。

那么，HRBP 懂业务到底需要懂到什么程度呢？以下是我总结的一些要点，供 HR 们参考。

1. 熟悉业务人员

这是最基本的要求，人的合作源于了解与信任。作为业务伙伴，如果对业务伙伴有哪些人，这些人有什么性格特点、强项弱项等都不了解，就很难和业务伙伴建立信任关系。熟悉了人员，有了信任关系，即使今后遇到员工关系等问题，HR 也能更容易与员工进行沟通。

2. 同理业务感受

HRBP 需要随时了解目前业务经理和员工最头疼、最担心的问题是什么，在同理业务感受的基础上深入人心，协助业务伙伴进行出谋划策，往往事半功倍，同时也能进一步获得业务伙伴的信任，这也发挥了 HR

懂人性的强项。

3. 熟悉行业趋势

不同行业有不同的特点和趋势，HRBP 需要对所在行业的发展趋势有一定的了解，特别是市场竞争状况以及人才市场情况，这有助于 HRBP 更好地为业务制定人力资源战略，确保业务在人才争夺中保持竞争力。

4. 参与战略决策

HRBP 很难决定业务战略，但至少要努力参与战略决策。这是让人力资源管理工作更紧密地与企业战略相结合的重要一环，在这个过程中 HRBP 可以了解各业务部门对于战略决策的态度与承担的职责。HRBP 可以以帮助业务部门实现战略目标职责为导向，让业务部门感受到 HR 与他们是同一战线，而不是给他们添麻烦的。

5. 了解业务流程

HRBP 不需要知道业务的每一个细节，但是要了解企业核心业务的运作流程。这包括产品研发、销售渠道、供应链管理等各个方面。只有对业务流程有了解，HRBP 才能更好地理解企业的组织架构及人员分布的底层逻辑，把握各个环节对人力资源的需求，从而更加精准地提供人力资源解决方案。

6. 理解岗位需求

了解了业务流程后，为了能与业务部门更紧密地合作，HRBP 需要了解不同岗位的技能要求、工作特点以及工作目标。这有助于 HRBP 更好地进行人才匹配，为企业招聘、培养和留住合适的人才。通过深入理解岗位需求，HRBP 可以更有针对性地协助业务部门萃取高绩效员工经验，制订培训计划，提升员工的综合素质和能力。在进行人力资源规划时也能很好地帮助管理层控制合理的编制。

7. 协助解决问题

在业务运作中，业务部门会遇到沟通不畅、人员流失、绩效不佳、团队冲突等各种问题，这时 HR 要利用自己擅长的各种管理经验来帮助业务部门解决问题，而不用特别在意这是不是 HR 的工作范畴。每个人的强项都不同，只有结合自己的强项帮助业务部门，才能让业务部门看到你的优势，只有解决了问题，才能获得业务部门真诚的认可。

8. 拓展知识领域

有时业务部门由于视野存在局限，导致问题无法解决，如果 HRBP 能基于自己的知识领域，提供如财务、市场、数字化转型等方面的知识支持，就能更好地帮助业务部门与其他部门协同，对于 HRBP 自身来说也是一种成长。

希望这些维度能帮助 HRBP 们进一步思考如何更有效地“懂业务”，真正把时间和精力用在刀刃上，为业务赋能。

2.3.3 HRBP 做得好不好，谁说了算

如果 HRBP 对业务有了一定的了解和认知，另一个问题就会随之而来，那就是 HRBP 做得好不好，到底谁说了算？不少 HRBP 在业务团队中冲锋陷阵时，感觉自己好像什么都要做，忙得焦头烂额，却不知道重点在哪里。有时 HRBP 还需要将 CoE 的各种政策在业务中落地，会遇到业务部门不配合的各种情况。业务部门时常会挑战 HRBP 的逻辑，觉得 HRBP 不解决问题还来添乱，没事找事，刷存在感。有时 HRBP 夹在中间也会感到无奈，也会觉得自己没有价值感。

如何破局？我觉得 HRBP 首先要明确，自己到底做得好不好，应该主要由业务说了算。因为 HRBP 本身的定位就是人力资源“业务伙伴”，那么其本职工作就是要了解业务团队的需求和挑战，结合业务需求将业务战略转化为人力资源战略与行动，并持续执行与跟踪，推动业务获得

成功。伙伴好不好，当然应该由主要合作方来决定。

那么HRBP如何才能既让业务部门觉得有价值，又能在HR大团队中立足呢？首先HRBP应该要像前一章节说的那样懂些业务。基于对业务的理解，先逐步与业务部门建立良好的信任关系。没有信任作为前提，HRBP什么事情都做不了。有了信任关系之后，HRBP就应该抱着开放的心态，以顾问思维将业务的痛点作为HRBP的工作重点，多从业务的痛点出发，与CoE合作找出解决方案。这样，一切工作就围绕着为业务赋能而展开了。了解了业务情况，HRBP在与CoE探讨的过程中就会更有话语权，及时向CoE反馈那些确实不符合业务实操的做法。HRBP学习了解人力资源管理方法论是必要的，但要做到手中无剑，心中有剑。

例如，对于组织诊断的7S维度，结构、制度、风格、员工、技能、战略、共同的价值观，HRBP不能拿着标准的表格去和业务人员做一本正经的访谈，而是要在与业务团队的日常沟通中自然发现这些问题，这才是高手，才能更容易基于业务需求寻找切入点。如果想硬推HR的某个方法论或工具，基本很难获得业务人员的认可。

当然，为了让CoE能更好地配合，HRBP也要让业务人员看到CoE的价值，可以拉着CoE与业务人员共同探讨，潜移默化地让CoE更能从业务的角度思考问题，更愿意配合HRBP工作。HRBP要与业务人员打配合战，基于对人性的了解，利用中立的优势，成为团队融合的催化剂。HRBP在组织发生变革时，要积极辅助业务人员做好变革管理，稳定人心。HRBP在与业务领导沟通时，应该更多地承担教练的角色，通过合适的问题来引导业务领导找到自己的领导力盲点，润物细无声。HRBP如能做到用人力数据驱动决策，那就更好了。用数据来帮助业务人员产生洞见，更容易推动业务的行动。HRBP如果还能懂点财务，就可以更好地分析人力资源的投资与活动如何与公司的财务绩效相关联，找到HR为业务赋能的关键指标。

把以上这些点融合起来，我们就可以形成HRBP的绩效管理方法。

HRBP 的绩效评估一定要与业务的成败紧密相连，共担荣辱。我认为 HRBP 的绩效分数和业务团队有关的部分至少要占 60%。和业务团队有关的绩效评估，可以进一步由业务达成结果和团队成长发展两个维度组成，例如各占 60% 中的一半权重。

1. 业务达成结果

由于 HRBP 的主要职责之一是支持业务部门实现其目标。因此，HRBP 的工作绩效与其服务的业务部门的业绩应该有直接关联。将 HRBP 通过人才吸引、发展和保留策略的成功执行带来的业务增长、利润增长、降本增效等业务达成结果纳入评估体系是合理的。这可以确保 HRBP 的工作与业务目标保持一致，并促使他们更加关注业务的成功。

2. 团队成长发展

当然，对于 HRBP 来说，如果单纯考核业务结果，会过于片面，毕竟业务部门需要对业务结果直接负责。因此，我们还要看 HRBP 工作的过程，也就是如何支持团队的持续成长与发展。HRBP 有一个很重要的角色是经理和员工的支持者与后盾，要为业务部门打造面向未来的人才梯队，同时，也是员工关系的协调与融合者。部门员工的敬业度、保留率、晋升率等指标都可以用于体现 HRBP 与部门经理在人才成长发展工作上的配合成果。未来在数字化技术的加持下，团队及个人的技能提升也会越来越容易被量化，这些都可以融入 HRBP 的绩效成果中。还有一部分工作目前很难量化，需要结合业务经理和员工对 HRBP 提供的服务、支持及整体合作效果的反馈来判断。

针对业务部门经理，可以询问 HRBP 在部门战略支持和规划、招聘和人才管理、沟通和问题解决、员工关系和文化建设方面做得如何。特别是 HRBP 在应对业务环境的不断变化带来的各种挑战和不确定性时，是否展现了敏捷性和创新能力等。针对业务部门员工，可以询问 HRBP 的可及性和响应性如何，以及政策信息传递、个人发展和职业规划、增进团队合作、鼓励开发沟通等方面HRBP做得如何。业务经理和员工的反馈可以提供有关HRBP在沟通、合作、解决问题和提供有效解决方案方面的进一步信息。

3. HR内部贡献

最后，HRBP在人力资源团队中发挥着桥梁和协调的作用，需要与其他HR专业人员合作，推动人力资源战略和政策的实施。评估HRBP在团队内部的贡献可以包括对人力资源政策流程的掌握程度、团队协同能力、经验知识分享等方面。特别是如何提炼业务打拼的经验，持续反馈并与HR各CoE团队共同打造更合理有效的HR管理政策及流程。这一点特别重要，因为只有这样才能确保整个HR团队在人力资源管理能力上的持续提升和经验传承。具体评估模式可以结合HR各CoE团队的反馈来进行。

总结一下，HRBP的绩效评估应该与业务的成败紧密相连，将业务达成结果、团队成长发展、HR内部贡献作为综合评估标准。至于这三部分在HRBP整体绩效中所占的比例，可以因各家公司的管理模式和侧重点不同而异，例如可以是3∶3∶4或4∶3∶3。

通过以上这些评定，我们一方面可以超越传统的HR绩效评估往往侧重于流程执行、政策遵循的做法，避免HR在工作时不注重业务感受，过于以工具方法论为导向，在政策流程执行中为业务带来一些不必要的麻烦和阻碍。另一方面，也能尽量避免对HRBP的绩效评估有时过于主观，没有展现出HRBP应有的职责与贡献的情况。这样，我们就可以更加全面和客观地评价HRBP的工作绩效，取得平衡，激励HRBP更加主动地参与到业务发展中，促进HRBP与业务部门之间的紧密合作，共同推动企业的长期发展。

第3章

技术赋能

3.1 HR 如何学习人工智能

3.1.1 HR 为什么要学习人工智能

人工智能的发展给我们带来了很多便利，对于未来的人力资源管理来说，人工智能技术也一定会带来颠覆性的变化。它可以帮助我们完成一些重复性的工作，解决很多复杂的问题，节省大量的人力成本。

虽然人工智能可能会导致一些人失去工作而引发不少职场焦虑，但是，人类的历史本来就是一部科技发展史，不断有人在科技发展的过程中被淘汰是历史的常态，并不是只有现代才有。

未来到底哪些人将被淘汰，其实并不取决于人工智能的发展程度，而是取决于我们学习、思考、努力的程度。这个社会的变化越来越快，如果能终身学习，就能让我们始终走在时代的前沿，让自己的知识体系不至于过于老旧。不断迭代自己的知识，提升自己的能力，才能让我们在竞争中脱颖而出。我们还要积极思考，在社会发展的过程中，不断发现自己的优势和身边的机会，并对未来的趋势做出判断，以此不断调整自己的方向，少走弯路。最后，我们也要努力尝试和行动，才能抓住身边的机会，让行动带来改变。做到了这些，技术不但永远不会淘汰我们，而且在我们掌握了技术之后，它会成为我们走向成功之路的最称手的武器。因此，应对未来，我们应该从自身做起，终身学习、积极思考、努力行动！无限风光会在前面等着我们！否则，我们永远只能成为追热点的人，而无法让自己成为热点！

对于 HR 来说，在人工智能时代还有培养和发展员工使用人工智能能力的责任，如果自己都不了解 AI，HR 也很难鼓励员工进一步学习和使用人工智能。

3.1.2 了解人工智能的底层逻辑

1. 人工智能发展简史

为了更好地学习和使用人工智能，让我们先来简单了解什么是人工智能。人工智能的发展可以追溯到 20 世纪中叶，从数据分析到机器学习再到深度学习，才发展成了现今的人工智能应用，整个历程反映了技术、算法和算力的进步。人工智能的发展大致有如下几个阶段。

1）早期的数据分析

在 20 世纪初，统计学和数学模型开始被用于数据分析，主要用于科学研究和业务决策支持。20 世纪 40 年代，随着计算机的出现，数据分析开始数字化，提高了数据处理的能力和效率。1956 年，约翰·麦卡锡等人在达特茅斯会议上提出了“人工智能”（AI）这一概念。最初的人工智能研究集中在逻辑推理和一些基本的学习算法上。

2）机器学习的兴起

20 世纪 80 年代，随着算法的改进和计算能力的提升，机器学习开始崭露头角。这个阶段的机器学习主要是基于统计方法，如决策树、支持向量机等。机器学习专注于从数据中学习模式，并用这些模式来预测新的数据。

3）深度学习的突破

2006 年，杰弗里·辛顿等人重新激发了对神经网络的兴趣，这标志着深度学习时代的开启。深度学习利用深层神经网络，能够处理和学习大量的数据，特别是在图像和语音识别方面取得了显著的进展。

4）人工智能的全面发展

随着算法和算力的持续迭代，基于深度学习的人工智能技术已经拓展到各个领域，更有力地支持分析、推理、分类、预测等任务，包括自然语言处理、自动驾驶、医疗诊断等。近十年来，人工智能技术开始广泛应用于一系列产品和服务，标志着人工智能从实验室全面走向实际应用。

5）生成式人工智能的爆发

生成式人工智能（AI Generated Content，AIGC）是人工智能领域的一个子集，它专注于创建或生成新的内容。例如，人工智能问答、人工智能写作、人工智能绘图、人工智能作曲、人工智能数字主播等，都属于生成式人工智能。

生成式人工智能利用了深度学习技术，尤其是神经网络，来模拟或复制人类的创造力。自 2022 年年底 OpenAI 推出 ChatGPT 后，生成式人工智能迎来了全面的爆发。随着人工智能技术的普及和影响力的扩大，对其潜在的社会影响、伦理问题以及监管需求的讨论也日益增多。

整体上，人工智能的发展从最初的数据处理到复杂的深度学习网络，反映了技术的进步和人类对智能系统理解的深化。在未来，随着技术的进一步发展和对人工智能理论的深入研究，人工智能将继续扩展其影响力和应用范围。

2. 机器学习小科普

从人工智能发展简史可以看到，人工智能的本质是机器学习，因此接下来就再拓展一下，用尽量简单的方式来介绍不同的机器学习方法在人力资源领域的示例应用。

机器学习的定义有很多种，总结起来，机器学习就是针对某一个特定的任务，让计算机通过数据和算法进行学习后，使得这个任务的达成情况越来越好的过程。机器学习的关键用途，是可以由机器通过学习后更高效地给出答案，以此来辅助人进行各项决策或者直接由机器做出决策。所以，机器学习的核心技术就是如何让机器“学会”。按照机器的学习方式，主要有如下三种机器学习的分类。

1）监督学习

顾名思义，监督学习就是需要人介入比较多的学习过程。其中最主要的学习方法是要对各种数据打上标签后让机器进行学习。这就像家长教小朋友认识动物，如果想让孩子区分老虎和猫，那么就需要把各种不同类型老虎和猫的图片给孩子看，告诉孩子哪些图片是老虎，那些图片是猫，这就是给图片打上标签，然后再抓取一些特征，例如体型大小、斑纹等让孩子通过这些标签来学习如何进行判断。

监督学习在图像识别和语音识别领域的应用比较广泛。那监督学习在 HR 领域如何应用呢？我来举一个招聘中筛选候选人的例子。HR 可以把过往所有公司内部员工简历中的学历、证书、就职经历等关键词，以及各类性格及智商评测结果提取出来作为标签。同时依据员工在企业中的绩效表现，打上高绩效、中绩效、低绩效的标签。把这些数据输入计算机进行监督学习，就能让计算机通过分析来寻找出具有哪些特质的人在公司中更容易成为高绩效员工。有了这个学习结果，我们就可以利用招聘系统来提取候选人的简历、测评结果，并让计算机来评估候选人成为高绩效员工的概率，供 HR 和用人经理参考。

2）非监督学习

非监督学习的做法和监督学习相反，在输入数据时不给出任何特定的标签，让机器自主通过算法实施对数据分类、找出相关性或者找出异常数据等操作。例如，在人力资源领域中，可以利用算法对员工敬业度报告中的员工对于组织文化、组织制度、组织流程、薪酬福利、发展机会、经理能力等各维度评估的打分进行相关分析。在我们自己也不知道答案的情况下，让算法自动找出哪些维度的分数高低是有相关性的。通过这样的相关因素分析，就有可能发现，薪酬满意度和敬业度的相关性可能不是所有相关性中最高的。因此就可以用数据来说服业务部门不要一谈到员工保留问题就抱怨 HR 薪酬分析没做好。

3）强化学习

强化学习更多强调的是让数字化系统通过与外界不断进行交互反馈来持续学习的过程。强化学习有点像父母和老师陪伴孩子成长的过程，以良好的家庭和学校环境为前提，放手让孩子自主向外界学习，允许试错。我们要做的是及时给予反馈，当孩子有了正确或者错误的行为时就及时指出，以此强化孩子的意识。随着时间的推移，孩子就自然会明辨是非，不断成长。回到机器学习在人力资源领域的应用，我们可以把强化学习应用在人力共享服务中心的智能客服机器人上。

为了让机器人能给出更贴近员工需求的答案，通常可以让员工在看到机器回答之后，给出机器回答有帮助或者没有帮助的反馈。借助这样的反馈，机器人就可以进行自我强化学习，逐步提升针对相关问题给出答案的准确性。

以上就是机器学习方法的简介，HR 了解了这些机器学习的技术语言和思路，就可以更好地与 IT 部门或者软件供应商进行沟通，更合理有效地提出需求，达成合作。

我们从人工智能的发展简史和机器学习简介中可以发现人工智能的本质还是基于对过往数据的分析来产生各种不同的预测与结果。HR 了解了这一点，就能明白在人力资源管理领域，要想真正用好人工智能，数据必不可少，如果没有数据，人工智能也就没有了输入。因此，在日常的人力资源工作中，HR 要重视数据的积累。

3.1.3 AIGC 在 HR 日常工作中的应用举例

知道了人工智能的底层逻辑后，作为 HR 如何具体学习人工智能呢？虽然现在市面上好像有很多学习人工智能的课程，但其实人工智能没有什么好“学”的。想要用人工智能，随便网上搜一下，很多信息就都有了。有人说要学如何写提示词才能更好地利用人工智能。但所谓人工智能，本身就应该有智能、有能力与正常人进行交互。平时能说清楚话，人工智能就能听懂；平时说话逻辑混乱，再怎么学人工智能也懂不了。这就是真相！如果想学写提示词，还不如多学习日常表达和写作。

在人工智能时代，我们需要学习的是如何改变思维，如何思考和应对问题，而不是去学习某个人工智能产品怎么用。一个人应用人工智能能力的强弱，取决于这个人过往积累的综合能力。综合能力越强，人工智能就能用得越好。真的想“学”人工智能，那就直接把人工智能用起来，用才是最好的学！

因此，接下去我会与大家分享我在日常 HR 工作中尝试过的 10 个使用 AIGC 的场景。希望能抛砖引玉，激发大家使用 AIGC 的热情。

1. 文本翻译

各种 AIGC 工具的翻译质量还是不错的，可以用如下的提示词，让 AIGC 工具将一篇文章翻译成不同的语言版本（图 3–1）。

提示词：请将如下文章翻译成【英语 / 日语 /……】：待翻译内容

从日常的应用情况来看，AIGC 生成的翻译结果质量还是很高的，略做些改动就可以直接使用。

例：

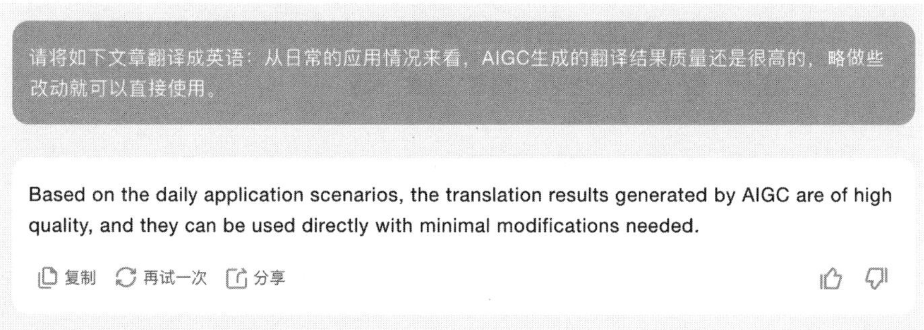

图 3–1　AIGC 文本翻译示例

2. 岗位描述

很多HR对于写岗位描述这件事情一直很头疼，有了AIGC，基本就再也不用发愁了，任何岗位只要简单描述下岗位名称，就能很容易生成非常专业的岗位描述（图3-2）。

提示词：请生成一份【岗位名称】的岗位描述

例：

请生成一份人力资源负责人的中文岗位描述

职位名称： 人力资源总监（HR Director）

部门： 人力资源部

汇报对象： 首席运营官（COO）/ 首席执行官（CEO）

下属团队： HR经理、HR协调员以及其他人力资源团队成员

工作概述：
人力资源总监负责领导公司的人力资源战略，确保与业务目标的一致性，并全面监督人力资源管理的各个方面，包括招聘、培训、员工关系和政策发展。该职位在培养积极的工作文化和确保所有人力资源运营符合法规要求方面至关重要。

主要职责：

1. **战略性人力资源规划：**
   - 制定并实施全面的人力资源战略，以支持公司的目标。
   - 分析业务需求，预测人员配置需求，并制订计划以适应这些需求。
2. **人才招聘：**
   - 领导招聘流程，吸引顶尖人才。
   - 与教育机构、招聘机构和其他人才来源建立并维护关系。

……

图3-2 AIGC岗位描述生成示例

3. 规章制度

HR在制定公司的各项人事政策时，完全可以让AIGC帮助我们打草稿后，再结合企业情况进行修改，帮助我们节省很多时间和精力（图3-3）。

提示词：请写一份【制度名称】

例：

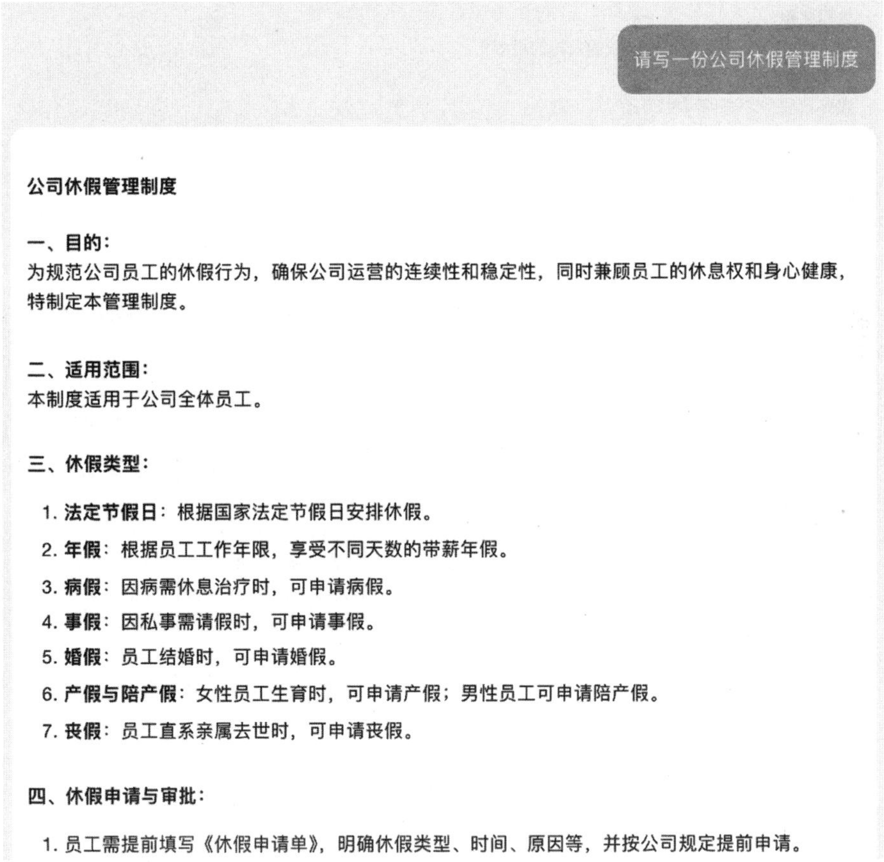

请写一份公司休假管理制度

公司休假管理制度

一、目的：
为规范公司员工的休假行为，确保公司运营的连续性和稳定性，同时兼顾员工的休息权和身心健康，特制定本管理制度。

二、适用范围：
本制度适用于公司全体员工。

三、休假类型：

1. **法定节假日**：根据国家法定节假日安排休假。
2. **年假**：根据员工工作年限，享受不同天数的带薪年假。
3. **病假**：因病需休息治疗时，可申请病假。
4. **事假**：因私事需请假时，可申请事假。
5. **婚假**：员工结婚时，可申请婚假。
6. **产假与陪产假**：女性员工生育时，可申请产假；男性员工可申请陪产假。
7. **丧假**：员工直系亲属去世时，可申请丧假。

四、休假申请与审批：

1. 员工需提前填写《休假申请单》，明确休假类型、时间、原因等，并按公司规定提前申请。

……

图 3-3　AIGC 规章制度生成示例

4. 邮件通知

对于一些常用的放假通知等，可以让 AIGC 帮助我们生成后进行修改（图 3-4）。

提示词：请写一封【具体邮件通知名】

例：

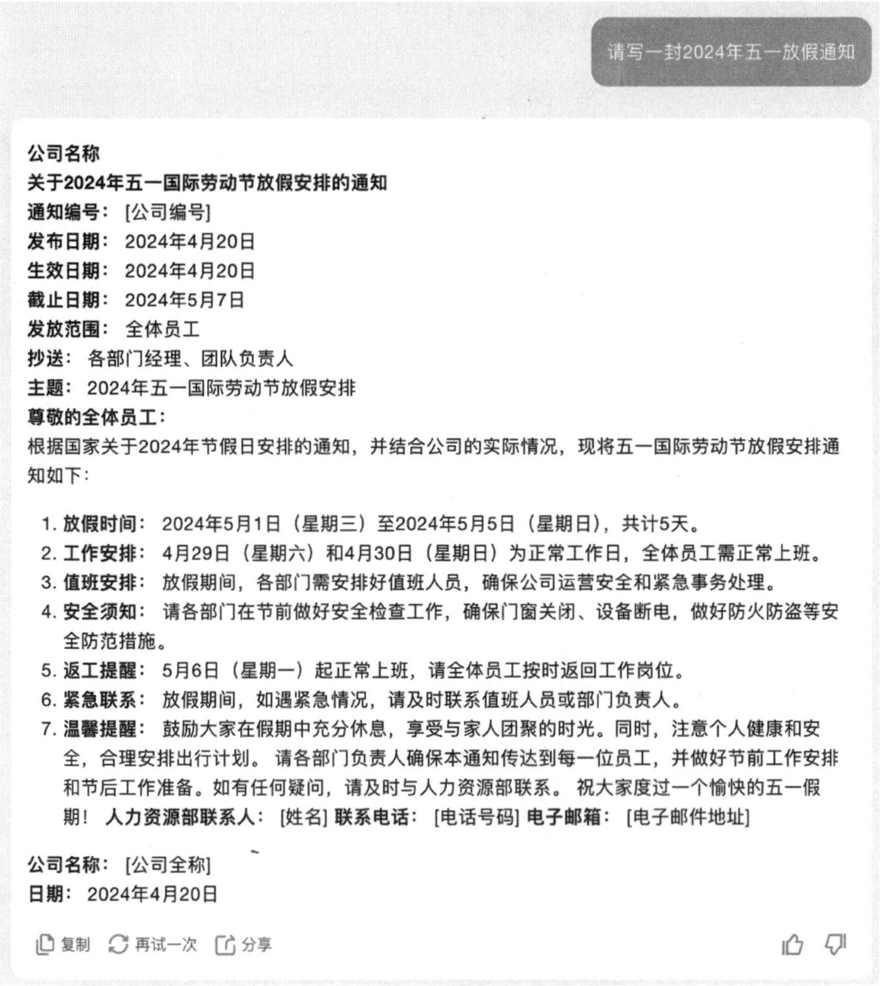

请写一封2024年五一放假通知

公司名称
关于2024年五一国际劳动节放假安排的通知
通知编号： [公司编号]
发布日期： 2024年4月20日
生效日期： 2024年4月20日
截止日期： 2024年5月7日
发放范围： 全体员工
抄送： 各部门经理、团队负责人
主题： 2024年五一国际劳动节放假安排
尊敬的全体员工：
根据国家关于2024年节假日安排的通知，并结合公司的实际情况，现将五一国际劳动节放假安排通知如下：

1. **放假时间：** 2024年5月1日（星期三）至2024年5月5日（星期日），共计5天。
2. **工作安排：** 4月29日（星期六）和4月30日（星期日）为正常工作日，全体员工需正常上班。
3. **值班安排：** 放假期间，各部门需安排好值班人员，确保公司运营安全和紧急事务处理。
4. **安全须知：** 请各部门在节前做好安全检查工作，确保门窗关闭、设备断电，做好防火防盗等安全防范措施。
5. **返工提醒：** 5月6日（星期一）起正常上班，请全体员工按时返回工作岗位。
6. **紧急联系：** 放假期间，如遇紧急情况，请及时联系值班人员或部门负责人。
7. **温馨提醒：** 鼓励大家在假期中充分休息，享受与家人团聚的时光。同时，注意个人健康和安全，合理安排出行计划。 请各部门负责人确保本通知传达到每一位员工，并做好节前工作安排和节后工作准备。如有任何疑问，请及时与人力资源部联系。 祝大家度过一个愉快的五一假期！ **人力资源部联系人：** [姓名] **联系电话：** [电话号码] **电子邮箱：** [电子邮件地址]

公司名称： [公司全称]
日期： 2024年4月20日

复制 再试一次 分享

图 3-4　AIGC 邮件通知生成示例

5. 招聘文案

对于招聘来说，很多对外发布的招聘广告都要花费不少精力，但用 AIGC 便可以轻松生成（图 3-5）。

提示词：请生成一份【具体招聘要求】的文案

例：

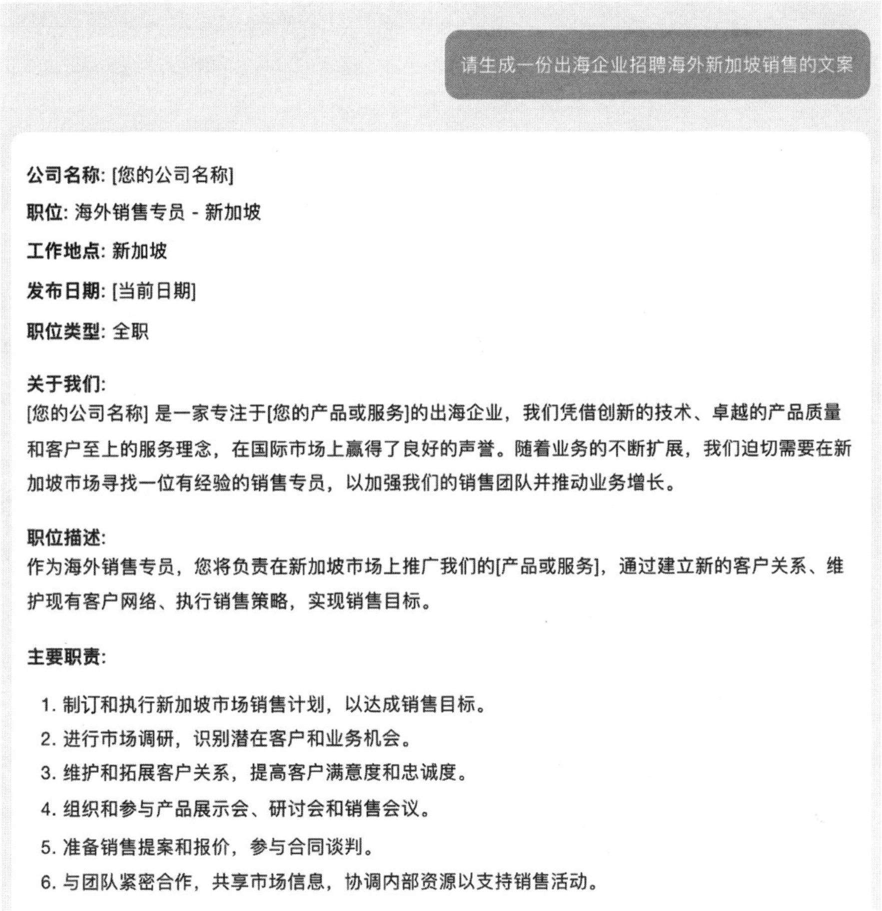

请生成一份出海企业招聘海外新加坡销售的文案

公司名称: [您的公司名称]

职位: 海外销售专员 - 新加坡

工作地点: 新加坡

发布日期: [当前日期]

职位类型: 全职

关于我们:
[您的公司名称] 是一家专注于[您的产品或服务]的出海企业，我们凭借创新的技术、卓越的产品质量和客户至上的服务理念，在国际市场上赢得了良好的声誉。随着业务的不断扩展，我们迫切需要在新加坡市场寻找一位有经验的销售专员，以加强我们的销售团队并推动业务增长。

职位描述:
作为海外销售专员，您将负责在新加坡市场上推广我们的[产品或服务]，通过建立新的客户关系、维护现有客户网络、执行销售策略，实现销售目标。

主要职责:

1. 制订和执行新加坡市场销售计划，以达成销售目标。
2. 进行市场调研，识别潜在客户和业务机会。
3. 维护和拓展客户关系，提高客户满意度和忠诚度。
4. 组织和参与产品展示会、研讨会和销售会议。
5. 准备销售提案和报价，参与合同谈判。
6. 与团队紧密合作，共享市场信息，协调内部资源以支持销售活动。

……

图 3-5　AIGC 招聘文案生成示例

6. 培训大纲

对于负责各种培训的 HR 来说，可以利用 AIGC 帮我们生成某个主题课程的大纲，利用这个大纲再去设计课程就会轻松不少（图 3-6）。

提示词：请生成一份【培训名称】的培训大纲

例：

请生成一份人力资源管理的未来的培训大纲

人力资源管理未来培训大纲

一、培训目标：

- 掌握人力资源管理的最新趋势和技术。
- 学习如何在数字化转型中优化人力资源流程。
- 理解多元化和包容性在现代人力资源管理中的重要性。
- 培养战略性人力资源规划和执行的能力。

二、培训对象：

- 人力资源专业人士。
- 人力资源部门的中高层管理人员。
- 对人力资源管理感兴趣的企业决策者。

三、培训时长：

- 总时长：5天（每天6小时）

四、培训大纲：

第一天：人力资源管理概述与未来趋势

1. 人力资源管理的核心原则
2. 当前人力资源管理面临的挑战
3. 未来人力资源管理的趋势分析

……

图 3-6　AIGC 培训大纲生成示例

7. 绩效 KPI

负责绩效 KPI 设计的 HR，如果想了解不同部门都可以有什么 KPI 考核指标，就可以使用 AIGC 来生成相关指标（图 3-7）。

提示词：请列举【部门名称】的主要 KPI 指标

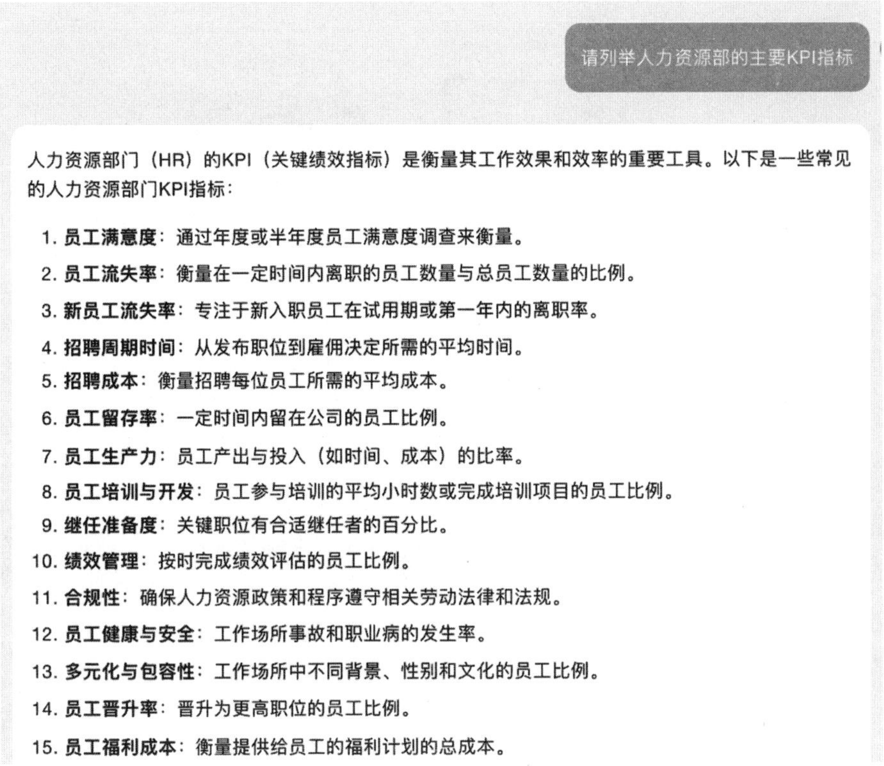

请列举人力资源部的主要KPI指标

人力资源部门（HR）的KPI（关键绩效指标）是衡量其工作效果和效率的重要工具。以下是一些常见的人力资源部门KPI指标：

1. **员工满意度**：通过年度或半年度员工满意度调查来衡量。
2. **员工流失率**：衡量在一定时间内离职的员工数量与总员工数量的比例。
3. **新员工流失率**：专注于新入职员工在试用期或第一年内的离职率。
4. **招聘周期时间**：从发布职位到雇佣决定所需的平均时间。
5. **招聘成本**：衡量招聘每位员工所需的平均成本。
6. **员工留存率**：一定时间内留在公司的员工比例。
7. **员工生产力**：员工产出与投入（如时间、成本）的比率。
8. **员工培训与开发**：员工参与培训的平均小时数或完成培训项目的员工比例。
9. **继任准备度**：关键职位有合适继任者的百分比。
10. **绩效管理**：按时完成绩效评估的员工比例。
11. **合规性**：确保人力资源政策和程序遵守相关劳动法律和法规。
12. **员工健康与安全**：工作场所事故和职业病的发生率。
13. **多元化与包容性**：工作场所中不同背景、性别和文化的员工比例。
14. **员工晋升率**：晋升为更高职位的员工比例。
15. **员工福利成本**：衡量提供给员工的福利计划的总成本。

……

图 3-7　AIGC 绩效 KPI 生成示例

8. 数据处理

数字化时代，我们可以让 AIGC 辅助我们生成程序，帮助我们进行数据合并、拆分等处理工作。例如，我们在日常工作中可能经常会遇到要将几个文件的数据合并的情形。如图 3-8 所示，可能需要把不同表格中的员工信息合并到一个文件中。

如果只有两三个文件还好，但如果有几十甚至是上百个文件，要把每个文件都打开进行拷贝那就太费时费力了。因此，我决定制作一个 VBA 小工具。我使用 AIGC 工具帮助我写一个 VBA 函数，用于合并拥有相同列的多个 Excel 文件中的数据。

文件A

姓名	性别	年龄
张三	男	34
李四	女	32

文件B

姓名	性别	年龄
王五	男	23
赵六	女	28

文件C

姓名	性别	年龄
孙七	女	22
钱一	男	20

合并后文件

姓名	性别	年龄
张三	男	34
李四	女	32
王五	男	23
赵六	女	28
孙七	女	22
钱一	男	20

图 3-8　文件合并需求图示

提示词：写一个合并具有相同列的多个 Excel 的 VBA 函数

很快就得到了如下的结果（见图 3-9）。

写一个合并具有相同列的多个Excel工作簿的VBA函数

要合并具有相同列的多个Excel工作簿中的数据，你可以使用以下VBA宏。这个宏会将指定文件夹中所有工作簿的数据汇总到一个主工作簿中。请确保所有要合并的工作簿都有相同的列结构。

复制

```
Sub MergeWorkbooksData()
    Dim FolderPath As String
    Dim MasterWb As Workbook
    Dim SourceWb As Workbook
    Dim SourceWs As Worksheet
    Dim MasterWs As Worksheet
    Dim SourceLastRow As Long, MasterLastRow As Long
    Dim SourceFileName As String
    Dim SheetName As String

    ' 设置工作簿所在的文件夹路径
    FolderPath = ThisWorkbook.Path & "\"

    ' 设置主工作簿为当前打开的工作簿
    Set MasterWb = ThisWorkbook

    ' 禁用屏幕更新以加快宏的执行速度
    Application.ScreenUpdating = False

    ' 遍历文件夹中的每个Excel文件
    SourceFileName = Dir(FolderPath & "*.xlsx*")
```

……

图 3-9　AIGC 数据文件合并代码生成示例

把 AIGC 生成的代码拷贝到 Excel 中后进行简单的测试和修改就能够使用了。虽然使用 AIGC 来辅助编码，需要使用者有一定的编码和测试基础能力，但有了 AIGC 之后，HR 也能尝试用代码实现日常操作的自动化了。

9. 数据分析

处理完数据，我们还可以借助 AIGC 帮我们进行数据分析。

例如，如果想尝试让 AIGC 帮助我们对如下两组数据进行回归分析，来看一下不同员工的年龄和他们的月产值之间有没有相关性（图 3–10）。

年龄	月产值
20	100
25	200
30	600
45	800
50	900
48	880
23	260
22	250
28	500
35	700

图 3–10　AIGC 数据分析示例源数据

对于没有特别多数据分析经验的 HR 来说，可以向 AIGC 提出问题，这时 AIGC 会提示各种解决方案和做法，依据这些提示就可以比较容易完成各项数据分析的工作（图 3–11）。

例：

请基于如下两组数据来分析年龄和月产值之间的相关性如何，并通过回归分析得出两者关系的公式。
年龄（20,25,30,45,50,48,23,22,28,35），月产值（100,200,600,800,900,880,260,250,500,700）

要分析年龄和月产值之间的相关性，我们可以使用Excel的数据分析工具，如相关系数和回归分析，来确定两者之间的关系。然而，作为AI，我不能直接运行Excel，但我可以指导你如何操作，并提供回归分析的一般步骤。

首先，我们可以使用Excel的CORREL函数来计算年龄和月产值之间的相关系数。相关系数的值介于-1和1之间，其中1表示完全正相关，-1表示完全负相关，0表示没有相关性。

接下来，我们可以使用Excel的回归分析工具来找出两者之间的线性关系。这将给出一个线性方程，形式为 月产值 = a * 年龄 + b，其中 a 是斜率，b 是截距。

下面是在Excel中进行这些分析的步骤：

1. **输入数据**：在Excel中，将年龄数据输入到A列，月产值数据输入到B列。
2. **计算相关系数**：
   - 在一个新的单元格中（例如C1），输入公式 `=CORREL(A2:A11, B2:B11)`，这会给出年龄和月产值之间的相关系数。
3. **进行回归分析**：
   - 在Excel中，你可以使用“数据分析”工具包来进行回归分析。如果没有这个工具包，你需要首先通过“文件”->“选项”->“加载项”来启用它。
   - 启用后，选择“数据”->“数据分析”->“回归”，然后按照提示选择你的输入范围（年龄作为自变量，月产值作为因变量）。

……

图 3-11　AIGC 数据分析示例

随着人工智能的发展，未来人工智能可以在更多的维度上帮助 HR 分析数据并给出一些建议，例如可以帮 HR 找出有哪些人员有可能是高潜人才，有哪些员工在调薪时需要特别关注等。

10. 海报制作

无论是内部还是外部宣传，HR 有时也需要制作海报，有了可以绘图的 AIGC 产品，海报制作将变成非常简单的事情。

例如，每到逢年过节大家经常会转发各种海报图片来表达对节日的祝福。但有个问题是转发的海报缺乏自己的特色，容易和他人重复，自己如果没有美工绘画功底又很难自己制作。对于公司来说更是伤脑筋，因为标注了公司徽标的海报通常要确保原创性，不能随意搬运网上图片。有了 AIGC 之后，这些烦恼将不再存在，普通人也能设计出属于自己的海报。

在 AIGC 软件中输入庆祝母亲节、中国人、卡通风格、礼物、鲜花等关键提示词后就能得到 AIGC 生成的不同图片（图 3–12）。

图 3–12　AIGC 作图示例

选中自己喜欢的图片后拷贝到 PPT 中进行一些简单的编辑，就能加上标题。如图 3–13 所示，用 PPT 添加形状的功能在上部补充一个矩形，在填充矩形颜色时用 PPT 自带的吸管功能吸取原生成图片最上部的颜色，确保无缝连接。

图 3-13　海报编辑步骤一图示

最后选取合适的字体和颜色，并将相应文字添加到合适的位置（图 3-14）。

图 3-14　海报编辑步骤二图示

一张看上去还挺专业的海报就这么做好了，是不是很方便呢？

了解了人工智能在 HR 工作中的一些应用场景，大家就可以在工作中开始多多实践了。如何结合自己的强项更好地让 AIGC 工具为自己所用？具体有如下这些建议。

1. 思考自己人生和工作的意义感。知道自己喜欢什么，想要什么，追求的是什么，然后再看有哪些 AIGC 工具能帮到你，这样可以让自己更聚焦。

2. 找到自己的优势，并将自己的优势做专做精。虽然人工智能可以代替大部分普通人的普通工作，但人工智能不太可能成为领域资深专家，让自己在某一个领域上成为资深专家就能让自己具备人工智能不可替代的价值。

3. 这个世界没有绝对的创新，创新来源于新旧事物的结合，每个人自己过往的经历都是独一无二的，把自己的特色和 AIGC 结合才能让自己更具备独特性和竞争力。

4. 提升自己的领导力和影响力等“软性胜任力”，这是 AIGC 替代不了的。如何在数字化时代推动和影响他人一起协同，也是制胜的法宝之一。

5. 在职场中最重要的不是用了多少新技术，而是出了多少结果。因此，职场人士还是需要有结果导向思维，即不论使用何种方法，只要能出结果就是王道。

6. 基于自身价值的提升，平时尽量多连接一些不同领域的人。在未来的世界，连接会创造更大的价值，在需要的时候可以有人共同探讨交流，辅助自己更快更好地掌握 AIGC 工具。

7. 如果想学些硬技能，建议可以学学基础编程思维，因为目前来看 AIGC 写程序的能力还是不错的，学会一些基本编程原理才能更好地利用这个功能。

8. 另外可以学习一些数据分析基础，习惯用数据说话的思维绝对会有利于大家更好地适应未来的数字化时代。

3.1.4 国内常用 AIGC 工具

工欲善其事，必先利其器，这一节向大家介绍在国内比较常用的各种 AIGC 工具，便于大家尝试。

1. 通用型 AIGC

文心一言 https://yiyan.baidu.com/

字节豆包 https://www.doubao.com/

通义千问 https://tongyi.aliyun.com/

腾讯混元 https://hunyuan.tencent.com/bot/chat/

讯飞星火 https://xinghuo.xfyun.cn/

360 智脑 https://ai.360.com/

Kimi 智能助手 https://kimi.moonshot.cn/

智谱清言 https://chatglm.cn/

百川智能 https://www.baichuan-ai.com/chat/

字节小悟空 https://wukong.com/tool/

面壁露卡 https://luca.cn/

2. 人工智能绘图 / 编辑

腾讯 ARC https://arc.tencent.com/

文心一格 https://yige.baidu.com/

剪映 AI https://www.capcut.cn/

无限画 https://588ku.com/ai/wuxianhua/Home/

美图设计室 https://www.x-design.com/

标小智 Logo 生成 https://www.logosc.cn/

liblib.ai https://www.liblib.ai/

Tusi.Art https://tusiart.com/

佐糖 https://picwish.cn/

Vega AI https://vegaai.net/

阿里 PicCopilot https://www.piccopilot.com/

美图 WHEE https://www.whee.com/

无界 AI https://www.wujieai.com/

BgSub https://bgsub.cn/

搜狐简单 AI https://ai.sohu.com/

6pen https://6pen.art/

3. 人工智能设计

抖音即创 https://aic.oceanengine.com/

阿里堆友 https://d.design/

腾讯 AIDesign https://ailogo.qq.com/

稿定 AI https://www.gaoding.com

墨刀 AI https://modao.cc/

莫高设计 MasterGo AI https://mastergo.com/

创客贴 AI https://www.chuangkit.com/

即时 AI https://js.design/ai/

PixsO AI https://pixso.cn/

美间 https://www.meijian.com/

图 3-15 和图 3-16 是我用不同的国产 AIGC 生成的两幅山水画，提示词均为“请画一幅中国山水画，远处高山，近处河流和村庄，有两个人在路上行走”。

4. 人工智能办公

AiPPT https://www.aippt.cn/

WPS AI https://ai.wps.cn/

图 3-15 AIGC 生成山水画一

图 3-16 AIGC 生成山水画二

iSlide https://www.islide.cc/

ChatPPT http://www.chat-ppt.com/

360 苏打办公 https://bangong.360.cn/

商汤办公小浣熊 https://raccoon.sensetime.com/

酷表 ChatExcel https://chatexcel.com/

有道 AI https://ai.youdao.com/

图 3-17 是我用国产 AIGC 生成的人力资源数字化 PPT 模板的其中一页。

图 3-17　AIGC 生成 PPT 模板

5. 人工智能会议纪要

讯飞听见 https://www.iflyrec.com/

阿里通义听悟 https://tingwu.aliyun.com/

飞书妙记 https://www.feishu.cn/product/minutes

腾讯会议 AI https://meeting.tencent.com/ai/index.html

6. 人工智能思维导图

ProcessOn https://www.processon.com

亿图脑图 https://www.edrawsoft.cn/mindmaster

GitMind 思乎 https://gitmind.cn/boardmix

博思白板 https://boardmix.cn/ai-whiteboard

妙办画板 https://imiaoban.com

图 3-18 是我用国产人工智能自动生成的人力资源数智化思维导图。

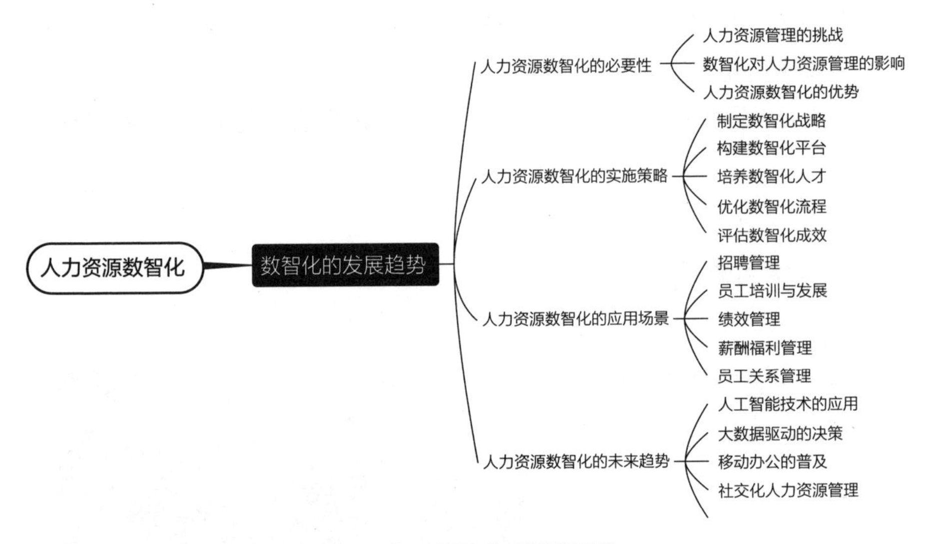

图 3-18　AIGC 生成思维导图

7. 人工智能音频编辑

度加创作工具 https://aigc.baidu.com/

魔音工坊 https://www.moyin.com/

网易天音 https://tianyin.music.163.com/

TME Studio https://y.qq.com/tme_studio/index.html

讯飞智作 https://www.xfzhizuo.cn/AI

视频编辑绘影字幕 https://huiyingzimu.com/

万彩微影 https://www.animiz.cn/microvideo/

芦笋 AI 提词器 https://tcq.lusun.com/360

快剪辑 https://kuai.360.cn/

万彩 AI https://ai.kezhan365.com/

腾讯智影 https://zenvideo.qq.com/

来画 https://www.laihua.com/

一帧秒创 https://aigc.yizhentv.com/

万兴播爆 https://virbo.wondershare.cn/

利用以上这些音频、视频编辑工具，可以实现人工智能配音、人工智能写歌、人工智能编曲、人工智能作词、人工智能短视频、人工智能动画、人工智能数字人、人工智能字幕等。

8. 人工智能代码模型

昇思 MindSpore https://www.mindspore.cn/

百度飞桨 https://www.paddlepaddle.org.cn/

ZelinAI https://www.zelinai.com/

aiXcoder https://www.aixcoder.com/

商汤代码小浣熊 https://raccoon.sensetime.com/code

CodeArts Snap https://www.huaweicloud.com/product/codeartside/snap.html

天工智码 https://sky-code.singularity-ai.com/index.html#/

魔搭社区 https://modelscope.cn/

文心大模型 https://wenxin.baidu.com/

火山方舟 https://www.volcengine.com/product/ark

以上这些人工智能代码模型工具，可以说是程序员们的必备神器。

对于这么多 AIGC 工具，到底如何选择呢？要提醒大家的是，我们在对 AIGC 保持好奇心的同时，也需要持续保持自己的独立和深度思考，只有这样，我们才能更好地让人工智能为我们所用。我们要基于自己做事情的底层逻辑和目标，来判断需要学习和尝试哪些 AIGC 工具，把时间和精力用在刀刃上。

3.2 人工智能对人力资源管理带来的影响

3.2.1 人工智能时代给 HR 带来的挑战与机遇

人工智能在给 HR 工作带来极大便利的同时，也会带来如下这些挑战。

1. HR 的不少工作可能会被替代

未来 HR 的事务性工作一定会逐步消失，连写作、设计、分析等技能性工作也会逐步被 AIGC 代替。因此，HR 也要有危机意识，再也不能总是聚焦于那些重复的事务性工作了。HR 必须要不断学习，持续提升自我价值，才能应对工作可能会被替代的挑战。

2. HR 需要有大局观思维

随着新技术的快速迭代，HR 所面临的业务环境也越来越复杂。拥有大局观思维，不但有利于 HR 理解技术发展趋势，综合应用各种技术帮助自己提升工作效率，也能让 HR 理解人工智能如何影响业务，并反推人力资源如何在人工智能时代辅助业务部门的选用育留。传统 HR 在大局观思维上通常会有些薄弱，因此 HR 一定要注意拓展视野。

3. HR 必须更专业、更创新

由于人工智能在现阶段仍然有出错的可能性，因此需要 HR 更加专业，才能找出人工智能产生的错误，避免不必要的风险。人工智能以过往的训练数据为基础，因此 HR 在思维上的创新以及对人性的专业了解就可能成为未来的核心价值。专业和创新的 HR 可以在人工智能生成的内容基础上进一步加工，让最后的工作成果因为融入了 HR 的思维而与众不同。

当然,HR 不必过度焦虑，因为在人工智能时代,HR 也会有核心价值。就拿 HR 三支柱架构中的 HR 共享服务中心来说，一般大家很容易想到人工智能最容易使这个团队的 HR 员工失业。对于这个观点，我的回答是：有些许可能，但是路还很长!

因为，AIGC 有一个致命伤，那就是可能会产生不正确或误导性的信息。AIGC 在网络上大量搜罗各种信息，梳理并重新组合后给出反馈。如果信息的输入源出现问题，回答就不一定会准确。

AIGC 在逻辑判断上也会出问题，到目前为止，我还没有看到哪个 AIGC 能很清楚地分析出如下这个问题的答案。

某银行被窃，甲、乙、丙、丁四人涉嫌被拘审。侦破结果表明，罪犯就是其中的某一个人。甲说:“是丙偷的。”乙说:“我没偷。”丙说:“我也没偷。”丁说:“如果乙没有偷，那么就是我偷的。”现已查明，其中只有一个说了假话。从上述条件可以确定是谁偷的?

这道题最简单清晰的做法是，分别假设小偷是甲、乙、丙、丁时，验证甲、乙、丙、丁说的话是真是假。例如，假设甲是小偷时，甲说“是丙偷的”这句话是假的，乙说“我没偷”这句话是真的，丙说“我也没偷”这句话是真的，丁说“如果乙没有偷，那么就是我偷的”这句话是假的。

那么，假设甲是小偷的情况下，就有两个人说了假话，因此不符合题目中只有一个人说假话的前提条件。我们继续假设乙、丙、丁是小偷，就可以得出表 3-1。

表 3-1　逻辑判断表

假设情况	甲	乙	丙	丁
甲偷	假	真	真	假
乙偷	假	假	真	真
丙偷	真	真	假	假
丁偷	假	真	真	真

从表 3–1 中可以看出，当丁是小偷时，只有一位说了假话，因此标准答案就是小偷是丁。

就这个看上去不是特别难的逻辑题，如果让各种 AIGC 产品来回答，那答案简直就是五花八门。例如，如下这个 AIGC 产品的回答在画线部分的分析基本都是错误的，最后的答案“甲才是罪犯”，当然也是错误的（见图 3–19）。

这是一个经典的逻辑推理题。根据题意，我们可以列出以下表格：

人物	甲	乙	丙	丁
是否偷窃	否（丁）	否（甲）	否（乙）	是

我们可以发现，如果甲说的是真话，那么丁就是罪犯；如果甲说的是假话，那么甲就是罪犯。因为只有一个人说了假话，所以甲说的是假话，所以甲就是罪犯。

因此，甲才是罪犯。

希望这个回答能够帮到你。如果你还有其他问题，请随时问我。

图 3–19　AIGC 逻辑题错误回答示例一

又例如，如下这个 AIGC 产品的答案虽然是对的，但是画线部分的分析逻辑同样有明显的问题（见图 3–20）。

假设甲说的是真话，那么丙偷了银行。但是这样一来，乙也说了真话（因为他说他没偷），与题目中只有一个人说了假话的条件矛盾。因此，甲说的是假话。
假设乙说的是真话，那么他没有偷。由于只有一个人说了假话，丁说的也是真话，即如果乙没有偷，那么丁偷了银行。这意味着丙、丁都没有偷，与题目条件一致。因此，这种情况是成立的。
因此，可以确定乙没有偷，且如果乙没有偷，那么丁就是罪犯。

图 3–20　AIGC 逻辑题错误回答示例二

因此，如果只是用 AIGC 来充当功能更强大的搜索引擎还是可以的。但如果该技术要用于 HR 共享服务中心的服务机器人，那就不行。因为员工服务不允许不正确或误导性的信息，即使偶尔出现也不行！否则，员工基于错误回答行事所带来的后果和损失都需要公司来承担，这对公司的 HR 运营会产生极大的风险。

目前在 HR 共享服务中心使用的聊天机器人都需要以准确的知识管理为目标接受训练，并在回答策略上要确保机器人要么不回答，如果回答了，答案就要准确。可以允许答案和问题无关，但底线是答案一定不能出错。这就是 HR 智能服务和 AIGC 的本质区别，也是为什么能天花乱坠地聊天的 AIGC 目前还无法直接作为 HR 共享服务中心智能服务机器人的原因。

由此我们可以看出，在数字化时代，HR 仍然有非常重要的作用。一方面，HR 需要承担机器人训练这样的新任务。另一方面，对于人工智能回答不出的问题、比较敏感的话题，或者遇到有情绪的员工时，还是需要由 HR 进行处理。数字化的本质是解放 HR 的劳动力，让 HR 去做更重要的事。但这并不意味着有了数字化就不需要 HR 了。在人力资源数字化转型的过程中，HR 应该起到非常重要的引领作用！

而这个引领作用，就是人工智能时代给 HR 带来的机遇。HR 要更多地面向未来，思考如何让自己在未来发挥更大的价值。HR 只有持续关注人工智能发展的趋势，不断学习和尝试使用人工智能，才可能成为引领未来的 HR。

3.2.2　人工智能时代人力资源管理的三大优先事项

在人工智能时代，HR 不能局限于传统的管理模式、理念和思维，必须要持续变革！ HR 应对人工智能的精进方向有三大优先事项，分别是提升效率、管理升级和数据积累。

1. 提升效率

人工智能不仅能提升每一位 HR 从业者的工作效率，而且在人力资源规划、招聘、绩效、发展、员工体验等维度都有应用场景。

规划：利用大数据和分析技术，帮助 HR 从庞大的数据中提取有用的信息和洞察，为人力资源规划、人才管理和组织发展提供指导和建议。

招聘：应用人工智能，可以通过自动筛选简历、智能面试等方式来节省时间和资源，提高候选人筛选的准确性。目前市场上最新的人工智能面试已经能有效地帮助企业自动筛选人才。

绩效：人工智能可以帮助简化和改进绩效管理流程。它可以自动收集和分析员工的工作数据，提供实时的反馈和评估。基于数据和算法的评估可以减少主观性，提高评估的客观性和准确性，同时也为员工提供有针对性的改进建议。

发展：人工智能可以用于员工培训和发展领域。虚拟现实和增强现实技术可以模拟真实场景，提供交互式的培训体验。智能化的学习管理系统可以根据员工的学习进度和需求，个性化地推荐培训内容和学习路径，从而提高培训效果和员工的专业能力。

员工体验：无论是对于内部员工还是外部候选人，类似智能聊天机器人这样的应用可以更快速地回答常见问题、提供指导和支持、反馈流程进展。通过这种个性化和即时的互动可以提高满意度，提升公司形象。

2. 管理升级

人工智能的影响会波及整个行业以及公司里的所有部门，这将倒逼HR思考未来人力资源管理模式应该如何变革。

人工智能可以提升很大一部分员工的工作效率。很有可能年初制定了KPI，过了几个月，因为新技术的应用，员工很容易就完成了全年的KPI。HR如何制定合理的绩效管理模式？有了人工智能，原先综合评定级别较高的岗位工作，现在可能很容易就能完成了。因此HR需要思考对于整个公司的所有岗位在未来如何进行更合理的评估。

为了顺应趋势，企业必须鼓励员工积极创新、敏捷应变、不断尝试新技术。传统的自上而下的管理模式不再奏效。这就需要HR思考如何更好地提升员工体验，激发员工的内驱力，让员工感受到工作的意义感和幸福感，才能激发员工潜力，让员工产生心流，让组织更有活力，创造更大价值。在未来，企业将会是虚拟数字人和现实人类共存的动态组织，如何管理这样的组织也是HR需要思考的问题。

3. 数据积累

正如在人工智能的底层逻辑中提到的，人工智能的本质是数据分析，因此数据对于人工智能应用是非常重要的，如果没有足够的高质量数据。再好的人工智能算法也没太大用处。

例如，我们可以让 AIGC 帮助我们生成岗位描述、校招文案、面试问题、规章制度等。但同时我们也发现这些通用的 AIGC 产品暂时还无法在人力资源领域深入应用，一旦涉及精准政策解读、人才测评等场景，通用大模型会出现很多不准确的回答和判断。根本原因还是目前的通用大模型缺乏人力资源垂直领域的专业数据。只有经过专业领域海量数据的训练，人工智能才能真正成为 HR 领域的专家，提供专业的人力资源服务。例如，如果希望有一位人工智能教练来辅导员工，那就需要获取大量的教练相关的对话，才能让人工智能学会如何以教练的方式来引导员工自己找到问题的答案。如果希望有一位人工智能面试官能更客观地评估候选人，减少主观因素的影响，那么就要收集海量的面试相关的多模态数据用于训练人工智能，让人工智能学会通过语义、声音、表情、动作等来判断候选人的不同胜任力。在实际应用场景中，我们可能还需要细分行业的数据，例如，如果可以单独对医药行业、互联网行业等不同行业的人才画像进行深度学习和分析，就能更好地帮助公司精准地招聘和发展人才。

有了好的算法但没有专业数据，产生不了更大的价值。但有了专业数据，一旦有了更好的算法，直接切换算法用原来的数据再训练一次即可。由于数据需要长时间的积累，因此目前 HR 在日常工作中就要利用各种数字化系统更及时、全面、准确地收集各种数据，才能为将来 AIGC 更广泛的应用做好准备。当然 HR 也将面临如何保护隐私和数据安全、如何确保使用人工智能算法的公正性和透明性的挑战，这些都需要各界人士共同努力应对。

3.2.3 HR 如何连接人力资源管理与人工智能

对于 HR 来说，如何规划人工智能在人力资源管理中的应用？我认为最重要的核心就是在我的上一本书《人力资源数字化转型行动指南》封面上的那句话——“HR 更要有想法而不是懂算法”。

HR 擅长的是对人性的了解。因此，在人力资源数字化转型中，HR 要做的是站在员工人性需求的角度考虑当前人力资源管理的痛点和关键需求，然后基于对技术能做什么的了解，辅以 HR 的经验提出想法，然后把想法交给大数据与人工智能专家去设计研究解决方案，成为关键需求与技术实现之间的纽带。

就拿 AIGC 技术来分析，AIGC 技术无外乎就是生成文本、图像、视频、语音、数据、代码、模型等。相应的 AIGC 应用类型主要就是数据分析、内容生成、人机会话、知识管理、设计应用、辅助编程等。

了解了这些，HR 就可以思考有哪些人力资源管理的痛点可以通过技术来解决。然后再依据关键需求去咨询 IT 部门或者技术供应商是否能实现。每家公司的业务状况不同，都会有自己独特的关键需求，这才是 HR 要在人力资源数字化转型中要把握的关键点。至于技术实现，未来会有越来越多的可能性，技术的迭代更新也会非常快，只要 HR 心中有谱，那么就可以更灵活地利用好人工智能。为了做到这点，HR 们平时应该多多关注技术的发展，与时俱进，了解技术能做什么，才能走在时代的前沿，不断适应新技术和新趋势。同时也能让 HR 更好地与技术专家沟通，把人性的需求和技术连接起来。

我们以招聘为例，来一起分析一下招聘的痛点和可以连接的人工智能技术。

痛点：对于负责招聘工作的 HR 来说，日常往往需要花费大量的时间来进行简历筛选、面试等工作。特别是在大规模校招或者基础岗位招聘时，往往不堪重负。大规模招聘时往往还要调动不少业务经理作为面试官，但很多业务经理又有面试经验不足的问题。即使接受了集中培训，业务经理面试官也往往会受到情绪、疲劳程度、偏见和歧视的影响，很难客观公正地对候选人进行评估。不仅浪费了时间，也达不到好的招聘效果。

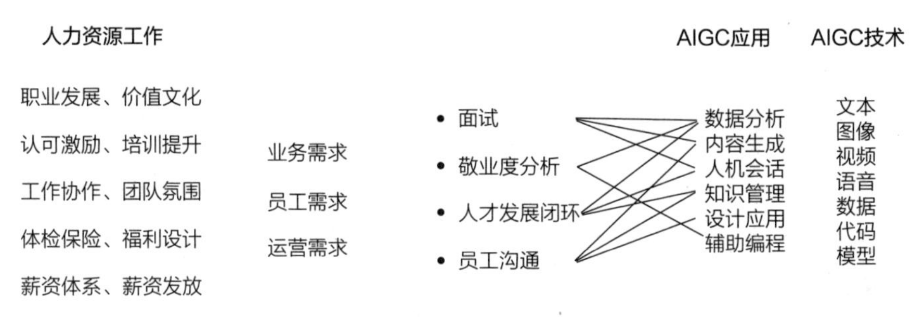

图 3-21　HR 是关键需求与技术实现之间的纽带

想法：对照图 3-21 中 AIGC 的应用类型，我们可以想到数据分析可以帮助我们通过大数据筛选简历，AIGC 的内容生成可以帮助我们生成笔试、面试问题，AIGC 的人机会话可以帮助我们进行人工智能面试。

产品：这时我们再去搜索一下人工智能招聘的趋势，就会发现现在已经有不少厂商已经有了人工智能面试官产品。经过训练的人工智能面试官可以不受情绪、疲劳程度等因素影响，对于候选人的判断保持高稳定性，从而保障招聘质量。实验数据表明，人类面试官在面对同一批次候选人的评估一致性只能达到 71%，人工智能却可以达到 92% 以上。

技术：我们可以进一步通过咨询来区分人工智能面试的不同级别：

级别 0：最早的数字化面试只是远程录制候选人视频，方便面试官通过视频来判断候选人的能力。

级别 1：随着语音识别技术的发展，数字化系统可以将语音转写为文本，并可以提取其中的关键字，方便面试官快速通过浏览文本把握候选人回答的关键内容。

级别 2：随着视频识别技术和人工智能算法的发展，人工智能开始进一步对表情、声音进行分析，并给出不同维度的相应分值，辅助面试决策。

级别 3：随着自然语言处理技术的持续发展，人工智能可以进一步进行深度文本内容分析，基于篇章级别的语义识别算法来预测候选人的胜任力，深度辅助人类面试决策。

级别 4：基于前述各项技术，科学家们又继续通过训练并基于多模态算法做到了可以结合候选人回答的质量、表情、颜值等各种维度给出综合评估。这是一次技术的飞跃，也是目前国内外个别公司才能做到的程度，因为在这个级别，人工智能可以代替人类对于普适性岗位做出面试决策。比较适用于校园招聘或对面试量较大的生产、销售、服务等岗位进行招聘。

级别 5：采用了人工智能多模态大模型，对候选人进行人工智能生成式提问，千人千问，千变万化，让面试过程更加公平、高效和人性化。同时还能真正实现自由追问和多轮对话，像人类面试官一样，根据候选人的回答进行有针对性的追问，让充分理解候选人的能力水平得以全自动化地实现。

选择：人工智能应用的赛道通常呈百花齐放之势，但同样也存在良莠不齐的情况。这时 HR 就可以通过测试来选择合适的技术合作伙伴，HR 可以通过如下三个维度来找到真正的人工智能技术：

效果测试：要想判断人工智能是否真的智能，最好的办法就是测试。可以要求供应商提供体验测试效果的机会，并让有经验的招聘面试官来共同进行双盲实验，测试人工智能对候选人的判断和人类招聘面试官对候选人的判断是否基本吻合。

成本测算：要说服老板引进人工智能面试，性价比分析是一定不能少的，建议 HR 可以基于原有的校招 / 社招的成本进行测算，在达到同样效果的基础上，看看人工成本可以节省多少，据我了解，一些应用人工智能招聘的公司能实现 50% 及以上的成本节约。

机器学习：每家公司都有一些特定的用人需求，随着业务环境的变化，用人的要求也会随之变化。因此，人工智能招聘系统一定要有机器学习的功能，可以让人工智能招聘始终跟随业务的要求持续学习和迭代。

符合这些要求的技术合作伙伴就可以成为 HR 的最终合作伙伴。以上，就是以招聘为例，对 HR 如何从痛点产生想法后了解技术并进行人工智能面试技术选择过程的介绍。其他各领域的应用也都可以参考这个过程来进行。

3.3 如何规划人力资源数字化

3.3.1 人力资源数字化的重要性

现在有不少企业对于人力资源数字化系统并不是特别重视，觉得企业数字化最重要的是业务、财务等系统。但其实这是一个错误的观点，千万不能忽视人力资源数字化系统。我们来看看 HR 系统对于业务和财务系统会有哪些关键影响。

1. 信息源头

企业各种数字化系统的用户访问权限，都需要基于 HR 系统中的员工入离职信息。在员工入职时需要及时开通权限，在员工离职时需要及时关闭权限。员工在提出离职时往往也需要通过系统通知各部门提前做好准备，确认员工该交接的事项都可以在离职前完成。业务系统的审批流在很大程度上也要依赖于 HR 系统中的汇报关系，需要确保 HR 系统中信息维护的及时性和有效性。财务报销系统中的银行卡信息往往也来自员工在 HR 系统中输入的工资卡信息。

2. 人力成本

从业务和财务管理的角度来说，都需要人力成本的分析和预算。在一些高科技企业中，人力成本还是最重要的企业运营成本。因此，HR 薪资系统中的数据至关重要。如果能很好地将薪资系统和业务或财务系统对接，在设置好访问规则和权限后，就可以确保在员工薪资保密的前提下进行人力成本计算。包括在一些项目型组织架构的企业中，项目管理系统如能对接人力资源系统，也可以更方便地管理项目的人力成本。在日常业务管理过程中，如果能基于销售管理等业务系统数据来依据规则自动进行每月提成等各种奖金津贴的计算，一方面可以减少各部门收集和处理数据的工作量，另一方面也可以通过分析业务数据的趋势来进一步预测相关人力成本。

3. 人效决策

业务到底做得怎么样，人效是非常重要的抓手。但如果没有了 HR 系统的配合，对人效就很难科学地进行衡量。将业务系统中的各种业务结果数据和 HR 系统中人的数据结合起来分析，就能更科学地对企业的人效进行量化。一方面可以作为业务部门对于团队成员绩效评定的参考，确保科学性和公平性。另一方面，可以通过同比、环比、内外部比较等方式产生洞见，以此驱动业务部门在用人方面的相关决策。

4. 共享体验

在 HR 数字化场景中用到的电子档案、电子签约、员工咨询等服务其实在各部门都有需求和应用场景。因此 HR 的一些共享服务应用可以拓展到整个企业，目前有不少企业已经建立了 IT、财务、HR 等部门间的共享机制。HR 的工作特性使得 HR 相对来说更了解人性，从服务员工的维度来看，如果把 HR 数字化系统中对于员工体验的实践更好地拓展到整个公司的数字化系统中，就能提升员工对于企业数字化系统的满意度和员工自身的敬业度。

通过以上的分析，大家可以看到 HR 系统在公司中和业务、财务系统一样，具有非常重要的地位。但同时，人力资源管理的数字化和财务系统的数字化相比不确定性更强，在不少领域目前还没有非常标准的答案。例如，在人才画像、员工体验、人力分析等方向上，业界都还在尝试摸索阶段。因此，建议企业在进行数字化转型时，一定也要和 HR 部门很好地协同，更好地对企业各部门的数字化与人力资源管理的数字化进行统筹规划。

3.3.2　人力资源数字化规划的关键思路

1. 人力资源数字化转型的终极目标

当 HR 理解了人力资源数字化转型的重要性，就需要在自己的企业进行人力资源数字化转型的规划。为了更好地进行规划，首先要想清楚人力资源数字化转型最终要达到的目标是什么。我为人力资源数字化转型归纳了三大终极目标，分别是为业务增值、极致员工体验和数据驱动人力决策。

1）为业务增值

公司的成功取决于战略和组织能力，基于战略来进行组织能力建设是 HR 的抓手。因此，如果能通过数字化来更好地找到关键人才，并匹配到与战略目标相一致的关键岗位上，就能真正把人力资源数字化转型和业务结果联系起来。如果 HR 不以为业务增值为导向，就可能导致领导层不够重视人力资源数字化转型，结果就是 HR 部门数字化预算和资源有限，导致巧妇难为无米之炊。

2）极致员工体验

员工体验的重要性毋庸置疑，好的员工体验能提升敬业度和工作效率，有助于保留人才。内部员工体验还会影响外部雇主品牌，更好地吸引外部人才。当然，满意的员工才能为我们带来更多满意的客户。

3）数据驱动人力决策

目前对于商业决策，已经有不少成熟的大数据分析预测案例，但是人力分析还在各种尝试阶段。因为要用数据来分析人这样复杂的动物，并指导人力决策还是很有挑战性的。这取决于我们是否有能力来量化人的各种特性，是否有办法收集、统计、分析人力相关数据并进行预测和行动。

有了终极目标作为指引，HR 就可以对人力资源的数字化转型进行统筹规划，因为只有 HR 才真正了解对于人力资源数字化系统的需求。要进行人力资源数字化规划并不意味着 HR 要去学习大数据算法和技术，对于 HR 来说更重要的还是先要以为业务增值这第一个目标为主，抓住业务的痛点，然后借助数字化思维提出关键需求。同时不断关注技术发展的最新动态，知道技术能帮助我们做什么。只有这样，HR 才能更好地在数字化转型时代更主动地把握方向，更好地与技术和数据分析专家进行合作。

2. HR 如何才能做好人力资源数字化规划

1）思维

当前有很多企业对于人力资源系统在公司中的使用效果满意程度不高。是人力资源软件不好吗？其实不是，人力资源软件已经发展很多年了，现在市场上新技术层出不穷，很多人力资源软件产品已经拥有相当丰富的功能，并能进行灵活配置。我的观点是，再好的人力资源系统，没有合适的 HR 来进行规划使用，也发挥不了真正的作用。HR 的思维对了，自然会选择最合适的系统和最合适的用法。

HR 系统本身只是工具，一支乒乓球拍为什么有的人用它能拿世界冠军，有的人连球都发不过网？最关键的是 HR 在思维上是否能把对于人力资源管理本质的认知转化为对于 HR 系统的需求和日常的运营方式。有了顶层思维，才能将各家系统的优势融合起来。

同时，要以产生价值为终极衡量目标，通过引导、激励管理层、经理、员工以及 HR 团队本身，利用系统满足各种人力资源管理需求，并通过持续反馈和改进，形成正向循环。相信有这样能力的 HR 始终可以最充分有效地利用系统。各种人工智能、流程自动化和数据分析技术在这些 HR 的手里才能成为趁手的兵器。

2）场景

人力资源系统的功能很多，但着重宣传和用好哪些功能要以场景为导向。例如，对于人才盘点场景，如何为了实现关键组织战略目标，为关键岗位建立人才梯队，不是只靠一个九宫格就能解决的。我们需要了解关键岗位的人才需求，借助数据支撑对现有人才进行有效评估，建立后续的培养机制或招聘计划，并持续跟踪。所以，HR 心中一盘棋的下法比棋盘和棋子本身更有价值。HR 不能只是利用系统来机械地完成人力资源管理流程，更重要的是在使用系统的过程中持续通过反馈和数据发现在各种管理场景中有价值的洞察来支持决策。

例如，我基于招聘数字化的场景分析，通过图 3-22 的方式来展现人力资源数字化招聘。

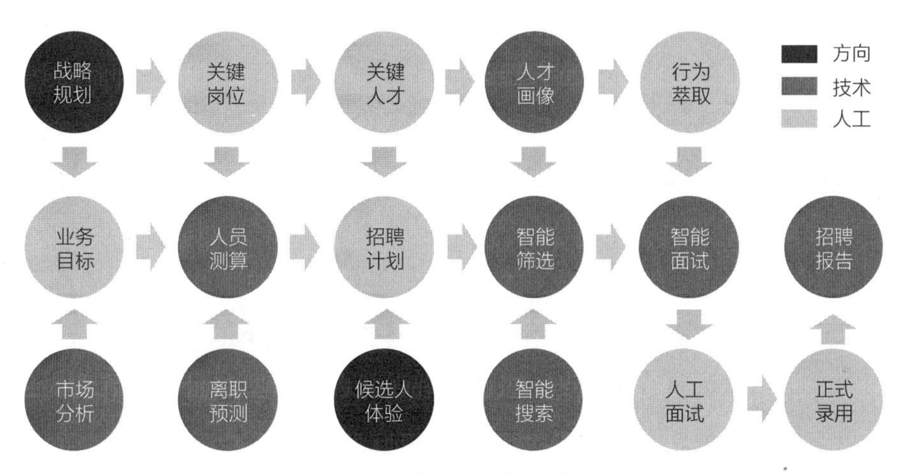

图 3-22　人力资源数字化招聘

在这张图中我用不同的颜色来代表不同的含义，黑色圈代表我们最重要的思考起点和方向——战略规划及候选人体验。从正确的思考方向出发，就更容易进行招聘工作的数字化设计与规划。

由于技术的发展不是一蹴而就的，在相当长的一段时间内，人工智能不可能完全取代人的工作，特别是和人相关的 HR 工作。人机共舞将是常态，因此我用深灰色来代表个人经过思考后觉得最有可能利用技术来赋能招聘的工作，用浅灰色来代表主要需要依赖人的力量来完成的工作。

从战略规划出发，在图中沿向下的方向，可以结合市场分析来得出业务目标，在这个过程中，市场分析有可能结合大数据分析来进行，但最终业务目标的制定则必须由人来进行，因此在图中业务目标和市场分析用了不同的颜色。

从战略规划出发，在图中沿向右的方向，我们可以梳理出哪些是关键岗位，以及对于关键人才的要求。利用业务目标和关键岗位等信息，再加上离职预测等分析，我们可以借助技术来进行人力规划测算，辅助招聘计划的制订和调整。但是招聘计划的最终制订又需要人工的介入，因为制订招聘计划需要充分考虑候选人体验，体验设计目前机器是无法做到的。

基于对关键人才的要求，可以通过打标签的方式得出人才画像，并以此为基础进一步借助技术来进行候选人的智能搜索和筛选。为了提升面试效率，我们也可以人工对优秀员工进行经验和行为的萃取，把这些行为作为面试的标准之一。例如，可以要求员工在面试的过程中完成一个指定主题的销售方案等。

基于面试方案，又可以进一步思考是否有更灵活的方式能够帮助我们完成智能面试。智能面试可以基于标准，完成对于初级岗位面试人员的初步打分。刚才提到的让候选人在面试时制作销售方案的想法，我们也可以探讨是否可以让员工远程完成并录制视频，这样既能保证测试的公正，也不会浪费招聘 HR 等待的时间。基于目前的技术，在智能面试之后我们必须借助人工面试来进一步地评估和录用。最后可以利用技术来完成整个招聘过程中关键步骤的跟踪和报告。

这张图反映的其实就是 HR 对数字化系统在人力资源招聘场景中的

运用，这才是HR在人力资源数字化规划中应该做的工作。因为你会发现如果没有这种设计，缺失了一些重要的人工工作，整个招聘流程即使有再好的数字化招聘系统都是走不通的。

因此，HR应该在人力资源数字化规划的过程中具备场景思考能力，探索在人力资源管理中人机共舞的方式，研究有哪些人工工作可以被机器所取代，形成人力资源数字化的长远规划路径图。

3）体验

当然，为了赋能经理和员工通过自助服务更好地利用HR系统，HR也需要深入了解不同层级、不同代际的员工的需求。通过定期评估和反馈机制来监测HR系统的使用情况，聆听管理层和员工的声音，及时发现潜在问题和改进的机会，以此全面提升员工体验。体验提升了，自然就会有更多员工愿意用HR系统了，强推的效果远不如体验的提升。

3. 人力资源数字化规划的主要阶段

基于很多企业的实践经验，人力资源数字化转型不太可能一蹴而就，一般都需要分期分步进行，在规划上建议把人力资源数字化转型划分为三大阶段，分别是降本增效、人才发展和组织发展。

1）降本增效

这是HR首先需要做到的，因为如果不能通过自动化重复性任务减少人为错误，提高工作效率，HR其实就很难说服业务部门继续投资人力资源数字化转型。类似流程自动化、人工智能问答、电子签等应用都可以有效地帮助HR降低人工成本，提升执行效率。

我们以机器人流程自动化（Robotic Process Automation，RPA）技术为例来看一下技术能如何帮助HR降本增效。

HR在日常工作中经常要与不同的系统和软件打交道。例如，对于招聘来说，HR经常会在不同的招聘网站中搜索候选人，下载简历。想要把这个搜索、下载简历的过程自动化，如果要去和招聘网站谈数据自动对接，会是非常复杂的事情，耗时耗力且耗钱。而且，这么做是否能真正帮助招聘 HR 节省时间并提高质量还是个未知数。此时，RPA 的作用就可以发挥出来了，因为 RPA 在数字化应用中的最大优势就是灵活性，可以在不更改网站的前提下，利用设置好的规则来自动登录网站或软件，完成既定操作。因此，我们可以利用 RPA 来模拟 HR 打开不同招聘网站、登录账户、搜索关键字、下载简历。一段时间后，如果以招聘结果为导向，发现某些招聘网站里的数据质量特别好，就可以决定去和这些招聘网站做正式的数据对接。

HR 有时还会需要从员工体验角度来设计一些新的做法，例如，HR 为了在员工生日或者入职周年纪念日时提升体验，可能会想到要给员工发一些定制的祝福。但这样的设计如果没有经过实践检验，并不知道员工反馈会不会好，此时也可以用 RPA 来进行轻量级的自动化尝试。可以让 RPA 软件每日自动登录 HR 系统，导出报表搜索当天是哪些同事的生日或入职周年纪念日，并自动通过邮件发出相关祝福或提醒他们的经理等。在自动试行一段时间后如果员工的反馈好，就可以正式在数字化系统中实现这样的功能。因此，RPA 技术可以让我们以相对较低的成本来尝试各种流程的自动化应用，发挥人力资源数字化转型“试验田”的作用。

其他很多技术也和 RPA 一样，都能帮助 HR 减少人工的工作量，提升工作效率。只有看到人力资源数字化转型降本增效的成果，才能让企业的业务部门信任人力资源数字化转型带来的价值并愿意进一步支持人力资源数字化转型。

2）人才发展

这一部分会比单纯的降本增效更难，但也更能体现 HR 的价值，因为 HR 的核心任务就是帮助组织在合适的时间把合适的人放到合适的位置上。HR 需要思考如何通过各种不同技术途径来逐步量化岗位对员工的各种知识、技能，以及潜意识、性格、动机等的需求。同时也要持续迭代人才的量化评估技术，逐步实现自动化的人岗匹配。

这个过程其实和自动驾驶技术的持续升级是一个道理。自动驾驶只能先从有限的数据收集开始，此时还做不到全自动驾驶。但随着技术发展、各种传感器的增多、地图数据的完善、算法和算力的提高，自动化驾驶变得越来越成熟，可以逐步减少人工干预。

对人才管理的数字化，我们也可以同样分步骤展开，先对可以量化的部分进行量化和收集。例如，可以通过测评工具、日常绩效、履历经历等开始进行数据的积累。在未来，借助人工智能还可以对视频、语音、行为数据等进行分析，进一步量化、细化更多人才画像的不同维度。随着时间的推移，人才数据就能不断完善和互联，同样可以利用人工智能大数据运算逐步做到岗位需求和人才的自动匹配。有了数字化评估和匹配技术作为基础，无论是自动化招聘，还是自动化人才发展都将成为可能。利用人工智能进行招聘可以更容易在海量的候选人中找到企业需要的人才。在未来的灵活用工模式下，也可以更快匹配到在某段时间内适合合作的人才。

人才的培养也可以从人性的角度出发，让人工智能基于不同人才的自我实现目标，结合业务需要来实现千人千面的定向培养。这样，就能在赋能人才持续成长的同时为业务带来价值。

3）组织发展

在人才发展数字化做到一定的程度后，为了使企业能快速适应市场变化，还会对组织提出更高的要求。我们可以通过数字化的手段来进行组织诊断，更快地了解组织的整体健康度和活力，并和企业的战略规划、组织结构优化、文化建设、领导力发展、变革管理等和组织能力有关的事项打通，这就为企业的进一步敏捷应变打下了数字化支持的基础。

在整个人力资源数字化规划的过程中，企业需要确保所有利益相关者都参与进来，从高层管理者到基层员工，确保转型计划得到广泛支持和有效执行。同时，持续的沟通和反馈机制对于识别问题、调整策略和确保成功转型都至关重要。

综上所述，HR 在人力资源数字化转型的过程中需要积极改变思维，进行场景化思考，持续注重员工体验，有步骤地进行规划和实施，才能实现更高效、高质量地赋能人力资源管理，为组织带来长远的价值和竞争优势。

3.3.3 HR 如何提出人力资源数字化系统的关键需求

有了顶层的规划之后，HR 在数字化转型过程中需要进一步提出关键需求，为数字化系统的转型及落地做准备。所谓关键需求，是指当企业需要进行人力资源数字化系统的转型时，能够总结出的对于日常 HR 管理及赋能业务最有价值的核心需求。

建议 HR 通过与业务部门的沟通和共创来得出这些核心需求。以业务部门认可的关键需求为基础与供应商进行沟通，满足了关键需求就等于满足了业务需求，增加了项目成功的概率。接下来，我就结合人力资源管理需求以及当前 HR 数字化的现状，为大家总结人力资源管理比较常用模块的关键需求。

1. HR 招聘数字化的关键需求

1）雇主品牌

人才竞争也是雇主品牌的竞争，优秀的候选人最后究竟加入哪家公司，其中一个很重要的决定因素就是候选人对于公司的整体印象如何。这也是为什么很多知名企业每年都要参与最佳雇主评选来持续确保公司雇主品牌吸引力的原因。因此，避免千篇一律的界面，通过个性化定制的方式来吸引人才，打造独特的候选人体验是对数字化招聘系统的关键需求之一。

2）校园招聘

校招基本是每家公司的传统节目，也是 HR 每年要周期性集中开展的工作，一般都会是全年工作量的一个高峰。因此我们需要数字化系统具备更多自动化功能，尽可能在规划、传播、筛选、录用环节上提升效率，就可以极大降低HR包括面试官的工作量。在校招场景下，由于校招的候选人基本都是同龄毕业生，对于应届毕业生的能力判断标尺相对容易把控，因此也非常适合利用人工智能进行简历筛选和面试。如果校园招聘还能加上类似游戏化场景等有趣的创意，就能吸引更多的应届毕业生来应聘。

3）技术提效

除了校招场景，在社招的各种场景中实现降本增效也是对数字化系统的基本要求。在招聘的过程中，职位发布、简历筛选、笔试面试协调等都是费时费力的工作。因此要尽量通过技术方案来提升效率。例如，自动对接各家招聘网站、渠道和猎头，方便职位发布；通过接口自动获取简历；自动化协调笔试面试，获取面试反馈，推动面试进程直至发送录用通知书并进行入职保温等。

在招聘流程自动化的基础上，如还能进一步利用技术对候选人进行筛选、过滤、分析，则可进一步提效。例如，数字化招聘系统能基于对候选人简历的解析和面试结果，结合智能标签和手工标签，为候选人建立人才画像，更好地进行人岗匹配。在人才画像、智能标签、人工智能匹配、筛选、面试等方面能做到多好也是区分不同软件供应商技术实力的标志之一。

4）灵活内推

有数据表明，内推一般是各家企业招人时性价比最高的手段。因此，数字化招聘系统也应该能支持各种灵活内推的方式。除了能让员工方便地了解和转发企业内部的招聘需求至社交圈，如果还能支持进一步拓展，通过设置合理的奖励激励机制，让企业外部的人员也能帮助进行内推，那就更好了。

5）人才库运营

找到合适的候选人不容易，特别是在一些具备稀缺性技能的岗位上。因此，我们希望数字化系统能帮助企业针对投过简历的候选人、已经离职员工等进行人才库运营，以便在需要时能更快速地找到候选人。当然，人才库的运营必须以尊重个人意愿为前提，获取个人的同意后才能进行信息保存和盘活。人才库运营一般都需要数字化系统有智能查重、维护标签、制作人才地图等。在日常如能定期通过数字化系统发送一些有用的或者和公司有关的最新信息，则可以帮助企业持续与人才库里的关键人才保持互动。

6）数据决策

数字化时代需要以数据驱动决策，需要数字化招聘系统能很好地通过数据来跟踪招聘运营的全流程。数字化系统要能比较方便地提供各种不同维度的数据报告，方便钻取到不同的层级，有利于发现问题和寻找根本原因。除了基础的招聘运营指标数据，数字化系统也要能整合分析招聘速度及质量来发掘优秀推荐渠道、优秀面试官以及更适合不同岗位的人才画像等，以此让我们对招聘各环节进行持续改进。

2. HR 绩效薪酬数字化的关键需求

1）人效衡量

绩效管理的本质是通过绩效来提升人效，达成业务结果。因此，我们需要数字化系统帮助我们计算人效，例如人均营收、人均利润、人事费用率等。人效和业务数据又是不可分割的，这就要求绩效管理系统能方便地导入或者对接业务相关数据，尽可能实现自动化计算，减少不必要的手动计算。以此为基础就可以进行绩效和人效相关的分析，让绩效管理更好地与业务结果挂钩。

2）目标对齐

为了完成绩效目标的设定，我们需要从战略解码开始，将组织的大目标层层分解为每个部门和每位员工的小目标。传统手工绩效目标管理的一个很大的问题是很难跨部门分享和对齐目标，导致有时各部门工作南辕北辙，或出现很多灰色地带，影响工作效率。因此，无论是用KPI还是OKR，我们都希望数字化系统能帮助我们进行目标通晒、穿透、对齐。让每一位员工都知道其他部门和员工当年的主要目标，有利于协同，让力往一处使。由于业务环境变化非常快，系统也需要支持定期调整和重新对齐。

3）过程管理

每年如果都等到年终才和员工们回顾绩效，一旦有什么问题就为时已晚了。为了确保全年能达成绩效，必须要进行过程管理，以合适的频率来进行定期回顾。例如每半年、每季度甚至是每个月都回顾全年绩效达成的比例，就能更早地发现问题并及时进行必要的调整和辅导。因此数字化系统要能支持我们进行过程管理并留痕，辅助团队负责人进行细化跟踪管理。

4）绩效评定

一般来说，不同的企业会基于不同的发展重点、不同的部门岗位性质来设置不同的绩效考核方式。不仅是KPI和OKR，有的公司还会把价值观考核、360环评等也放到绩效评估中来，最后综合不同的指标来进行加权平均，计算综合得分或进行排名；有的企业会要求绩效的强制分布。因此，绩效评定对数字化系统的灵活可配置程度要求较高，以方便在必要时对绩效评分的规则进行调整。

5）薪酬激励

绩效必须要和薪酬有强关联，否则就失去了绩效评定的意义。要让高绩效的人在薪酬激励方面得到公平公正的回报，才有利于组织的健康发展和人才的保留。

首先，数字化系统需要支持职级体系的搭建并确立对应岗位薪酬的对标值，对于不同的岗位有可能需要采用不同的市场对标分位值。

其次，数字化系统也需要支持调薪、奖金、临时项目奖、股权激励、即时激励等不同的激励方式，在不同需求的场景下更有效地激励员工。例如，数字化系统可以把绩效评定的结果和薪酬比较率结合起来，自动形成调薪矩阵并指导经理进行自助调整，并设置超限提醒，极大地方便调薪相关的工作。数字化系统还可以利用明确的规则来自动计算绩效达成后的奖金、股权分配等，以减少薪酬激励相关的大量繁杂手工计算。

6）闭环管理

绩效薪酬管理是对业务结果来说最直接的管理模块。因此我们需要从业务痛点出发，通过实际数据来诊断绩效、薪酬和业绩之间的相关性。对于人效和组织效率可以进行同比、环比、市场对标分析等来发现关键问题并采取行动，通过持续的数据跟踪来检验行动的效果。因此，我们需要数字化系统辅助我们达成可持续跟踪管理的闭环。

3. HR 福利数字化的关键需求

企业福利是吸引、保留、激励员工的一种重要手段之一。在数字化时代，数字化技术也让传统的福利有了更多不同的可能。

1）弹性福利

弹性福利是指员工可以根据自己的需求选择福利项目，根据员工的需要进行个性化定制。我们需要数字化系统尽可能多地提供各种福利项目让员工各取所需，福利项目可以包含保险、健康、娱乐、出行、餐饮、学习等。由于弹性福利的每一种选项都牵涉到各种不同的供应商或者供应链，我们也需要弹性福利数字化系统的供应商能有很好的供应链资源和交付能力，把控好交付质量，才能真正确保员工对福利的满意度。一般弹性福利系统会将预算转换成积分的形式供员工使用，有时也可以和其他系统联动让积分的发放更加智能。例如，只对当天加班的员工发放晚餐积分补贴等。

2）即时激励

即时激励是指通过相互感谢、认可来激励员工，提升员工工作的积极性，固化员工的正向行为。在当前快速变化的时代，即时激励会比传统一年一次的绩效评定更有效，更能激发员工的内驱力。数字化系统可以通过设置激励机制来实现即时激励。例如，在数字化系统中，员工可以通过互相给出感谢、认可来获得积分。如果这些积分可以和弹性福利打通，用于换取福利项目，就能让积分更有实际的激励作用。同时，数字化系统还可以设置不同的团队和个人激励机制。例如，员工可以通过完成任务、参与培训等活动获得积分，还可以在团队顺利完成项目时让团队获得额外的积分以鼓励团队协作等。

3）创新领先

企业的福利设计需要能够对标市场，紧跟最新趋势，并能不断创新。员工期待拥有不同于传统福利的新福利，这能够彰显企业的关爱和体现企业的创新性，从而增强员工的归属感和忠诚度。因此，福利数字化系统不但需要在技术上保持领先，还要能支持一定的创新项目定制和特别策划，这样才能始终让员工体验走在市场的前列。例如，能灵活地支持运动赛事、论坛活动、特卖会等不同形式的活动。如果福利供应商能基于市场趋势不断推陈出新，也能以此证明自身在市场中的竞争优势。

4）闭环分析

闭环分析是指对福利方案进行全流程的监控和评估，通过数据分析的方式了解整体福利状况和趋势，持续跟踪福利方案满意度等综合指标的变化趋势，通过大数据了解员工的整体健康状况、消费喜好等。通过对福利方案的闭环分析，企业可以更好地获得各个维度的反馈，及时发现问题并改进。通过闭环分析还可以让不同的福利方案间进行联动，例如以体检大数据分析为依据，为员工选择和推荐相应的健康商品等。

5）降本增效

各家公司的福利预算一般都相对有限，要把钱用在刀刃上，就要借助数字化系统实现福利管理的自动化和智能化，从而提高福利管理的效率和质量。例如，企业可以通过自动数据整合的方式，依据不同的规则来发放积分，从而减少人工干预和误操作，提高福利发放的准确性和效率。我们也需要数字化的福利系统，在后台帮助财务人员做好更精细化的账目管理和预算，以达成合理的财税方面的优化目标。借助数字化系统更客观地评估福利方案的效果和投入产出比，可以为企业的福利管理提供科学依据。

在员工福利上充分利用数字化不仅可以提高员工的福利满意度和参与度，还可以提升企业的品牌形象和竞争力。在数字化时代，企业应该充分利用数字化系统和技术手段，不断完善福利管理的流程和机制，实现员工和企业的双赢。

4. HR 数字化培训的关键需求

HR 要的培训系统，绝对不是一个各种课程大杂烩的内容平台，这样的系统上线之后，最后的结局基本都是员工不太会去看，使用率会非常低。在企业中要推动员工学习，必须要有运营！无运营不学习！从 HR 的视角，我总结了如下五大关键需求来辅助我们把学习运营起来。

1）能力模型需求

人才培训首先必须从业务视角出发，看公司各部门员工要满足业务需求需要掌握哪些能力。HR 通常需要设计能力模型，但能力模型辛辛苦苦设计出来之后，HR 有时会突然发觉很难找到对应的课程内容，那是多么痛苦的事情啊！因此，我们希望软件供应商能够有能力结合行业经验帮助 HR 共创各种知识技能的图谱，确保各项能力基本都有课程覆盖。

2）学习路径需求

有了能力模型，为了更好地引导员工学习，我们还需要设计学习路径。以最终的学习目标为导向，挑选最适合的课程和顺序，通过合理的课程安排让员工能高效地完成整体学习。这同样需要供应商的支持以确保学习路径在系统中是可呈现的。

3）学习运营需求

为了推动更多员工的学习，培训系统必须具有各项运营功能和数据分析功能来帮助HR随时了解员工的学习动态。同时，HR也需要结合数字化系统的功能，通过宣传、辅导、比赛、排名、认可、跟踪等各种方式来完成培训的闭环管理。

4）经验萃取需求

如果一家企业的培训全部依赖外部培训课程，我相信这家企业的培训工作应该不能打最高分。因为，如果都用外部课程，其他企业也可以采购学习，那如何才能确保企业自身在行业中的独特竞争力呢？我认为把企业中的关键领导和人才的经验萃取出来进行传承，是通过培训提升企业核心人才竞争力的关键点之一。因此，数字化平台也要能支持内部课程的开发和讲授。

5）课程迭代需求

即使是外部课程，我们也需要确保课程内容是与时俱进的。因此，学习平台要有能力持续迭代课程，不断引入新课程，同时确保课程的质量和学员体验。只有这样才能确保我们的员工在数字化时代学到的知识能跟上时代的步伐。

相信在市场上有能力解决这些关键需求的数字化培训供应商，就能更好地赋能HR，帮助HR通过培训助力业务目标的实现。好的数字化培训供应商不应该只懂技术，还要懂行业、懂业务。

5. HR共享服务中心数字化的关键需求

我对HR共享服务中心数字化的定位是以降本增效为基础，提升服务质量和员工体验，并用数据驱动持续改进。因此，我也总结了如下六大关键需求来赋能HR共享服务中心的运营。

1）流程线上化需求

共享服务中心的运营以流程为基础，因此将流程尽量线上化是HR共享服务中心提效的关键需求。能线上的就尽量不要线下，例如尽量利用电子签约功能来管理合同、开具证明、签署文件等。员工的咨询也最好通过工单系统来管理，而不是依赖电话或线下沟通，让所有流程都在线上留痕可以极大地方便我们的整体管理。

2）自动化需求

流程线上化之后，尽可能地借助人工智能、RPA 等技术进行自动化处理，减少人工操作，也是降本增效的关键。例如，我们可以通过人工智能员工服务来提升回答员工提问的效率。好的人工智能系统经过训练，并配合以持续的知识管理，可以解决员工咨询问题中高达 90% 以上的比例。在算薪流程中，一些非常优秀的企业可以利用 RPA 进行数据的自动收集、算薪、报税等，一两位 HR 就能完成上万人的薪资处理。

3）灵活度需求

在数字化时代我们面临的变化会越来越快，因此数字化系统一定要灵活可配置。例如，当流程需要发生变化时，数字化系统可以实现快速更改，如基于业务需要灵活配置报表等。HR 的很多工作都有可能发生一些例外情况，因此，从实操角度我们需要数字化系统在遇到例外情况时可以进行事后调整。此外，对于大批量流程的批量上传操作功能等也都能满足灵活度的需求。

4）数据驱动改进需求

从运营的维度来看，HR 共享服务中心主要需要衡量日常工作的数量、速度、质量、满意度等。因此，数字化系统必须有能力从各个维度收集这些数据并形成数据仪表盘。数据可方便我们设置 SLA 并持续跟踪，发现问题和根本原因，驱动持续改进。当各项数据收集在完整性、准确性、及时性等维度都能达到要求，数字化系统就能支持我们进行更全面的分析来辅助各项人力资源运营管理工作。

5）员工体验需求

共享服务中心服务的对象是每一位普通员工，因此在服务过程中如能有良好的员工体验，就可能帮助企业提升雇主品牌价值和员工敬业度。

我们需要数字化系统能够支持 HR 提供让员工感受到开心、安心、有心、知心、暖心的员工服务。

6）快速响应需求

共享服务中心就像是汽车的引擎在不断驱动各项流程，我们要确保引擎不能出问题。因此，对于数字化供应商来说，我们需要在系统遇到问题时有快速的响应保障支持以确保日常流程不受影响。

3.4　如何进行人力资源数字化项目的选型

3.4.1　人力资源数字化项目选型的痛点

有了人力资源数字化转型的规划和需求，接下来企业的 HR 就即将面临人力资源数字化项目如何选型的问题。HR 们普遍反映在进行人力资源数字化转型时会觉得无从下手。一方面，现实情况是很多 HR 能争取的预算有限，可选择的范围很小。另一方面，HR 的技术和数据思维偏弱，与 IT 部门或软件供应商的合作有天然“屏障”。再加上国内人力资源数字化市场百花齐放，选择太多，没有一家人力资源软件厂商是绝对垄断的，各家都有所长，这就让 HR 们挑花了眼。国际上有几家相对垄断的 HR 软件大厂，但由于价格、员工体验以及个人数据保护等原因，国内不少企业还是偏向于选择国内厂商。

了解了这些痛点，为实现破局，我们就可以采取如下行动：

1）价值：以业务价值为导向进行人力资源数字化转型的规划，与业务部门共创。结合企业的特点，从战略目标出发，提出人力资源数字化的关键需求，获取领导层支持。

2）思维：培养 HR 的数字化思维，让 HR 获得在“如何规划人力资源数字化”一节中所介绍的引领人力资源数字化转型所必备的能力。

3）实践：新时代要有新视野，要不断了解业界的各项最佳实践，了解各项数字化技术在 HR 各模块上有哪些有效的方案，同时了解擅长这些技术方案的软件供应商。

把以上这些因素融合在一起，企业就可以建立 HR 数字化转型小分队，进行全局化思考，在数字化项目的开端通过合理的选型，以及与 IT 团队或者 HR 软件供应商的有效协同提升数字化项目成功的概率。

3.4.2 人力资源数字化系统是本地部署还是云部署

在进行人力资源数字化项目的选型时，HR 们经常会听到本地部署、公有云、私有云、SaaS 等名词。日常接触技术不多的 HR 往往会一头雾水，不知到底该如何选择？这一节我就来尝试尽量用简单的语言，与大家分享一下关于本地部署和云部署的内容。

如果我们让时光回到十多年前，很多企业在上线人力资源管理等信息系统时，最传统的做法就是自己购买服务器来安装供应商的软件，一切都由自己掌控，通常称为本地部署。但随着数字化时代的快速发展，企业对于信息系统的依赖性越来越高，很多企业发现 IT 部门的硬件和软件维护负担越来越重。大多数企业的主营业务又都不是 IT 业务，因此都希望能够寻找一些办法降低 IT 系统的成本，同时提升应变的灵活性。

于是云服务应运而生，其本质就是 IT 供应商将硬件或软件服务以互联网租赁模式提供给企业使用。以云服务的开放程度来区分，可以分为私有云、公有云和混合云。

私有云是为一个客户单独使用而构建的网络服务器，因此和本地部署性质是一样的，客户对数据、安全性和服务质量有极高的控制权。这就好像是为了绝对安全，把物品存储在属于自家的保险柜里。公有云则是由云供应商提供物理服务器，但可以进行逻辑区分，为多家企业所用。这就像我们去租用银行的公共保险柜来保存物品。

虽然自家的保险柜安全，但是占地方，存储成本高。放在银行的保险柜里，虽然可能有被盗风险，但比较灵活，不需要时直接退租即可。

因此有时我们要根据不同物品，灵活选择不同的地方存放，“混着来”的做法就叫混合云。

从云服务的内容来区分，可以分为 IaaS、PaaS、SaaS。

IaaS（Infrastructure as a Service），是指向用户提供 IT 基础设施环境的租赁服务。就好像只出租开通水电煤气等基础设施的毛坯房。

PaaS（Platform as a Service），是指向用户提供一个可创建不同软件应用的平台的租赁服务。就像是出租房屋时把地板、墙面等硬装都做好，至于每间房怎么用，由用户结合需求自行进行软装。

SaaS（Software as a Service），是指向用户提供可以直接使用的软件。就像是出租房屋时连软装都帮用户准备好，用户直接拎包入住即可。

在人力资源领域，很多招聘、考勤休假、薪酬、绩效、电子签约等标准化产品已经通过 SaaS 的方式，由 HR 软件供应商提供一套标准化的产品解决方案，经过快速配置后就可以让企业直接使用。

SaaS 产品的好处是上线速度快、成本低、可结合业界的最佳实践并可获取免费的持续迭代更新。但企业 HR 对于这类产品最大的担心就是安全性和可定制化程度问题。

先来看安全性，人力资源数据都与员工的个人信息和薪资有关，这些都是需要严格保密的。有的企业不希望这些数据有任何泄漏的风险。如果对数据的保密性要求非常高，我们可以选择本地部署或使用私有云，有一些 SaaS 软件供应商也提供私有云部署的选项。在某些情况下，还可以采用混合云的方式，例如在电子合同的应用中，可以用私有云存储电子合同的数据，用公有云进行电子合同的实际签署处理等。

再来看可定制化程度，中国企业人力资源管理流程方式的不一致程度会比国外企业高不少。特别是那些万人以上的国内大企业，很多时候目前的 SaaS 产品无法满足这些企业人力资源管理的特殊需求。这时，企业一方面可以思考是否有可能更多地借鉴业界的最佳实践来对企业内部流程进行一些调整，另一方面可以和软件供应商沟通，看借助 SaaS 软件的配置功能是否能满足需求。如果实在无法满足需求，不少企业则会选择本地或私有云部署一套标准化软件加二次开发和定制来实现个性化。

未来人力资源数字化转型的方向之一，应该是让各种软件也可以像我们电脑的标准配件一样即插即用。例如，企业要用招聘系统，我们只需要确保有标准的数据接口把候选人的信息传到人力资源主系统即可。由于各家 SaaS 招聘厂商基本都实现了接口的标准化，企业未来想切换 SaaS 招聘系统就相对比较容易，不会被某家厂商所“绑架”。

未来的一些人力资源服务也可以开放调用接口。例如，随着技术的发展，如果利用区块链技术可以将每个人的资料都不可篡改地在网上存储，那么相关部门就可以开放背调 API，企业只要被授权调用这个 API，输入候选人身份证号码，就可以自动返回背调结果。不少地区已经开始推广社保、个税的标准化接口，只要未来全国所有相关接口能够统一，那么各种软件厂商只要满足了标准化接口，同样可以很快切换。如果朝这个方向持续发展，不同的数字化系统和平台就可以更紧密地连接，实现数据的无缝流动和交换，减少人工干预。企业也可以更快速地实现数字化转型，只要利用已有的标准接口和模块，即可快速部署数字化解决方案。这种灵活性和快速性使得企业能够更好地适应市场需求的变化，实现业务的持续创新和发展。

在人工智能应用上，只要我们能提供数据，也可以让不同的算法即插即用。例如，可以用相同的数据去训练不同的人工智能算法，最后挑选出效果最好的算法来投入应用。为了实现未来人力资源软件都可以即插即用的目标，期待政府、学术专家、软件厂商和企业合力推动人力资源数据的标准化，形成标准的人力资源数据接口规范。对 HR 来说，目前最需要做的就是在不断提升数字化思维的同时，尽可能地积累和管理好人力资源数据，有了数据就可以随时引入最新的人工智能算法，为企业提供更智能的实时人才决策支持。当然，这些都要以数据的安全性和隐私保护为前提，确保用户数据得到合法和安全的处理，避免潜在的风险和漏洞。

人力资源数字化项目选型时，HR系统到底选择哪种方案，一方面取决于企业人力资源管理的需求，另一方面也取决于HR软件供应商软件可配置的灵活程度。此外还要结合公司的整体数字化战略和框架。因此，每家企业的答案可能都不同。

3.4.3　中国人力资源数字化产品现状

从全球人力资源数字化产品的发展趋势来看，SaaS软件已经成为主流。伴随着全球趋势，中国人力资源管理SaaS软件在企业中的应用也呈现出快速增长的趋势。知名的HR数字化SaaS提供商在市场上具备较高的认可度和口碑，这使得它们比较容易成为企业首选的合作伙伴。当然，由于全球经济受地缘政治等各种因素影响，不少企业人力资源管理的SaaS选型、建设周期普遍延长，市场规模增速有所放缓。但相信随着这些影响逐步被消化，人力资源管理SaaS还是能回到正常的发展轨道上来。结合报告以及日常对国内人力资源管理SaaS软件发展趋势的观察，中国人力资源管理SaaS有如下这些关键的驱动因素：

1）技术赋能：当前的技术日新月异，AIGC、边缘计算、物联网等技术的不断涌现，使得新的应用场景和解决方案不断推陈出新，带来新的增长点和机会。

2）最佳实践：随着使用SaaS技术的公司越来越多，人力资源管理SaaS公司与不同客户的共创也在不断迭代各种最佳实践，这使得更多企业可以从人力资源管理SaaS的持续迭代中通过升级配置获得这些最佳实践的系统功能。

3）国产信创：基于安全、数据保护等考量，国内企业正在逐步进行软件国产化替代，庞大的需求成为人力资源管理SaaS国产软件持续发展的强大驱动力。

4）生态协同：未来的数字化更需要生态协同，人力资源管理 SaaS 厂商百花齐放，相互协同，使得企业可以通过合适的选型来集各家所长，持续精进。

5）业人一体：用人才策略来驱动业务战略成了各家企业的重点，也使得业务更加重视人力资源的数字化转型，驱动中国人力资源管理 SaaS 市场的进一步深化和快速发展。

6）价格优势：相对于传统的软件，人力资源管理 SaaS 通常以更低的价格提供相同或更好的功能，因而吸引了大量企业的关注。同时，和国外厂商相比，国产人力资源管理 SaaS 的合理价格也吸引了更多的企业选择。

在 HR 系统 SaaS 化的趋势下，我们应该如何来规划和选择人力资源管理 SaaS 解决方案呢？通常各家企业都有如下这些关键考量：

1）关键业务需求：需求决定方案，HR 需要从分析业务痛点出发，提出关键的 HR 数字化需求。

2）全模块 VS. 单点模块：HR 需要思考基于关键业务需求，到底是需要全模块软件还是分别选择招聘、培训、薪酬、绩效等模块来进行整合，以实现更个性化的解决方案。

3）外采 VS. 自研：技术能力极强、资源丰富或者有未来将软件对外输出的想法的企业可以选择自研。但目前大多数企业还是会通过外采加上内部整合的方式获得最大的灵活性。有些原本倾向于自研的企业也会在权衡考量后转向外采。

4）定制 VS. SaaS：当前对于大型企业来说，由于现有业务的复杂性，定制的比例会较高，但定制需要投入更高的开发及维护成本。中小型企业建议使用 SaaS 方案，这样更容易获得可持续发展的可能性。面对这么多的选择，作为 HR 如何才能基于需求、预算和时间要求等因素做出权衡呢？这就需要 HR 提升顾问思维能力，结合经验模型和方法论来辅助进行决策。

3.4.4　如何选择人力资源数字化供应商

1. 如何评估 HR 数字化供应商是否值得合作

HR 在面临很多人力资源数字化供应商时，通常有不少困惑。我们可以从下面这些维度来评估 HR 数字化供应商是否值得合作。

1）看需求

选型前一定要和业务部门的用户共同明确：上马 HR 数字化系统到底能解决当前什么痛点？带着这些关键需求去寻找供应商，看供应商是否能真正满足企业的实际需求。不同企业的数字化需求可能存在很大差异，相应供应商提供的解决方案是否与企业的痛点相契合、是否切实可行，需要基于实际需求才能评估。

2）看智慧

看供应商是否具备足够的行业洞见、技术实力。是否能持续为企业带来创新的解决方案？是否有前瞻性的数字化战略规划？因为只有有智慧的企业才能让其合作方始终在竞争中领先。在快速变化的时代，产品也需要不断迭代，因此要看产品的理念是否符合公司的业务和人力资源的发展规划。供应商的发展理念、方向与企业自身是否契合将直接影响双方的长期合作前景。

3）看体验

在能满足需求的前提下，用户体验至关重要。如果上线后遭遇一堆用户吐槽，可想而知 HR 会面临什么样的压力。因此我们要评估供应商的产品易用性如何、交互逻辑是否合理、是否有过多冗余步骤影响效率、产品功能是否完备。这就需要有系统的关键用户共同参与选型，反馈建议，才能确保系统上线后能满足主要用户的需求。

4）看声誉

案例和声誉是检验供应商实力的有力佐证。供应商是否服务过同行业同规模的企业？相关客户反馈供应商的服务质量和产品性能如何？是否有过失败的案例？原因何在？这需要 HR 有比较广泛的业界连接，才能获得一些真实的声音。

5）看服务

在与不少 HR 相互交流之后，大家一致认为供应商的声誉再好，也要看供应商负责和 HR 对接的主要人员的服务态度和响应速度如何，以确保在整个合作期间能保持高水准的服务质量，确保售后支持到位，以及在出现问题时能及时高效解决。因此，除了看公司，我们还得看人。

6）看管理

这一点对于是否最终能让数字化系统在企业落地很重要。我们需要评估供应商的内部管理水平和质量控制体系。优秀的供应商应具备良好的项目管理能力，能够确保项目保质保量完成。同时，他们应有一套完善的质量保证流程，确保所提供的服务和产品能够持续满足客户的期望和行业标准。

7）看安全

人力资源数字化转型涉及大量个人信息，在当前全球个人信息保护和出境合规的大背景下，供应商的数据安全和隐私保护能力至关重要，需要进行严格审核。特别是在越来越多企业“出海”的大背景下，也越来越需要能适应国际业务环境的数字化系统。

8）看集成

未来将是一个生态合作的社会，因此需要考察供应商的系统是否能够与现有的 IT 基础设施和其他业务系统无缝集成，以确保数据的流畅传输和业务的连续。特别是如果能独立应对其他厂商搞定接口，能帮助 HR 省很多力。

9）看资源

我们需要评估供应商的资源实力，包括人力、财力以及其他可调动的合作资源等，以此判断对方是否有能力提供安全可靠的服务，以及是否有足够的研发投入保证产品的持续迭代升级。如果供应商做着做着突然做不下去了，对于客户来说将是一场极大的灾难。

10）看成本

虽然放在最后一点，但这一点毋庸置疑也很重要，在满足了以上的这些要求之后，我们也需要评估供应商的解决方案是否具有成本效益，包括采购成本、实施成本、运维成本以及预期的投资回报率。

以上这十“看”能帮助大家全方位、多角度地评估，更精准地匹配企业需求，确保数字化转型的顺利实施和预期效果的达成。同时大家也可以看出，数字化选型其实并不是一件简单的事，而是需要大局观，要有智慧地进行综合考量。

2. 如何给供应商打分

HR 在面临数字化系统选型时，往往需要从不同的维度对不同的 HR 软件产品及供应商进行评估。以下是评估 HR 软件系统和供应商的 10 个维度，供大家参考。

1）信息简明性

HR 系统的用户分业务领导、经理、员工、HR 等不同角色。系统设计应该从用户角度出发，简洁明了地优先呈现不同角色最需要或最关心的信息，而不是要花费很多时间来搜索才能找到需要的信息。例如，对于销售经理来说，最好在一个界面上可以看到所有团队成员的主要绩效目标以及达成情况，因为这是销售经理最关心的。

2）操作便捷性

为了提高用户使用系统的意愿，要将系统设计得易于操作。尽量让用户可以用最少的点击完成不同的任务。特别是对于像请假、工资单查询这样的常用功能，更要操作便捷才能提升用户体验，增加用户黏性。系统的反应速度也要快，如果每次点击都要等几秒才能显示信息，那基本就没人愿意用了。

3）数据可控性

数据的准确性是人力数据分析的基础，因此要尽可能地把政策翻译成系统逻辑，来确保数据准确。能让系统控制的数据就绝对不要依靠手工检查。例如，员工的职位名称往往和薪酬等级、津贴相对应，新的职位通常需要进行岗位评估。那么，在系统中就应该对职位名称进行控制，避免可以任意输入从而导致各种不匹配的情况出现。另外，各种数据也应该通过系统整合起来以便更好地让我们通过数据了解发生了什么、为什么会发生以及将来可能会发生什么。

4）功能灵活性

虽说系统要尽量控制，但是HR经常也需要应对各种政策的变化。当政策变化可能影响老员工利益的时候，HR有时需要考虑“老人老办法”。因此，系统必须有灵活设置的可能性，以应对和标准不一致的少数情况。

5）历史追溯性

HR管理有一个很大的特点是：员工的各种入转调离管理和薪酬计算都有“生效日”的概念。因此，HR系统需要方便地显示各种时间戳，展示员工按照时间推移的发展路径。在各种薪酬计算中也要能依据生效日来进行分段计算。这样将极大地方便HR的工作。

6）数据合规性

保护个人信息的法律法规要求对员工个人信息的合规使用。因此HR系统需要包含个人信息的合规管理。包括获取候选人、员工的同意认可，定期删除没有存储必要性的个人信息等功能。

7）系统安全性

HR系统中的数据具备一定的私密性，因此HR系统必须要确保安全性。要有足够的权限控制来确保只有指定的人可以调阅指定的数据。此外，HR系统要确保在任何情况下的可用性，必须有足够的安全备份措施确保在各种紧急情况下的灾难恢复机制。

8）应变及时性

这个世界的变化越来越快，因此HR系统需要有快速应变的能力。例如，之前在个税新政、育儿假等政策出台后，HR系统应该能在第一时间完成相关功能的更改与配置。流程、报表等为应对管理需求的变化也经常要进行调整。因此，HR系统也需要能快速配置以满足业务变化的需求。

9）生态协同性

未来的数字化是协同的数字化，因此HR系统最好有标准接口，便于进一步拓展。HR系统供应商也应该具备与各种系统对接协同的经验。

10）管理专业性

项目管理是数字化项目成功的关键要素之一，因此HR软件供应商需要有专业的项目计划、实施跟踪、风险应对、质量管理、变更管理等能力。软件供应商到底怀有以利润为中心还是以客户为中心的理念会在极大程度上影响未来的合作有效性。

3. 是时候选用国产人力资源数字化系统了

现在不少公司在人力资源数字化系统选型时，还会面临一个选择：是到底选用国外厂商的人力资源管理数字化系统，还是选用各种国产的人力资源数字化系统？不少企业可能会觉得国外厂商历史悠久，用国外厂商的产品会比较保险一些。这种想法放到以前还算有一定道理，但随着时间的推移以及大环境的改变，我觉得目前是时候选用国产人力资源数字化系统了，主要有如下四大原因。

1）个人信息保护的要求

有些国外人力资源数字化系统的服务器位于国外，使用这些HR软件就牵涉到企业人力资源相关敏感数据出境的问题。随着人们对个人信息保护的不断重视，对企业管理个人信息数据的合规性要求会越来越高。员工信息可能被视为非必要出境信息而不能使用在国内没有服务器的国外人力资源数字化系统。对于那些声称在国内拥有独立服务器的国外人力资源数字化系统厂商，是否真的能做到严格切割，能完全确保数据不外流也是个未知数。如果选用国产人力资源数字化系统，就完全没必要担心数据出境这个问题。

有些企业可能会担心：未来如果企业要出海怎么办？国产软件能满足全球需求吗？就当前对于个人数据保护的要求来看，未来很有可能需要在国外和国内选用不同的人力资源数字化系统。在国内就放心选用国产人力资源数字化系统，出海后在国外的HR管理中可以考虑使用有国际经验的HR数字化系统。

2）地缘政治影响的风险

有些国外软件由于主动或者被动的原因在国内使用受限。例如，领英在关闭部分对华服务后，之前使用领英招聘的企业就不得不寻找国内厂商的产品来替代。实际上，我们也可以看到越来越多央企、国企及头部的民企都已经开始使用国产HR软件或者进行自主研发。

3）国内人力资源数字化系统功能和体验的持续提升

国外大厂的人力资源数字化系统更多考虑的是满足全球化企业全球统一的人力资源管理需求。因此，一般全球人力资源数字化系统在满足中国员工体验需求方面精力有限。而随着国产人力资源数字化系统的不断迭代，国内人力资源数字化系统在员工体验方面能达到的水平已经超越国外人力资源数字化系统了。我所知道的不少公司，虽然在用国外厂商的人力资源数字化系统，但在国内还得再包一层国产人力资源数字化系统，用于整合数据以及优化员工体验。我们还可以看到有不少国内大型企业都已经在自研人力资源数字化系统，有些还做得非常好，功能覆盖全面。这就证明了只要不断实践和积累，中国企业同样能走出一条适合中国的人力资源数字化发展道路。

4）中国人力资源数字化产业发展需要企业助力

最后，也是非常重要的一条原因，那就是只有更多企业使用国产人力资源数字化系统，才能加速国产人力资源数字化系统的迭代和发展。实践已经证明，中国的软件研发能力并不比国外差，对国产软件我们要有信心并积极扶持才能更好地振兴民族企业。希望能看到越来越多的企业选择国产人力资源数字化系统，也期待国内各家人力资源数字化系统厂商能担当起发展中国人力资源数字化事业的重任，助力中国人力资源科技早日领先世界！

希望各家人力资源数字化系统供应商和HR们能够更好地配合，共同推动中国人力资源数字化转型，特别期待在未来能看到更多国产人力资源软件的参天大树拔地而起。

3.4.5 HR与人力资源数字化供应商之间的一些真心话

虽然HR与人力资源数字化供应商的合作未来可期，但是现阶段由于各种原因，HR和软件供应商之间存在天然的隔阂，在合作过程中也有不少实际的困扰。

1. HR想对人力资源数字化供应商说

以HR的视角，我总结了一下HR对人力资源数字化供应商的期望。希望HR软件供应商能听听HR的心声，以便在未来能够更好地与HR合作。从HR的角度出发，我们希望HR软件供应商可以在如下方面做得更好。

1）对HR业务再了解一些

HR们最大的期待是，软件顾问可以站在HR的角度来思考HR到底要什么。因为HR日常遇到的问题主要不是技术问题，而是需要用技术来解决的人的问题。因此，如果软件顾问不理解HR日常处理的是哪些人的问题，对话就不在一个频道上。反之，如果软件顾问能了解HR的痛点，就能实现深度服务，让HR省心，为HR带来价值。同时也更容易把其他业界客户的最佳实践融入产品中，并为HR提出更好的管理建议。

HR要的不仅是软件框架，我们还希望在软件框架中融入人力资源管理的理论和方法。希望不要一直让HR提需求，更要让HR提痛点。软件顾问能提出针对痛点的方案，这才是HR最想要的。HR的最终目标不是上系统，而是真正解决问题。

软件专家谈话中提到的模块、功能、数据、配置、集成、模型等，对于HR来说其实是挺难理解的，但有时还不得不硬着头皮听软件专家们用“机器语言”侃侃而谈。所以，请考虑到HR大多不是技术出身，用HR听得懂的语言和HR对话吧。“机器语言”倒是可以用来帮助HR多多影响公司的IT部门。

2）产品功能再强大一些

产品功能强大可以体现在整合性、灵活性、智能化三个方面。

整合性：现在很多企业的情况是各种系统混在一起用，内部系统极其复杂。希望有供应商在可能的前提下尽量考虑将系统进一步进行生态整合，减少HR和多家供应商对接的麻烦。希望在未来能有更多包含全模块的厂商帮助HR一站式解决问题。HR也希望供应商的软件平台能充分生态化，方便和各种平台互通。

灵活性：现在是一个飞速变化的时代，HR希望软件供应商一方面能够持续迭代产品来迅速应对外部政策的变化。另一方面，也希望系统能具备更多简单便捷的功能，让HR可以自行更改流程、报表、计算公式等。这样HR才不会担心上线没多久又要花很多的精力来修改系统。

智能化：虽然数字化系统已经能极大地提升效率，但HR很多时候还是避免不了要解决“最后一公里”的问题。因此，HR非常希望系统的智能程度不断提高，尽量减少HR的线下工作。例如，在人力数据分析领域，HR需要可以呈现多维数据并且支持相关洞察的图表展现。因此，希望软件供应商在人工智能上多下点功夫，能用系统来解决的问题就不要用人工，让系统能更智能化地帮助HR减轻工作量，而不是让HR还在用“人工”智能来解决问题。

3）服务体验再好一些

体验要求：HR的很多工作，例如员工体验、人才发展、企业文化建设等都很注重仪式感，体验是一种无形的力量，因此HR对于体验是有很高要求的。希望供应商们可以以极致体验为目标，及时获取各种产品的使用反馈，不断迭代出让员工眼前一亮、爱不释手的产品。这样可以省去不少HR平时需要绞尽脑汁来思考创意和设计体验的时间。

质量要求：在人力资源管理领域，出现任何的小问题可能都会影响一位员工的切身利益，所以对准确度的要求是很高的。如果系统因为各种原因响应速度慢甚至崩溃，或者在系统开发和改动逻辑配置之后，没有仔细测试，被员工发现各种问题，HR一定会成为被吐槽的对象。HR平时背的锅已经够多了，HR希望软件供应商加强质量管理，不要让HR在系统的问题上再背锅了。

服务要求：人无完人，系统也一样，对于系统的问题，HR希望能够得到更及时的服务。虽然能理解软件供应商同时要应对很多客户，但是也请理解任何一家客户遇到问题都会比较着急。因此，请合理安排好资源，在约定的时间内确保尽快解决问题。HR文科生居多，数字化思维相对偏薄弱，供应商也可以为HR组织定期培训，介绍如何更好地使用数字化系统，包括有哪些快捷方式可以提高效率等，以此帮助提升HR团队的数字化能力。

希望软件供应商的实施团队及售后团队能和售前有一样的热情，确保服务体验的一致性，而不是售前挖坑售后填，最后苦的是HR。供应商的项目经理对于HR数字化项目的成败至关重要，HR希望能有更为客户着想的项目经理。在目前变化常态化的时代，HR也需要有更敏捷的合作模式。

4）性价比再高一些

众所周知，人力资源部门由于人力和资源有限的问题，对于价格还是比较敏感的，因此HR很看重性价比。性价比取决于两个因素，那就是价值和价格。希望供应商的方案能帮助HR说服业务人员，让业务人员理解HR软件系统如何更好地赋能业务，而不是错误地认为上系统只是为了从HR团队里裁几个人。如果软件供应商能帮助HR量化数字化系统带来的价值，就能帮助 HR 在公司中持续提升话语权，形成正向循环。如果在价值提升方面能做的有限，是否可以把价格再降一降？毕竟很多软件的功能已经标准化了。

2. 人力资源数字化供应商想对 HR 说

任何事情都是双向的，HR 与软件供应商的合作也一样，需要相互理解。最后，我再反过来从人力资源软件供应商的视角，对 HR 说说心里话。软件供应商其实已经很努力地站在 HR 的角度思考问题了，很多人力资源服务供应商都招了来自甲方的 HR，成立了人力资源研究院等。但软件供应商毕竟不是 HR。即使是 HR，每家公司的人力资源运营方式也都不一样。因此，为了 HR 能更好地与软件供应商相互配合，希望 HR 能在如下这些方面听听 HR 软件供应商的心声。

1）逻辑思维再强一些

HR 大多是文科出身，对于逻辑思维不一定那么擅长。但无论如何，软件系统最后还是由编程语言写出来的。而编程语言的背后，需要的是明确的逻辑和规则。以此为基础，操作方法可能也需要遵循一定的先后步骤。因此，希望 HR 能加强一些逻辑思维，这样更容易理解软件背后的原理，在遇到问题时更有助于迅速定位问题和解决问题。

HR 要理解有的问题貌似简单，但背后可能有很多逻辑架构设计，并没有想象中那么容易实现。有的 HR 在遇到问题时可能会比较着急，描述问题时会兜一个大圈子才找到问题的关键点，这样确实会降低和软件供应商合作的效率。

逻辑思维强的 HR 可以更好地与软件供应商进行共同设计和规划。例如，在人工智能面试或者智能员工服务方面，HR 和供应商可以更有效地共同训练软件或机器人以达成最好的效果。现在的 HR 软件一般也提供了很多灵活配置功能，逻辑性较强的 HR 其实有能力自己配置权限、定制流程和报表等，让 HR 能更迅速地应变。而且，对于 HR 来说，增强逻辑思维也有利于 HR 和企业内部的 IT、研发、生产等部门沟通，一举两得。在很多其他部门系统需要和HR系统进行交互时，HR也能提供更多有用的关键信息。

2）对业界最佳实践再多了解一些

很多HR都会觉得自己的企业管理方法是最好的，总希望软件的设计按照自己的想法来。但其实，HR业界已经积累了大量的最佳实践。例如，为了更好地管理岗位，在系统中先要建岗位才能招人，对岗位要赋予权限等。

软件供应商要靠良好的产品信誉来赢得市场和客户，因此请相信大多软件供应商会非常认真地研究和开发每一个功能，精益求精。特别是人力资源管理SaaS系统需要满足成百上千家企业的需求，进行持续迭代，才能形成一个包含各种业界最佳实践的可持续发展的HR系统。软件的持续迭代，也能帮助HR持续应对在未来可能遇到的各种内外部变化。因此，建议HR更多地了解软件中包含的业界最佳实践，并依据各家公司的管理特点，将标准化和个性化合理地结合，最有效地达成管理目标。如果过度定制化，将来可能就没有机会享受到软件供应商产品中业界最佳实践的迭代更新，同时还要一直担心，为了企业特定需求定制化的那些代码未来由谁来持续维护。

3）想法再多一些

不少HR和软件供应商聊需求时，一上来就说所有功能都想要。但其实每家企业的发展阶段不同，人力资源部门所遇到的挑战和主要问题也不同。盲目追求大而全的功能，一方面投入大、周期长，另一方面也会有功能不满足业务实际需求的风险。因此，为了让数字化系统更好地帮助业务，我们需要HR转变思维，更有想法，能更宏观地把握当前企业人力资源管理在赋能业务上的痛点，针对痛点有重点地与软件供应商共创符合业务管理要求的解决方案。如果HR不能很好地通过分析痛点来展现人力资源系统为业务所带来的价值，就很难得到业务的支持。就像如果平时HR都不和业务部门讨论人力数据，如何能让业务部门相信

HR 可以借助数字化系统用数据说话呢？如果 HR 了解业务，就能够更好地利用软件功能定制业务部门想要看到的报表和分析，业务部门看到了价值，自然也就会进一步支持 HR 部门的决定，形成良性循环。

4）在企业内部的影响力再大一些

虽然人力资源数字化系统的最佳实践可以提升管理效率，但工作流程的改变会对现有的做法产生影响。有些 HR 由于各种原因，在企业中的话语权相对不足，一旦方案中有些改变被业务老大质疑，HR 第一个想到的可能就是希望软件供应商按照现在的方式来实现工作流程，而不是基于事实去影响业务部门。在系统选型的过程中，IT 部门通常也会有决定权，但是 IT 部门更关心的往往是技术层面的问题。这些都可能会影响 HR 数字化系统创造的价值。

因此，希望 HR 能进一步提升在企业中的影响力，在人力资源数字化方案上有独立的判断力，从业务角度出发，以事实分析为依据，与企业各部门合作共赢，而不是人云亦云，始终受制于人。如果 HR 影响力不足，在日常的人力资源管理过程中就存在很多话语权不够的地方。再好的工具如果没有被很好地在企业中推广也起不到作用。

5）预算再合理一些

国内的产品比国外大厂的产品已经便宜不少了，中国充分的市场竞争也已经让软件供应商的价格趋向于相对合理。但还是有不少 HR 既希望要很多功能，又希望定制，最后抛下一句：我们的预算就这些，你们能不能做？要知道软件供应商也有各种支出，未来也需要持续提供必要的服务，需要进行成本核算确保利润。有些价格实在让软件供应商觉得做不下来。为了业界的良性发展，也希望 HR 不要过分压价。请 HR 理解，如果是定制化产品，维护费用自然会更高些，合理的价格才会有合理的优质服务。一分价钱一分货在软件行业也是适用的。

6）项目管理能力再强一些

最终的 HR 数字化系统是 HR 在使用的，因此希望 HR 能够冲到第一线，把控大局、协调资源、管理项目实施，这样才更有利于未来的日常运营。一个数字化项目的成功，软件只是其中一部分，同时也需要沟通和变革管理等。HR 可以协调供应商和企业内部各部门，从计划到实施到跟踪，大家各司其职推动项目向前。包括在用户测试环节，在供应商的系统测试基础上，也希望 HR 作为项目管理者协调更广泛的用户来参与测试。不是供应商希望在测试上偷懒，而是无论如何进行测试，供应商都无法站在用户的视角，因此不容易发现问题。

7）了解大多数企业不适合 HR 系统自研

我们知道业界有一些做得不错的企业会自研 HR 系统，个别企业还形成了可以对外输出的 HR 软件产品。有些 HR 因此觉得为了灵活性，企业可以自己研发 HR 系统。其实对于大多数企业来说，自研 HR 系统是不合适的，HR 软件并没有想象的那么简单。

大家可以看到现在市面上的软件供应商有的擅长招聘模块，有的擅长薪酬模块，有的擅长劳动力管理模块，但是很少有一家能够面面俱到，在所有方面都做到最强。专业的软件公司尚且如此，何况主业并不是软件技术的企业？事实上大多数自研 HR 系统的企业，都有着互联网背景的技术优势。

如果企业的 IT 实力确实强，可以考虑整合各家软件供应商的产品。未来的时代是生态化的时代，各家软件的对接技术已经非常成熟，通过对接可以整合各家厂商的优势。

希望在未来，HR 能与人力资源数字化服务商更好地相互理解，共同推进人力资源数智化的实现。

第 4 章

数据驱动

4.1 如何用人力资源数据分析驱动业务

企业的最终目标是业务发展，因此人力资源管理无法脱离业务发展这个根本需求，传统的人力资源管理往往无法通过数据来证明人力资源管理对业务的影响，因此在数字化时代 HR 的一个很重要的课题就是如何利用数据将人力资源管理和业务更好地连接起来。

连接的第一步是把人力资源的指标设置成与业务结果相关，才能用数据来证明人力资源管理对业务的价值。无论通过 KPI 还是 OKR 来进行管理，能够量化人力资源管理的结果是人力资源数据分析的关键步骤之一。指标的设计直接决定了人力资源工作的方向和重点。

既然我们希望人力资源工作能够提升业务价值，那么首先要思考关联人力资源与业务的指标。一般我们会比较关心公司的财务指标，上市公司的股价直接受财务三大报表（利润表、资产负债表和现金流量表）的影响。人力资源数据分析也可以借鉴财务报表的维度来进行指标设定。

4.1.1 人力资源效能

我们先来看财务报表中的利润表，其中包含了公司营业收入和运营成本，更高的营业收入和更低的运营成本意味着更高的利润。

相应地，在人力资源管理领域，我们可以先看人均产出，例如人均营收、人均利润、劳动生产率等。

人均营收

公式：人均营收 = 企业总营收 / 员工总数

主要用途：人均营收是用来评估员工生产效率和企业盈利能力的一个重要财务指标。通过分析人均营收，组织可以识别是否存在过多的员工或未充分利用的人力资源，进而采取措施优化人力资源配置。

人均利润

公式：人均利润 = 总净利润 / 员工总数

主要用途：评估每位员工对公司净利润的贡献，识别哪些部门或员工组表现优异，并可用于制订薪酬、奖励和绩效改进计划。

劳动生产率

公式：劳动生产率 = 产出量 / 劳动投入（如工时数）

主要用途：衡量员工在一定时间内的工作效率，常用于生产和制造业。

单纯看人均产出还不够，对于成熟运作的企业来说，必须要思考人力成本投入和人均产出的关系。因此，我们可以将人力成本和产出挂钩，人才的效率就是人才成本投入和人才产出的比率，这就是我们通常说的人效。

人力成本和企业营收相除可反映单位人力成本所能带来的销售收入，这就是与人力资源效能相关的一个重要指标，叫人事费用率。

人事费用率

公式：人事费用率 = 人事费用总额 / 企业总营收 ×100%

人事费用总额通常包括员工的工资、奖金、提成、社会保险、住房公积金、退休金计划、招聘费用、培训费用、员工福利等所有与员工相关的成本。

主要用途：衡量人力资源成本在总收入中的占比，评估企业在人力资源方面的投入是否合理。可帮助企业控制人力资源成本，提高成本效益。可用于制定预算和优化人力资源管理策略。

从原则上来说，人事费用率越低代表着人效越高，但是对于这个指标，需要避免走入一个误区，那就是盲目降低人力成本。因为对于人力资源管理来说，我们一定要考虑员工体验和激励，如果通过压榨员工的工资来达成低人事费用率，那就是本末倒置了。

正确的做法是通过提升个人能力和团队管理效率来提升公司销售收入，公司营收增加时同步增加人力投入，把获得的利润的一部分合理分配到人力成本上，用于培养和激励员工，进一步增加公司整体收入。

需要注意的是要确保销售收入的增长速度大于人力成本的增长速度。如果人力成本总额增长的速度超过了销售收入的增长，那就需要有所警惕。

在这些条件约束下，企业就能进入一个正向增长的良性循环。对于人事费用率，各家公司所处的阶段不一样，差别巨大，因此一般只能在同行业所处阶段及规模相似的不同企业之间进行比较。人事费用率的统计主要用于同一企业在不同时期进行内部比较，反映管理调控的成果。

除了人事费用率，我们还可以把利润和人力成本相比较，引入人力资本投资回报率。

人力资本投资回报率

公式：人力资本投资回报率 = 总净利润 / 人事费用总额 × 100%

主要用途：人力资本投资回报率是衡量企业在人力资本上每投入 1 元所获得的回报的指标，可用于衡量人力资源管理的效率并帮助企业优化人力资源投资，提高整体回报。

对于以上这些和业务有关的指标，我们通常可以通过市场对标和同比环比的方式来衡量企业的表现。基于指标的变化，可以引入人均收入增长率、人均利润增长率、人事费用增长率、人力资本投资回报增长率等指标来跟踪管理动作所带来的效果。同时也可以把这些指标按照不同的业务单元进行进一步的拆分，便于引发业务单元水平的持续跟踪与改进。

4.1.2　所有者人才权益

接着，我们借鉴财务报表中的资产负债表，来看人力资本分析的另一个维度，我称之为所有者人才权益。

财务中的资产负债表也称为财务状况表，是展示企业在一定日期（通常为各会计期末）的财务状况（即资产、负债和所有者权益的状况）的主要会计报表。资产负债表的关键公式是：

资产 = 负债 + 所有者权益

其中的所有者权益才是真正属于股东的资产。

那么，从人力资源角度，我们是否也可以设计一个人才指标来反映企业在一定日期的人才状况呢？市场上很早就开始把人力资源称为人力资本。人力资本指的就是员工创造价值的能力。和财务中的资产概念一样，人力资本中有一部分是企业需要通过给付员工工资福利等人力成本交换得来的。

通常我们给付工资的依据是市场上某个岗位的对标薪酬，换取的是某个岗位所需要的平均能力。数字化时代，人才就是竞争力，如果员工创造价值的能力只能达到市场平均水平，那么企业在人才资本上和其他企业相比就没有额外的优势。我们可以把这一块符合市场平均水平的价值创造能力称为人才负债。人才负债比例越大，企业的人才竞争力就越低。

因此，从人才资本的角度，我们应该更重视通过招聘和人才培养，让我们的员工具备超过岗位人员平均能力的额外的创造价值的能力，我把这部分超额的创造价值的能力称为所有者人才权益。因为这代表了企业真正拥有的具有竞争力的人才优势。所有者人才权益越大，企业未来发展的潜力也就越大。

借鉴资产负债表的关键公式，我们同样可以用如下公式来表示企业的人力资本：

人力资本 = 人才负债 + 所有者人才权益

企业人力资源工作的目标之一就是不断提升所有者人才权益。那么，如何才能获得所有者人才权益呢？这和 HR 管理工作到底有什么关系呢？我们通过举例来说明。

例如，在招聘外部人才时，同样是 1 万元月薪，大公司能找到的人才比小公司能找到的人才的能力可能就会更强一些，因为大公司有雇主品牌的优势，从而产生了所有者人才权益。

小公司用 1 万元月薪招到的人才，如果员工的价值观与公司一致，或者公司通过培训提升了员工的胜任力，或者通过各种激励方式提升了员工敬业度，那么员工的贡献度就会超出他在其他公司工作时能带来的价值，同样也可以产生所有者人才权益。

从这个例子我们也能看出，所有者人才权益的影响因素有雇主品牌、胜任力、价值观、敬业度等。

也就是说，人力资源管理工作中的雇主品牌建设、文化价值观建设、员工胜任力提升、敬业度提升等，都可能产生所有者人才权益。

因此，引入所有者人才权益这个概念就是为了让人力资源数据分析能够更好地把人力资源工作和业务连接起来。如果我们能量化所有者人才权益，就能进一步通过数据分析来跟踪人力资源管理在提升人才的综合价值方面的表现。

那具体如何结合这些因素对所有者人才权益进行量化呢？接下来，我为大家提供一些所有者人才权益量化指标构成的思路。在传统人力资源管理中，这一部分的量化是相对比较困难的，但在数字化时代，企业可以借助技术和数据，尝试逐步量化相关指标并进行内部比较。

我们可以采用金字塔思维，来分别看一下雇主品牌、胜任力、价值观、敬业度等影响要素如何量化。

相对最容易量化的是敬业度，因为业界的敬业度调查已经比较成熟。但是要提醒的是敬业度的调研频度一般是一年一次，因此不能非常实时地跟踪敬业度变化，可以考虑使用数字化技术来更频繁地收集员工的敬业度信息。对于价值观，我们可以借鉴一些企业的价值观考核，把价值观考核分数作为量化数据之一。对于雇主品牌，一方面我们可以借鉴财务报表中的商誉概念，另一方面我们也可以参考雇主品牌的同业排名等数据。

最难量化的应该是胜任力；因为企业有不同的岗位，如何评估基础能力和超额能力呢？最简单的量化方式是结果导向，通过生产力来评估员工的胜任力。以生产制造为例，假设当前工厂普通工人的平均生产量是每月 10 至 15 件产品，那么能生产超出 15 件产品的员工就是有超额生产能力的员工。如果我们跟踪这样有超额生产能力的员工的人数比例，就能作为所有者人才权益评估的输入之一。引申到企业各个部门，就是持续跟踪生产力高出人均水平的员工数量。如果能通过招聘和培训来使这样的员工比例增大，就能体现 HR 工作的价值。

通过生产力来衡量胜任力提升是一种间接的方法，如果我们能进一步研究岗位胜任力模型，并有能力通过各种智能化测评来评估员工的胜任力，那么员工能力分数和岗位标准能力需求分数的差距就可以作为所有者人才权益。

所有者人才权益指标也可以提醒企业管理者加强人才的流动性。由于有了人才利润指标的跟踪，如果有超额能力的员工不能充分发挥他们的潜力，那么就不能真正让所有者人才权益发挥作用，同时也会影响员工的敬业度以及人才利润。有了各种指标的相互配合，就能持续跟踪人力资源管理工作，并驱动人才结构的变化。能力结构的提升也会带来岗位的升级，我们可以逐步将从事简单重复劳动的岗位用数字化技术来代替。这样，企业人才所能发挥的效能就会越来越高。

所有者人才权益可以链接到企业的人力资本在未来带来更高收益的潜力，可以作为观察和衡量HR工作的综合指标之一。只要思路正确，我们还可以借助数字化系统不断对此指标的计算方式进行迭代完善。借助数字化系统，我们将来有可能实时获取企业的所有者人才权益，以此更智能化地指导各项人才招募与发展、员工体验设计、雇主品牌、文化价值观建设等工作。

4.1.3 人才流量

最后，我们再来看人力资源数据分析中和现金流量相匹配的概念——人才流量。在财务领域中，现金流量表所展示的是在一固定期间（通常是每月或每季）内，一家企业现金的增减变动情形。

人才是企业最宝贵的财富，因此我们也应该跟踪不同时期企业员工的流动变化，以此反映一家公司的人才状况是否健康。都有什么指标呢？首先最显而易见的人才流动是员工的进出，也就是入离职。

从员工流入角度，我们希望优秀人才的招募速度和质量能够匹配业务增长需要。通过跟踪空岗率及空岗招募时间，我们可以评估招聘的速度，同时我们也可以用招聘漏斗图来跟踪招聘的质量。通过数据还可以发现哪些环节效率低下并及时调整。这些指标与人才招聘工作有关。

同时，我们也希望尽可能减少高、中绩效人才的流失，加速低绩效员工的换血。因此，在离职率的跟踪上，建议对高、中绩效和低绩效的离职率分开进行跟踪。这样我们一方面可以评估骨干力量流失情况，另一方面也可以跟踪对于绩效持续较低的员工，经理有没有及时的管理动作。这些指标与人才激励保留 / 绩效管理以及员工体验提升有关。

在数字化时代，我们需要更多复合型人才。从各家公司的实践来看，复合型人才也是培养人才的重要目标之一。而且，无论是从人才发展还是组织发展的角度来看，人才在企业内部如果能够流动起来，就能产生更大的价值。因此，除了员工入离职的流动，我们也要跟踪员工在企业内部的转岗晋升状况。

我们可以从不同维度选择内部流动的衡量指标。

例如，可以衡量高绩效员工在同一岗位上的平均停留时间，我们希望这个平均停留时间可以在一个合理的区间内（例如：1.5 至 2.5 年）。我们还可以跟踪企业管理干部内部培养的比例，以衡量内部流动性。对于不少敏捷管理的组织来说，我们可以追踪人才参与企业内部跨部门项目的次数和成果，以反映人才流动状况。

除了人才的流动，如果企业的知识 / 经验也能流动到人才身上，就能进一步提升人才竞争力，推动员工向复合型人才发展，间接助力企业的人才流动。因此我们还可以跟踪员工能力的变化，即人才增值。人才增值的结果就是所有者人才权益的增加。这些指标与人才培训和发展有关。

综上所述，通过对人才流量的跟踪，我们就可以在人力资源管理的各项工作中推动企业人才向着更有意义的方向进行有价值的流动，让企业更有活力。

4.1.4　驱动业务的人力资源数据综合分析

以上这些指标从不同维度反映了人力资源的状况，但如何更有逻辑地把这些指标串联在一起？我们来看如下这张指标框架示意图（图 4–1）。

在图中排在最右侧的是最终和业务结果关联最密切的人力资源效能指标，而业务结果应该是由各个部门的绩效达成产生的，因此绩效指标放在第二层。

例如，研发、生产和销售这三个企业运营的关键领域都有其特定的绩效指标来衡量效率和业务成果。以下是这些领域常见的一些指标。

人才流动及HR运营指标	人才权益指标	绩效指标	人力资源效能指标
空岗率	胜任力	生产部门指标	人均营收
离职率	雇主品牌	销售部门指标	人均利润
转岗率	敬业度	研发部门指标	劳动生产率
招聘到岗时间	价值观	市场部门指标	人事费用率
问题解决时间	平等、公平、包容性	支持部门指标	人力资本投资回报率
培训满意度			
各种HR运营指标			

图 4-1　人力资源数据分析指标框架示意图

1）研发指标

专利数量达成率：提交或获得的专利数量与目标之比。

需求耗费时长：衡量从提出需求到实现所需的时间。

需求完成度：一定时间内实现的需求百分比。

一次性通过的成品率（First Pass Yield）：无须返工或报废的产品占比。

研发项目开发进度达成率：项目实际完成时间与计划时间之比。

新产品毛利达成率：新产品销售利润与目标毛利之比。

研发预算达成率：研发实际费用与预算之比。

产品市场投诉严重设计缺陷次数：市场对产品设计缺陷的投诉次数。

2）生产指标

按时交付率：按承诺时间向客户交付产品占比。

制造周期时间：从订单开始到成品完成所需的时间。

生产能力：在指定时间内生产的产品的总量。

产能利用率：实际生产能力与潜在生产能力之比。

整体设备效率：衡量设备或生产线的整体性能。

质量控制指标：如不合格品率、返工率、客户退货率。

生产成本：单位产品的生产成本，包括直接和间接成本。

库存周转率：库存转换为销售的速率。

3）销售指标

销售收入：给定时期内产生的总销售额。

销售增长率：销售收入随时间增长的速率。

毛利率：销售收入扣除销售成本后的利润占比。

平均购买价值：客户每笔交易的平均购买金额。

客户终身价值：估计一个客户在其生命周期内为企业带来的总收益。

获客成本：获取一个新客户的总成本。

客户留存率：现有客户的留存比例。

销售渠道覆盖率：销售渠道中收入金额与收入目标之比。

这些指标有助于企业不同部门的决策、进度监控和业务成果的提升。但在现实中经常会出现的一个问题是：企业各部门的绩效都达标了，但最终和业务关联度最大的人力资源效能指标却没有达成，这时我们就应该分析各部门绩效达成与最终企业业务结果达成间的相关性，并将相关性较弱的指标淘汰，让业务聚焦。

接着我们可以把人才权益指标放在第三层，因为绩效达成的程度取决于人才权益。这一层最大的特点是可以把 HR 的很多日常工作量化，向业务证明 HR 工作带来的业务结果。对员工的胜任力提升、敬业度、文化价值的建设都可以进一步与绩效和业务结果进行相关性分析。

最后，人才流动变化会影响企业的人才权益，因此人才流动指标放在第四层。这一层的数据是传统 HR 通常会去收集的。以 HR 部门日常运营的培训满意度为例，放到这个框架中，我们就要看除了员工满意度之外，培训有没有提升人才权益指标中的胜任力，有没有对绩效指标产生影响，有没有提升被培训员工的劳动生产率等。

有了这个框架，HR 就可以把各项指标真正与最终的结果相连接。通过这样的方式，我们才能将所有的指标数据连接起来进行分析，才能真正让数据驱动决策并赋能业务，提升人力资源工作的业务价值。

4.1.5 人力资源数据分析闭环

有了以上这些指标的设定和关联，具体在实际企业中，我们应该如何进行人力资源数据分析呢？有些 HR 可能会觉得人力数据分析就是先将所有的和人力资源管理有关的数据收集起来，然后对这些数据进行分析并发现问题、解决问题。听上去逻辑是对的，但在实际情况下，这种做法的效率是非常低的。在大数据时代，数据的种类繁多，数据量庞大，有的时候解决和业务有关的问题所需要的数据不只是人力资源管理相关的数据。

因此，如果不知道想解决什么问题，是无法知道去收集哪些数据、做哪些分析、形成哪些结论的。正确的人力资源数据分析应该参考图 4-2 所示的闭环图。起点应该是业务挑战，而不是数据分析。

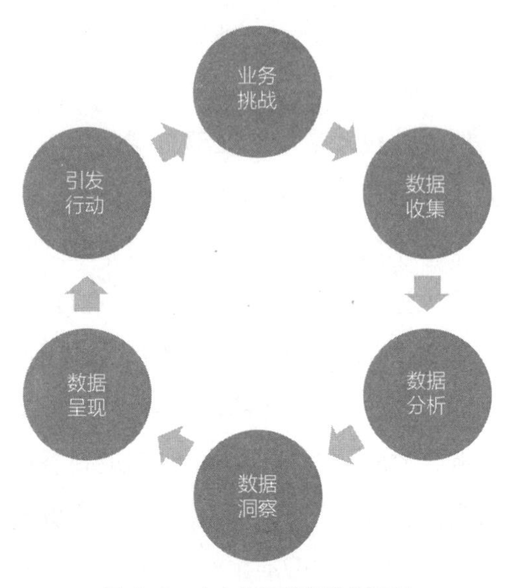

图 4-2 人力资源数据分析闭环

人力数据分析要按照如下的步骤来进行。

1. 业务挑战

企业需要明确业务挑战，确定分析的目标和方向。这一步骤的核心在于理解企业当前面临的问题，识别需要改进的领域。例如，企业可能面临员工高流失率、低敬业度或招聘效率低下的问题。明确业务挑战能够为后续的数据收集和分析提供清晰的指引。

2. 数据收集

在明确业务挑战后，下一步是数据收集。数据的准确性和完整性直接影响分析结果的可靠性。企业应收集多维度的数据，包括但不限于员工基本信息、绩效评估数据、培训记录、薪酬数据、员工满意度调查等。此外，还可以收集外部数据，如行业基准数据，以便对比分析。

3. 数据分析

数据收集完成后，进入数据分析阶段。通过应用各种数据分析工具和技术，对收集到的数据进行深入分析。这一阶段可能包括描述性分析、诊断性分析、预测性分析和规范性分析等。例如，通过描述性分析，企业可以了解员工流失的基本情况；通过预测性分析，企业可以预测未来一段时间内员工的流失趋势。

4. 数据洞察

数据分析将产生有价值的数据洞察，这些洞察能帮助企业理解现象背后的原因和影响。例如，通过分析员工敬业度调查数据，企业可能发现特定部门的敬业度普遍较低，进一步的分析可能揭示该部门的管理方式或工作环境存在问题。数据洞察是决策的基础，它将复杂的数据转化为具体的、可操作的信息。

5. 数据呈现

数据洞察需要以清晰、直观的方式呈现给决策者。有效的数据呈现不仅要展示数据，还要讲述一个清晰的故事，使决策者能够快速理解并采取行动。企业可以利用数据可视化工具，如图表、仪表盘等，将复杂的数据直观化，突出关键洞察和趋势，帮助决策者做出明智的决策。

6. 引发行动

数据呈现的最终目的是引发行动。企业需要根据数据洞察制订具体的行动计划，以应对识别出的业务挑战。例如，如果数据分析显示特定部门的员工流失率较高，企业可以针对该部门采取改善措施，如优化管理、改善工作环境或提供更多的职业发展机会。引发行动是数据分析闭环中最关键的一环，它将数据分析的成果转化为实际的改进和提升。

人力资源数据分析闭环通过系统化的步骤，将数据转化为洞察，再将洞察转化为行动，有助于企业持续优化人力资源管理。企业在实施这一闭环的过程中，应注重每个步骤的精确性和科学性，确保最终的分析结果和改进措施能够有效提升企业的整体绩效和竞争力。通过不断地循环和优化这一闭环，企业将在人力资源管理方面取得长期的成功和发展。

4.2 人力资源数据分析方法、工具及分析示例

4.2.1 数据分析常用方法与工具概述

知道了用人力资源数据分析驱动业务的目标和闭环流程，我们如何才能启动人力资源数据分析的过程呢？接下来就向大家介绍一些人力资源数据分析的工具与方法。数据分析的终极目标是通过数据来知道发生了什么，为什么发生和将来会发生什么？依据这个终极目标，我们可以把数据分析分为如下几类。

1. 描述性分析（发生了什么？）

要知道发生了什么，我们就要收集现有数据并以不同的呈现方式把

现状描述清楚，这就是描述性分析。在描述性分析过程中，仅有当前数字是不够的，数字没有了比较就没有任何意义。

那么如何来进行比较呢？我归纳了两个维度：时间维度和空间维度。从时间维度进行比较的结果包括我们通常所说的同比、环比或者月度趋势线等。通过对不同时间、不同数据的比较，就可以知道公司或团队的运作是否在持续提升。从空间维度分析就是对数据进行切分，例如把销售数据划分成东南西北区，或者进一步划分到不同的销售小团队来进行比较。

我们还可以对内部数据和外部同行业数据进行对比，这就是薪酬市场对标的意义所在。在比较的过程中，我们可以通过排序，利用二八原则找到那些最关键的数据，便于进一步分析和行动。

我们还可以利用象限图，把数据放到不同的象限中，就比较容易发现重点。例如，在薪酬分析中，我们把员工的绩效和薪酬比较率（Comparative Rate，CR）分别作为横坐标及纵坐标，就可以对员工进行区分，对高绩效和低薪酬比较率的员工进行重点关注（见图 4–3）。

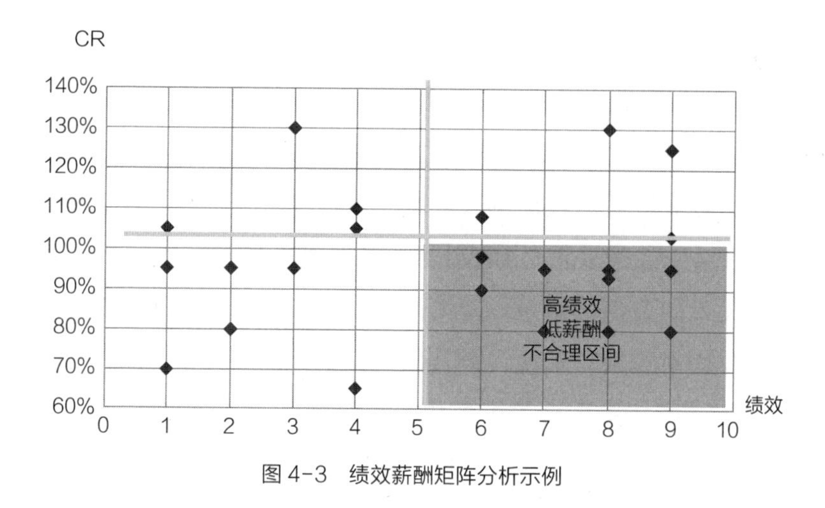

图 4–3 绩效薪酬矩阵分析示例

描述性分析通常使用的分析工具有 Excel、Power BI、Tableau 等。

2. 诊断性分析（为什么会发生？）

利用描述性分析了解现状后，我们就要尝试把不同的数据放在一起进行分析，提炼现象背后的原因，这就是诊断性分析。例如，我们在离职原因分析中加入绩效因素进行交叉分析，可能会得出高绩效员工和低绩效员工的主要离职原因不同的结论，据此在保留员工的措施上区别对待（见图 4–4）。

离职原因/绩效	中	低	高	总计
个人原因	1			1
合同到期		3		3
对工作内容不满意	1	3		4
对经理不满意	1	1	2	4
对薪酬不满意	1	1	4	6
职业发展			1	1
总计	4	8	7	19

图 4–4　离职原因分析示例图

我们也可以利用 Excel 的各种相关系数分析方法，去研究不同变量之间的相关程度。例如，可以对员工敬业度调查中员工对不同问题的打分和敬业度分数做相关分析，看哪些问题和员工敬业度分数的相关性最高，这些问题可能就是我们未来的工作重点。

但是存在相关关系并不等于存在因果关系，例如夏天来了，你会发现游泳的人数和购买冰淇淋的人数这两组数据呈现高相关性，但你并不能因此得出结论说游泳的人多导致买冰淇淋的人多。

因果关系的条件限制是：首先，两个因素在发生时间上存在先后顺序，因在先而果在后；其次，在其他条件不变的前提下，第一个因素发生变化，第二个因素也会发生变化。我们可以通过收集前后数据变化，采用 A/B 组比较等排除影响因素的方法来尝试提炼因果关系。

诊断性分析通常使用的分析工具有 Excel、SPSS 等。

3. 预测性分析（将来会发生什么？）

有了诊断性分析，下一步我们就可以尝试利用已有的数据来推测未来的数据，预测未来可能会发生什么，这就是预测性分析。预测性分析相应来说会更加复杂，其中比较简单的做法是通过回归分析来发现当前数据变化的一些规律，并利用过往规律来预测未来的数据。

更加复杂的预测，有更多不同的算法，例如决策树、随机森林、决策优化等，往往要通过编程才能实现，同时也需要更多的统计学知识。

预测性分析通常使用的工具有 Excel、SPSS、Python、R 语言等。

我们可以发现，无论是描述性分析、诊断性分析还是预测性分析，Excel 都用得上，因此对于 HR 来说可以尝试先把手头的工具用起来，再考虑学习更多其他的工具来进行数据分析。其实，HR 如果真的能学好和用好 Excel、Power BI，应对日常工作基本就没有什么太大的问题了。至于更复杂的工具或编程方法，可以与专业人士进行合作。

最后要再次提醒大家的是，数据分析本身并不能解决所有问题。最重要的还是要了解业务需求，如果对业务不了解，不结合业务实际经验，再好的数据分析工具和算法也不一定能用得上。

4.2.2 如何借助人力数据分析打通 HR 管理全模块

了解了数据分析的常用方法与工具，我们还需要将数据分析与人力资源管理联系起来，接下来我们一起来看看如何借助人力数据分析打通 HR 管理全模块。

传统的 HR 管理六大模块分别是人力资源规划、绩效管理、薪酬福利、招聘、培训发展以及员工关系管理。在不少公司的 HR 团队中，这些模块各自为政，相对割裂，对人力资源管理的整体效率产生了一定影响。在数字化时代，人力资源数据分析可以成为各大模块很好的连接剂（如图 4-5 所示）。

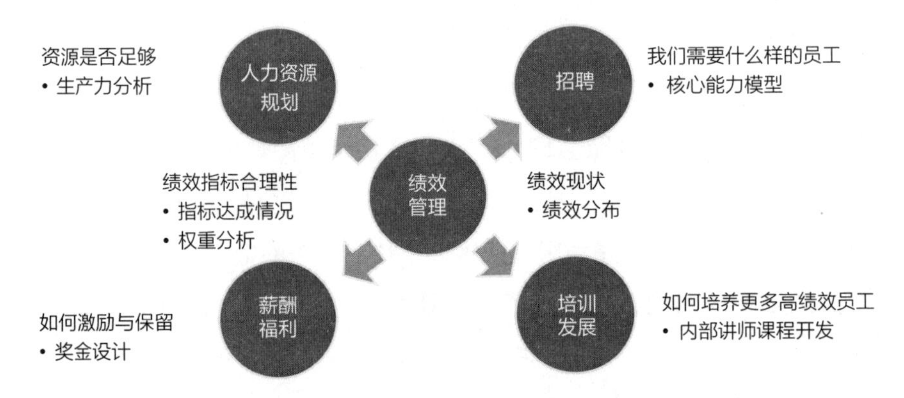

图 4-5　通过人力资源数据分析打通 HR 管理模块示意图

在人力资源规划过程中，我们可以从人力资源效能指标（人均营收、人均利润、劳动生产率、人事费用率、人力资本投资回报率等）开始，这就让人力资源数据分析有了最基础的业务抓手。

在绩效管理中，我们可以对绩效达成率和人力资源规划中的关键指标达成率进行相关性分析。如果大多数人都达成了绩效，但是与业务相关的关键指标最后没有达成，或者绩效结果和业务关键指标之间的相关性不够高，就说明绩效的设计需要调整。

因此，绩效管理和人力资源规划可以通过数据连接起来，确保通过合理的绩效管理来推动人力资源规划的实现。基于有效的绩效管理，我们可以进一步分析绩效的结果分布，按照二八原则找到 20% 的高绩效员工。对于这些高绩效员工，我们可以分析他们是因为具备了什么独特的能力和特质而达成高绩效的。这些能力和特质可以成为企业确定关键岗位画像和关键人才画像的依据。

有了关键人才画像，一方面我们可以在招聘工作中以关键人才画像的关键标签为依据，方便简历筛选、测评及面试工作，提升招聘的效率和质量。另一方面，在培训发展中，我们也可以考虑让这些关键人才把他们在工作中的经验和心得总结出来，鼓励这些关键人才成为讲师来分享他们的经验。这就使公司中最宝贵的经验和知识得以传承。在薪酬福利工作中我们也可以通过数据分析来了解这些高绩效员工的敬业度、员工体验度、薪酬比较率等综合指标，以此进行千人千面的薪酬福利设计。同时，可以通过数据分析来持续跟踪薪酬福利的设计对于关键人才的绩效是否产生了正向影响。

在员工关系的入转调离过程中，可以结合入职数据来跟踪关键人才的来源是招聘还是内部培养，以此衡量招聘质量。也可以结合离职数据来反推培训发展及薪酬福利工作是否对高绩效员工的保留起到了作用。如果各大模块的数据分析跟踪下来都没有问题，但最终业务关键指标还是没有达成，就可以再去分析人力资源规划的合理性。

从以上的思路我们可以看出，有了人力资源数据分析，人力资源的六大模块就形成了一个相互牵制、影响并相互支持的整体。当然，人力资源数据分析的思路远不止这些，对不同的场景可以实施不同的整合分析。了解人力资源数据分析的本质有助于整合人力资源管理手段，驱动管理决策，最终达成业务目标。

4.2.3　数字化时代招聘漏斗图分析如何升级

了解了数据分析如何打通各大模块后，我们再来看在某个模块中我们如何进行人力资源数据分析。图 4–6 大家应该比较熟悉，它在招聘领域中经常被使用，由于形状非常像我们平时用的漏斗，因此得名漏斗图。在漏斗图中我们可以将招聘的各个过程的数据都记录下来，依据这些信息我们就能对招聘不同阶段的效率进行观察和分析。

但这张图和传统的漏斗图相比做了一些升级，因为在数字化时代需要通过技术和人的配合才能更好地完成招聘工作。企业可以通过大数据、人工智能等技术的应用来提升从简历收集、筛选到笔试甚至是面试的效率，但应用技术后的招聘效果好不好呢？

这张招聘漏斗图就可以用来进一步衡量数字化招聘的效果。我在这张漏斗图中用两种不同的颜色来分别表示更多受数字化系统的影响与更多受人工工作的影响产生的结果。浅色代表数字化系统，深色代表人工。我们把可以用数字化系统来实现的步骤的相关数据串联起来，就可以进行比较和衡量，通过数据来判断当前各种技术的有效性及改进方向。

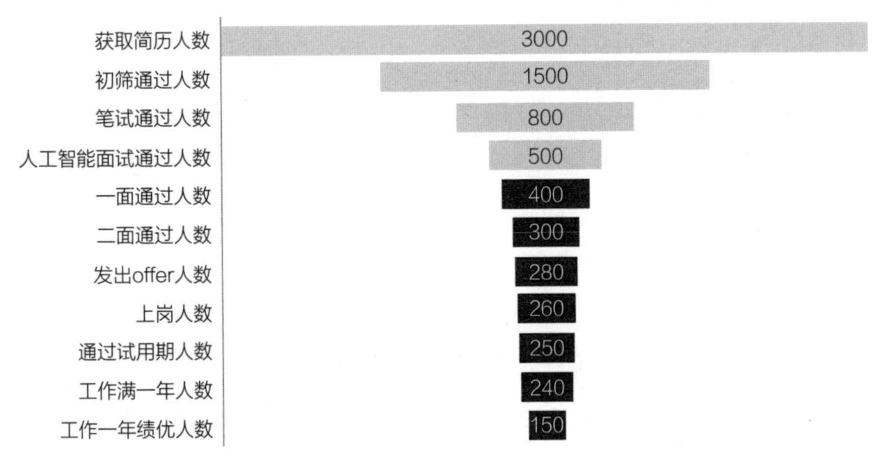

图 4-6　招聘效果评估漏斗图

例如，我们如果可以用自动化技术来搜索和收集简历，会希望能自动收集到尽可能多的简历，因此漏斗口越大越好。不用担心过多简历造成招聘团队过多的工作量。因为下一步的简历筛选及笔试在数字化时代也可以数智化：利用人工智能技术从海量简历中筛选过滤出可能的候选人，然后自动发出邀约让候选人在线进行笔试并自动打分。有些企业还能对一些初级岗位利用人工智能进行第一轮面试。通过这几个数字化步骤，就能将简历规模精简至业务所需的合理水平（见图 4-7）。

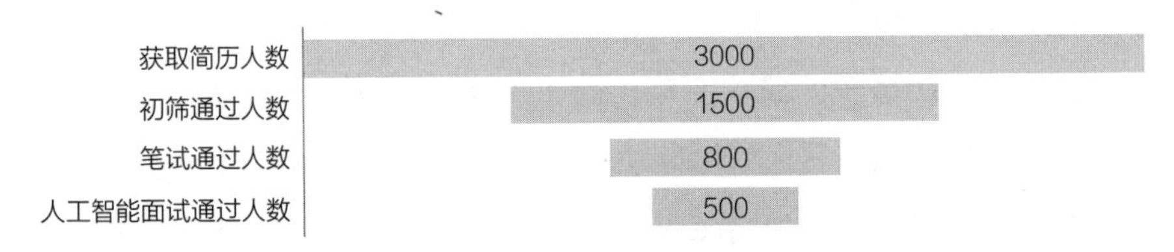

图 4-7　招聘效果评估漏斗图（数字化招聘部分）

前四个步骤中，在智能评估质量能够保证的前提下，漏斗的上口越大，下口越小，说明技术实现的效率越高，不用人工参与就能帮助我们筛选海量的候选人。

那么我们如何评估数字化招聘系统智能筛选和评估的质量呢？我们可以想到，理论上人工智能技术水平越高，后期人工面试的淘汰率就越低。因此，深色漏斗部分一面和二面的通过率，就能反映数字化系统智能筛选和评估候选人的效果好坏。

图 4-8　招聘效果评估漏斗图（面试跟踪部分）

如果通过率高，就能进一步证明技术不但能够帮我们筛选海量的简历，节省筛选的时间，还能通过确保智能评估质量而减少不必要的人工面试时间。从这个示例图 4-8 来看，人工智能面试通过的 500 位候选人有 100 人在一面淘汰，100 人在二面淘汰，可以由此来判断，这家公司的人工智能面试效果还是不错的。面试时间也是一种成本，通常担任面试官的可能都是公司中相对比较优秀的员工。因此，节省了面试官的时间，就能让这些优秀员工有更多时间投入本职工作，提升了整体的公司产出。

那么接下来，如何来判断招 HR 人工招聘工作的效果呢？我们同样可以通过这个漏斗图往下看。

对于通过面试的候选人，我们希望衡量的是招聘 HR 是否能在公司薪资框架下谈妥候选人的 offer。因此，我们可以跟踪通过面试后招聘 HR 与候选人谈妥 offer 的人数，以判断招聘 HR 的谈判效率。我们还可以通过跟踪有多少人最终上岗来衡量从 offer 到上岗期间对于候选人体验的管理是否到位（见图 4-9）。

图 4-9　招聘效果评估漏斗图（二面至上岗跟踪部分）

对招聘质量，可以继续把时间点往后延伸，通过统计这些新员工是否通过试用期、一年之内是否离职、一年之内的绩效等数据来衡量招聘的质量（见图 4-10）。

图 4-10　招聘效果评估漏斗图（上岗后跟踪部分）

因此，对于经理的两轮面试是否真正有效，我们可以看有多少新员工通过了试用期，还可以看有多少员工在公司工作了一年，以此衡量我们在面试时对员工与公司的价值观及文化匹配度的判断。对一年后能留在公司的员工，我们再看有哪些是绩优员工，因为员工第一年的绩效往往和员工本人的能力和工作经验有关。

如果我们将所有数据都在数字化系统中记录下来。借助这些长期跟踪的数据，我们就能更全面地分析招聘的整体效果和质量。

4.2.4　人力资源数据分析的相关性分析

相关性分析是诊断性分析（为什么会发生？）中的一个重要方法，顾名思义就是对两个或多个变量进行分析，看看这对变量或这些变量间是否存在相关性。例如，如果我们设计了一个销售能力的培训和考试，想看一下最终考试成绩的高低是否和实际销售业绩有相关性，以此证明培训考试设计的合理性。我们可以把销售员工的考试成绩和某一个周期的销售业绩放到如下的 Excel 表中进行分析（见图 4-11）。

	A	B	C
1	员工号	考试成绩	销售业绩（元）
2	10001	88	1500000
3	10002	40	1000000
4	10003	90	1900000
5	10004	99	1900000
6	10005	60	1000000
7	10006	70	1200000
8	10007	55	1000000
9	10008	40	900000
10	10009	50	900000
11	10010	60	1100000
12	10011	70	1500000
13	10012	80	1400000
14	10013	99	1800000
15	10014	100	2000000
16	10015	96	1800000
17	10016	97	1900000
18	10017	70	1600000
19	10018	45	950000
20	10019	38	1010000
21	10020	90	1800000
22	10021	88	1700000
23	10022	76	1300000
24	10023	55	1200000
25	10024	70	1300000
26	10025	68	1200000
27	10026	60	1100000
28	10027	79	1500000
29	10028	92	1750000

图 4-11　考试成绩与销售业绩相关性分析原始数据

用肉眼来判断，很难用科学的方法来说明这两个变量的相关性，因为分数最低的 10019 号员工并不是销售额最低的。在 Excel 中有一个公式可以很方便地计算出两个变量的相关系数，那就是 CORREL 函数。在这个示例中，计算相关系数的公式为 =CORREL（B2:B29，C2:C29），得出的结果是 0.9382。

这个相关系数的意义是什么呢？相关系数的范围在 –1 到 1 之间，绝对值越接近 1，代表相关度越高，1 代表绝对正相关，–1 代表绝对负相关，0 则代表两个变量不相关。一般来说，相关系数在 0.9 以上意味着有较高的相关性，因此可以说考试成绩还是能和销售业绩挂钩的，培训考试的设计比较合理，同时如果把这个考试应用到招聘中，就能帮助我们更好地招聘到能力强的员工。

学会了相关性分析，HR 就拥有了数据分析的武器，能与业务人员进行沟通，而不是像过往那样只能“拍脑袋”。再举个例子，大家可以把公司做的敬业度调查报告数据拿出来，对整体敬业度和薪酬满意度的分值做一个相关性分析，很可能会发现在众多因素中薪酬满意度并不是和敬业度相关性最高的那个变量。这样我们就可以利用数据来向业务证明，除了薪酬，还有其他各种不同的方式来提升员工的敬业度。

对于相关性分析，还有如下一些提示点：

1）相关性分析需要一定的样本量，样本量越多，越能体现出实际的相关性。

2）存在相关关系并不代表着一定存在因果关系，如果要确认因果关系，可能还要通过 A/B 测试等方式来进一步判断。

3）对于 HR 来说，人力分析不要过分纠结于相关系数到底是 0.93，还是要 0.95，有时候以数据分析为基础，领会精神再辅助以一些经验上的分析就足够指导人力决策了。

我们再来看看如果有个多变量，如何进行多变量的相关性分析呢？我们来看一个敬业度调研的场景。当我们完成敬业度调研后，可以按照不同的题目分类，得出不同维度的得分，如图 4–12 所示。

看着一堆数据是不是感觉有些无从下手呢？我们就可以先尝试多变量相关性分析。

	A	B	C	D	E	F	G	H
1	员工号	整体满意度	培训安排	经理互动	文化价值观	薪酬	福利	是否愿意推荐
2	10001	4	4	4	5	4	4	5
3	10002	5	5	5	5	4	5	5
4	10003	3	2	2	4	4	3	4
5	10004	2	2	2	2	2	2	2
6	10005	2	2	2	3	1	3	3
7	10006	1	1	1	1	1	1	1
8	10007	5	5	5	5	4	5	5
9	10008	5	4	4	5	4	5	5
10	10009	4	4	4	5	4	4	4
11	10010	4	4	3	5	4	5	5
12	10011	3	3	3	3	3	3	3
13	10012	3	3	2	4	3	3	3

图 4-12　敬业度调研相关性分析原始数据

先直接看结果，我们利用 Excel 的数据分析功能，可以得到如图 4-13 所示的相关性矩阵。

15		整体满意度	培训安排	经理互动	文化价值观	薪酬	福利	是否愿意推荐
16	整体满意度	1						
17	培训安排	0.955310646	1					
18	经理互动	0.929515419	0.955310646	1				
19	文化价值观	0.925853951	0.882899818	0.808551188	1			
20	薪酬	0.881007356	0.798388058	0.745467763	0.893070913	1		
21	福利	0.955947137	0.928400487	0.86784141	0.93423272	0.80355616	1	
22	是否愿意推荐	0.932455359	0.871306318	0.830268471	0.959640014	0.870223652	0.958002082	1

图 4-13　敬业度调研相关性分析结果

矩阵中行与列的交叉点就是行变量与列变量之间的相关系数。例如，我们可以看到第一列是整体满意度和其他变量之间的相关系数。可以看到浅色单元格中员工对公司的整体满意度和对薪酬的满意度的相关系数约为 0.88，在第一列中是最低的。HR 可以利用这个数据来向业务证明，数据显示薪酬和员工的整体满意度之间的相关度最小。因此，除了薪酬我们还有其他不同的方式来提升员工的整体满意度。

最后一行是员工是否愿意推荐公司给朋友与其他变量的相关系数。可以看出深色背景的文化价值观和福利的得分与员工愿意推荐的相关系数最高。由于内推是相对来说最有效的招聘渠道之一，HR 基于相关性分析，就有了加强在文化价值观建设和福利上投资的数据依据。因此，多变量相关性分析可以辅助我们驱动人力资源的相关决策。

那么，这个相关性矩阵是如何生成的呢？其实不难，我们要用到的是 Excel 中的数据分析功能（见图 4–14）。

图 4–14　Excel 数据分析功能菜单

如果点击 Excel 中的“数据”按钮无法看到数据分析这个功能，就需要先按照如下步骤做一个配置。

1. 打开 Excel 选项中的“加载项”，选择图 4–15 中灰色背景标注的按钮，打开 Excel“加载项”对话框。

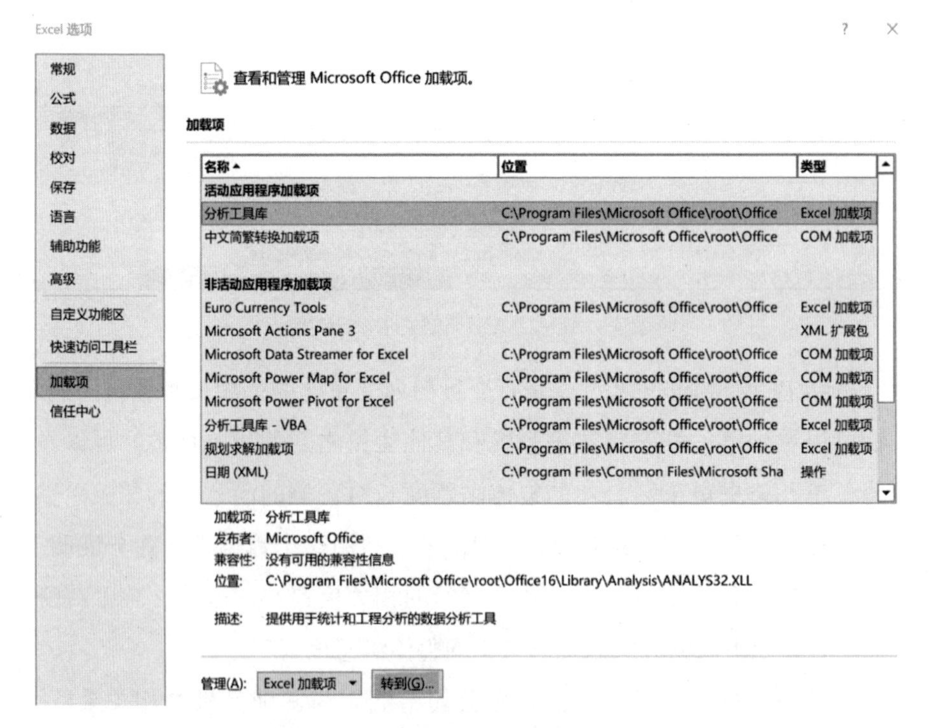

图 4–15　Excel 数据分析功能加载步骤一

2. 在 Excel“加载项”对话框中选择“分析工具库”（见图 4–16）。

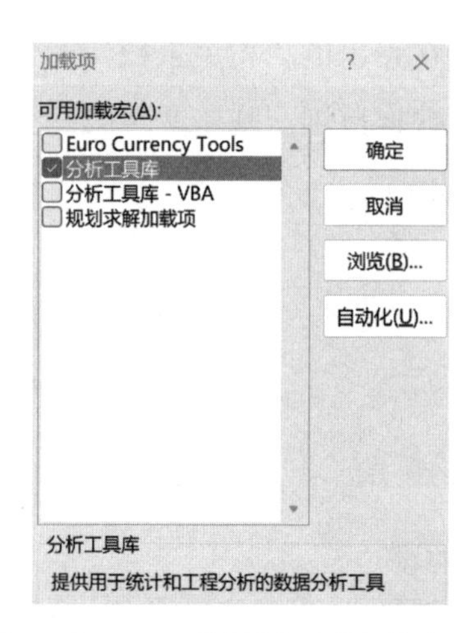

图 4-16　Excel 数据分析功能加载步骤二

3. 点击确定，返回到 Excel 后，点击“数据”按钮，即可看到数据分析选项（见图 4–17）。

图 4-17　Excel 数据分析功能菜单位置

接下来，我们来看多变量相关性分析的步骤。

1. 点击“数据分析”，在弹出的“数据分析”对话框中，选择“相关系数”选项，然后点击“确定”按钮（见图 4–18）。

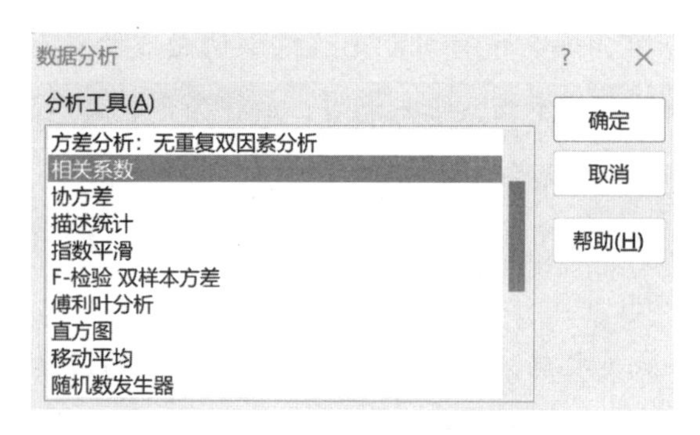

图 4-18　Excel 数据分析功能选项

2. 选择数据范围：在弹出的“相关系数”对话框中，在输入区域选择要进行相关性分析的数据范围，基于文章第一张图中的数据表，可以进行如下设置（见图 4–19）。

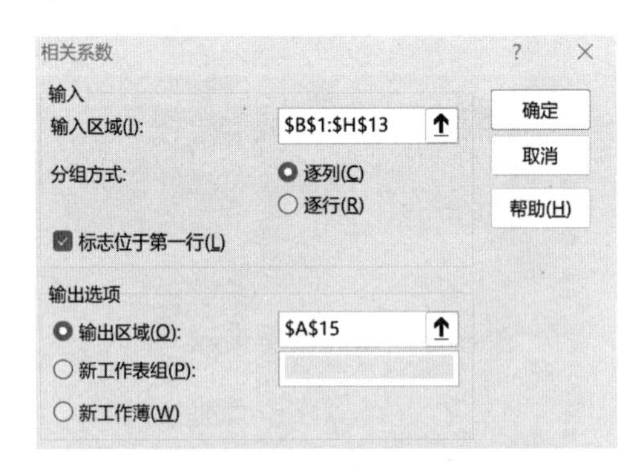

图 4–19　Excel 数据分析功能相关性分析用法示例

3. 在“输出选项”中选择要在哪里输出表格后，点击“确定”就可以生成如图 4–13 所示的相关性矩阵。

希望越来越多的 HR 掌握数据分析方法，更好地与业务用数字说话，而不是只能依赖经验主义的“拍脑袋”。

4.2.5　降本增效中的人力数据分析

1. 伪降本增效的矛盾与陷阱

很多企业都想着要降本增效，但如果领到降本增效任务的中高层管理者没有大局思维，那么很有可能把这件事情做成伪降本增效！以下是一些因为降本增效方式不当，踏入陷阱，最终为企业火上浇油的矛盾点。

1）减员与业绩达成之间的矛盾

陷阱：在公司经营不善时，如果减员不当，会进一步削弱生产力，导致业绩进一步下滑。

注意点：在减员之前，需要进行充分的评估和规划，找到那些冗余的岗位进行减员，例如，有的企业一堆经理，干活的人却不多，这时要裁减的是那些没有发挥管理作用的经理岗位，而不能动干活的人。或应在已经确保可以通过优化生产流程、提高自动化程度、合理安排工作任务等方式提高生产效率的前提下再减员，确保业绩不受影响。

2）降低人力成本与员工敬业度的矛盾

陷阱：有的企业管理者就想着要通过裁员或减薪的方式把人力成本简单粗暴地降下去，殊不知此时伤害的是所有员工的感受。当员工觉得被伤害时，敬业度自然也会下降，没有了敬业度，何谈创新和企业竞争力的提升？

注意点：在裁员和减薪时，要充分考虑员工的利益和感受。不仅要开诚布公地沟通，向员工解释公司遇到了困难，同时也要对真正为企业做出贡献的人予以奖励，向真正有困难的员工提供适当的支持和帮助，这样才能平衡员工的不安和抵触情绪，提高员工的士气和工作积极性。

3）降本与产品质量的矛盾

陷阱：有些企业为了降本，在各种原材料或服务成本上做文章，导致产品和服务的质量下降，与价格不匹配。最终损失的是企业的信誉和用户的信任，越降本企业业绩越差。

注意点：在降本过程中，不能牺牲产品质量。可以通过优化供应链管理、采用高性价比的原材料和零部件、提高生产工艺水平等方式来降低成本，同时确保产品质量不受影响。也可以通过服务的流程化和标准化在降本的同时提升服务质量。

4）增效与资源投入的矛盾

陷阱：提高效率通常需要增加资源投入，例如购置新设备、引进新技术等，如果没有对投资回报率进行评估，反而会影响企业利润，适得其反。

注意点：在追求增效的过程中，需要合理配置资源，避免过度投入导致资源浪费。可以通过精细化管理、优化生产计划、提高设备利用率等方式来提高效率，实现资源的最高效利用。

5）短期效益与长期发展的矛盾

陷阱：短期内降低成本可能会对企业的长期发展产生不利影响，如影响研发投入、品牌建设等。

注意点：在降本和增效的过程中，需要平衡短期效益和长期发展的关系。不能只关注眼前的利益而忽视公司的长远发展。可以通过制定长期战略规划、持续创新、培养人才等方式来确保公司的可持续发展。

综上所述，企业需要的是真正的降本增效，但要做到这一点并不容易，需要领导层拥有大局观和细致深入的分析力，需要综合考虑各方面因素，采取合适的解决方案，通过数据分析持续跟踪效果，提前预警，降低风险，避免入坑，才能真正达到降本增效的目的。

2. 降本增效的关键是人力资源数据分析

降本增效需要以数据分析为抓手，在着手进行降本增效之前，首先需要对组织的整体效能进行评估。没有了评估就会因为失去方向而迷路。对数据的科学分析可以帮助企业全面了解组织的运营状况和问题所在，避免盲目的降本增效。

在评估组织效能时，我们可以用到在上一节中提到的各项人力资源管理指标：

人力资源效能指标：人均营收、人均利润、劳动生产率、人事费用率、人力资本投资回报率。

绩效指标：生产、研发、销售等各部门的绩效衡量指标。

人才权益指标：雇主品牌价值、胜任力、价值观、敬业度。

人才流动及HR运营指标：空岗率、离职率、转岗率、招聘到岗时间、问题解决时间、培训满意度等各种HR运营指标。

有了这些指标，我们才能看到降本增效是否真正起了作用，才有助于企业更有针对性地制定降本增效的策略和措施。企业需要整合来自不同部门和领域的数据，才能建立全面、准确的组织效能评估体系。这可能涉及人力资源、财务、销售、生产等多个维度的数据。整合数据后便可以通过建立管理者驾驶舱，让组织效能关键指标的变化趋势、影响因素等一目了然，便于管理者了解趋势，识别问题，及时调整和优化策略，从而保持组织的高效运转。同时可以在关键指标上设置阈值与预警机制，一旦某项指标超过或低于设定的阈值，系统将自动发出预警，提醒管理者注意。这有助于防范风险，避免问题进一步扩大。同时也为组织的持续改进提供了有力支持。

有了数据积累，企业还可以运用人工智能和机器学习等技术，进行更深入的预测分析。例如，通过对历史数据和市场趋势的分析，可以预测未来的销售趋势，从而合理调整生产和供应链策略，降低库存成本。智能决策系统还可以自动提供建议，帮助管理者更快速、准确地做出决策。

3. 人力资源如何正确地降本增效

有了数据跟踪，了解大局之后，我们就可以相应地采取不同的策略。虽然不同行业的降本增效策略因特定的业务特点而有所不同，但总结起来分别在控制成本和提升效率方面有如下一些维度。

1）控制成本

在大多数企业中，人力成本往往是最重要的一项开支，合理控制人工成本是降本增效的关键一环。人力成本通常包含以下这些构成要素：工资与津贴、绩效奖励和激励、社会保险和福利、培训和发展费用、招聘和离职成本、办公设施和设备、其他间接成本等。持续跟踪人力成本就能了解现状，分析可以如何降低相关成本。

企业可以通过如下这些方式来降低人力成本：

组织设计：通过合理的组织设计，企业可以减少不必要的管理层级和职责重复，从而提高沟通效率和决策速度。同时，优化业务流程可以消除不必要的环节和浪费，提高生产效率和质量，降低运营成本。

消除冗员：当组织扩展到一定程度之后，经常会出现劳动力冗余的情况。这时就需要持续依据业务情况与需求开展定岗定编工作，通过科学的方式优化岗位和人员数量，帮助企业实现更精准的人员配置。

精准招聘：大家都应该有共识，那就是招到适配的员工绝对是最好的降本增效。如果还能通过内推等方式减少招聘环节中不必要的成本消耗，也能进一步降低成本。

优化培训：培训不便宜，而且还很容易“打水漂”，起不到真正效果。因此，如何以业务需求和培训成果为导向，合理优化培训，让培训成本能够连接到业务结果，让培训费用间接地被业务消化，也是可以努力的一个方向。

薪酬管控：通过明确的薪酬政策与薪酬体系设计、市场对标和调整、绩效考核、长短期激励配合、定期评估调整等方式来确保薪酬管理的一致性和公平性，发挥杠杆作用，确保薪酬激励的有效性非常重要。

风险管控：在用工过程中会由于制度漏洞、管理不当、对法律法规不熟悉等原因而产生很多和员工关系有关的成本，最为明显的就是员工离职成本，不仅包括补偿金的支出以及与员工发生法律纠纷导致的成本，还有重新招人的额外成本。因此，企业应该有风险管控的意识，尽量减少此类费用的产生。

灵活用工：通过各种灵活用工模式，如兼职、临时工等，更好地适应市场的波动。

但要注意的是，我们必须持续跟踪人力资源管理的各项指标，以了解降本动作所带来的相关影响，如发现降本的动作对于员工敬业度等指标带来不利影响，就需要进行及时的预警和调整。

2）提升效率

和单纯降低劳动力成本相比，提升员工的生产力和工作效率可能更有价值，因为这能让企业获得所有者人才权益，从而在行业中取得领先优势，这才是企业可持续发展的关键。

企业可以通过如下这些方式来提升效率：

绩效管理：从战略导向出发并分解到最关键的目标，对公司所有团队的目标进行上下左右的对齐，使得大家的工作更聚焦。借助数字化系统可以更好地跟踪和复盘绩效达成情况，并以此为基础持续改进。包括对高绩效进行奖励，对低绩效进行淘汰，如能借助数字化系统实现激励和绩效的科学挂钩，就能把预算用在最需要的地方。

员工体验：从员工体验出发，持续提升员工的内驱力和敬业度，会让企业的人才更具创新力，更有竞争力，也会为企业带来更高的产出，达成企业与员工双赢的局面。

技术提效：在数字化时代，技术正成为企业降本增效的重要驱动力。企业可以借助人工智能、大数据分析、云计算等先进技术，优化决策过程、提高生产效率，甚至创造全新的商业模式。例如，在优化流程过程中，可以引入 HRM（人力资源管理）、ERP（企业资源计划）、CRM（客户关系管理）等数字化系统，实现流程自动化、数据共享，从而进一步提高运营效率。员工也可以利用各种 AIGC 工具来提升个人生产力，等等。

流程改进：运营流程的高效与否直接影响着企业的成本和效益。通过精细化的流程设计和优化，企业同样可以减少资源浪费、提升工作效率。

总体来说，降本增效无法一蹴而就，而是一个持续改进的过程。通过数据的持续监测和分析，可以指导企业不断进行优化、创新和变革，实现降本增效的长期目标。当然，在降本增效的实践过程中企业也会面临一些挑战，文化转变、技术投入、人才培养等问题都可能成为制约因素。这就需要 HR 们能够以数据为基础更好地进行变革管理，利用好数字化技术，推动人才培养的工作。希望更多的企业都能通过有效的降本增效策略，在市场竞争中立于不败之地，实现可持续发展。

第 5 章

员工体验

5.1 从心出发：五“心”员工体验

5.1.1 员工体验和全面回报的本质区别是什么

近年来，员工体验（Employee Experience）成为了 HR 领域的一个热词，指员工在组织内的整体感受和满意度，涵盖了工作场所的各个方面，包括企业文化、职业发展、工作环境、工作生活平衡、身心健康、薪酬福利、认可与奖励等。

虽然员工体验很火，但目前各家企业的 HR 团队中很少有专门负责员工体验的岗位。和这个概念比较接近的是由传统的薪酬福利升级而成的全面回报（Total Rewards）。全面回报的概念来源于世界薪酬协会（World at Work）的全面回报模型。在这个最新模型中，全面回报包含薪酬、幸福度、福利、发展和认可五大要素。

我们单从字面意思来看，员工体验和全面回报模型有比较多的重叠，二者都非常明显地体现了一种认识：为了更好地支持和激励员工，企业不能把目光仅仅集中在传统的薪酬福利上，否则将越来越难以产生效果。

但我认为员工体验和全面回报这两个概念有本质的不同。全面回报，从字面意思上来看强调的是回报，员工有了付出，才会有回报。但是员工体验的概念完全是从员工的角度出发，员工有了好的体验，才愿意有更多的付出，这两个理念的核心区别就是付出的先后不同。

从文化理念宣导的角度来看，我觉得这个区别还是很重要的，体现了企业在员工管理观念上的一些不同。在当今时代，企业应该更看重员工体验，才能更好地激发员工的内驱力。而拥有内驱力的员工会在未来快速变化时代更好地应变，并帮助企业持续创新。

5.1.2 五“心”员工体验环形跑道图

既然员工体验那么重要，那么企业到底应该如何为员工设计和打造更好的员工体验呢？业界大多数员工体验模型都是按员工的职业生涯设计的，例如从入职到在岗再到离职。我在尝试用这一思路来分析员工体验点时，总觉得粒度不够细，因为大多数体验点都集中在员工的在岗阶段，会导致在岗期间的内容特别多，有点混乱。

因此，我总结出了如图 5-1 所示的五“心”员工体验环形跑道图。员工体验，就应该从员工的角度思考。于是，我尝试从员工的角度出发，进一步归纳出了四个维度，分别是工作历程、生活保障、人生事件、个人发展。

图 5-1 五“心”员工体验环形跑道图

工作历程保留了传统员工体验框架的从入职到在岗再到离职的过程，反映了员工在公司中遇到的关键事件。人生事件则更偏向于每一位员工在生活上遇到的重大事件。因此工作历程和人生事件就把员工体验中的关键事件拆分成了工作和生活两个维度。

再来看生活保障和个人发展这两个维度，更多是基于马斯洛需求层次的概念来划分。生活保障更偏向于马斯洛需求层次中偏底层的生理、安全、社交需求，而个人发展则更偏向于马斯洛需求层次中偏上层的尊重和自我实现需求。

这样的划分更贴近员工真实的需求。我们在进行员工体验设计时，就能结合不同维度的不同节点，引导团队进行思考和共创员工体验的方向。

在五“心”员工体验环形跑道图的中间，我总结了五“心”员工体验设计的思考方向，分别是：

- 有心：员工体验要有仪式感，有设计感和与众不同，因此要有心。
- 开心：开心的员工容易发挥出更大的潜能。
- 安心：这是马斯洛需求层次中的基础部分，不能忽视，员工在薪酬、福利、工作环境等方面需要获得安全感。
- 知心：要共情，有同理心，站在员工的角度思考他们需要什么，在员工最需要的时候出现。
- 暖心：每个人的心中都有柔软的一部分，温馨感动的时刻会让员工记忆深刻。

如果在这些体验点和体验方向上还能做到独特和领先，企业的员工体验建设就能走在市场前列。领先的员工体验在信息传播速度极快的时代同样会带来领先的雇主品牌。

员工体验的分析和实施应该是一个快速迭代的过程，这样才能持续保持领先。图 5-1 设计成环形跑道，意味着没有起点和终点，可以更自由地设计与候选人、在职员工、离职员工的互动。

接下来，我们可以尝试从不同维度来解读可能会有哪些员工体验的关注点。

5.1.3 工作历程

从工作历程维度，有如下这些员工体验的关注点以及相应的员工体验设计。

1）应聘

企业可以在候选人应聘时，通过提供个性化的面试来优化候选人的体验。例如，在面试前提供详细的企业文化和职位介绍，安排候选人参观企业环境，了解未来的工作地点和团队成员，提供面试指南和FAQ，帮助候选人做好准备。还可以向应聘者赠送和企业有关的礼品。

这些做法能让候选人感受到企业的专业和友好，减轻面试压力，改善候选人对企业的第一印象。同时，通过详细介绍企业文化和工作环境，候选人可以更好地了解企业，判断职位是否符合自己的发展方向，提升招聘的精准度。

2）入职

企业可以在新员工入职前预先介绍企业的文化和价值观，让新员工有所期待。提供入职前的学习材料或在线课程，帮助他们提前了解企业。同时开放入职咨询通道，提前解答新员工的相关问题。企业可以在新员工入职时，准备一份包含企业纪念品、办公用品和欢迎信的欢迎礼包，有条件时还可以组织一个简单的欢迎会。入职当天应帮助员工尽快完成工作所需要的手续和准备，同时安排系统的入职培训，帮助新员工快速融入企业文化，了解企业的规章制度和工作流程。

这些做法不仅能提升新员工如期入职的概率，也能让新员工感受到公司的欢迎和重视，还能通过入职培训帮助他们快速适应新环境，提升新员工的归属感和工作效率。欢迎礼包中的小礼物也能增强员工对公司的好感和认可度。

3）试用期

公司可以在员工试用期结束时组织一个小型的庆祝仪式，邀请团队成员共同庆祝。同时可安排一次详细的反馈会议，帮助员工了解自己的表现和未来的发展方向。这种做法能让员工感受到公司的认可和激励，增强他们的成就感和归属感。借助反馈，员工可以清晰地了解自己的优势和需要改进之处，明确未来的工作目标和发展路径，提升工作的积极性和满意度。

4）周年

公司可以在员工入职周年时给予认可，如下发证书、小礼物或提供额外的休假。也可以将当月入职满周年的员工集中到一起，组织一个小型的周年庆祝活动——分享蛋糕、团队午餐或下午茶等，表达对员工的感谢和重视。

这可以让员工感受到公司的认可和感谢，团队庆祝可以让员工与其他同事建立更紧密的关系，增强团队凝聚力。特别的纪念奖品不仅能让员工感受到公司的关怀，还能激励他们在未来的工作中继续努力，提升员工的工作积极性和满意度。周年庆祝活动也能展示公司对员工个人成长的重视，营造一种重视员工长期贡献的企业文化。

5）晋升

企业可以在员工晋升时，组织一个正式的庆祝活动，如晋升午餐会或颁发晋升证书，邀请团队成员和高层领导参加，公开表彰员工的努力和成就。同时，安排一次与高层领导的对话机会，讨论员工未来的发展计划和对企业的期望。

员工会因此感受到企业的重视和认可，增强成就感和自豪感。与高层领导的对话能帮助员工更好地理解公司的战略和期望，明确自己的发展方向，提升对公司的忠诚度和工作的积极性。公开表彰也能让员工了解晋升路径和所需技能，鼓励其他员工向榜样学习。

6）转岗

企业一方面可以在员工转岗时提供专业的转岗培训，帮助他们掌握新岗位所需的技能。同时，安排一个经验丰富的导师或同事，给予员工适应新岗位的支持和指导。由于员工可能会离开当前团队到新的团队，也可以分别举办内部欢送会和欢迎会。

企业和团队的支持与关怀可以减轻员工在转岗过程中的压力和不安；系统的培训和导师指导能让员工更快地适应新岗位；当前团队同事的欢

送和新团队的欢迎可以让员工感受到被重视，提升员工的忠诚度，同时也有利于同事间更长远的相互合作。

7）离职

公司可以在员工离职时安排一次正式的离职面谈，倾听员工的反馈和建议，了解其离职原因。同时，准备一份离职纪念品，如定制的纪念册或礼品，表达对员工的感谢和祝福。在员工离职后，有不少企业也会通过前员工社群定期推送公司最新动态，提供职业发展资源，鼓励前员工成为公司外部的大使，逢年过节发送贺卡甚至红包，以此保持与前员工的连接。

这种做法能让员工在离职时感受到公司的尊重和重视，留下良好的最后印象。离职面谈可以帮助公司了解员工的真实想法和建议，为未来的改进提供参考。离职纪念品能表达公司的感激之情，保持与离职员工的良好关系，增强公司在离职员工中的口碑和影响力。通过前员工社群的关系维护，也可以让这些离职员工未来再次加入公司，荣耀返航，或者为公司推荐员工。

5.1.4　人生事件

从人生事件维度，有如下这些员工体验的关注点以及相应的员工体验设计。

1）生日

企业在员工生日时可以收集 360 度同事祝福，即从多个来源（同事、上司、下属甚至其他部门）收集对员工的正面评价和祝福，通过这种个性化的祝福，让员工感受到团队对自己的重视，增强其对公司的归属感，促进同事关系，提升满意度，强化大家通过反馈所认可的正面行为。同时也可以展示公司对员工个人生活的关心，有助于建立一种温馨、关怀的企业文化，提升员工士气。生日祝福可以作为工作压力的缓解剂，提升员工的士气和积极性，这样的活动往往能给人留下深刻印象，成为员工与公司情感联系的加强点。管理层可以通过这些祝福了解员工之间的互动和团队动态，收集宝贵的反馈信息。

2）结婚

企业可以在员工结婚时，组织同事、上司、下属甚至其他部门录制祝福视频或制作贺卡，送上个性化的祝福。同时，公司可以准备一份精心挑选的结婚礼物，如花束、礼品卡或蜜月旅行券，来表达公司的祝贺与关怀。这种做法不仅能让员工感受到公司对其个人生活的重视和关心，还能增强员工的归属感和满意度。团队的祝福视频或贺卡能促进员工间的关系，营造出温馨、团结的企业文化。同时，管理层可以借此了解员工的生活动向，增强与员工的情感联系。

3）生育

企业可以为即将成为父母的员工准备一份新生儿欢迎礼包，内含婴儿用品、育儿书籍和公司祝福信。同时，提供弹性工作时间安排和产假、陪产假政策，帮助员工更好地平衡工作与家庭。这种贴心的安排能让员工感受到公司的关怀和支持，缓解初为父母的压力，提升其对公司的忠诚度和满意度。弹性工作安排有助于员工在新生命到来时更好地适应家庭生活，减少工作上的负担和焦虑，有助于提升员工的工作效率和积极性。

4）变故

在员工家庭遇到变故时，公司可以提供专业的心理咨询服务，帮助员工应对情感和心理上的挑战。同时，可以设立紧急援助基金，为有需要的员工提供经济援助，帮助他们渡过难关。这种全面的支持体系能让员工在面对家庭变故时感受到公司的关怀和支持，减少其心理和经济压力。紧急援助基金能在关键时刻提供实际的帮助，增强员工对公司的依赖和感激之情，从而提升员工整体体验和满意度。

5.1.5　生活保障

从生活保障维度，有如下这些员工体验的关注点以及相应的员工体验设计。

1）薪酬

企业可以引入绩效驱动的薪资增长机制，结合员工的绩效评估结果，提供清晰的薪资增长路径。同时，公司可定期组织薪资透明化沟通会，向员工解释薪酬结构、调整依据和未来增长计划。除了基本工资和津贴，还有各种奖金等短期激励、股票等长期激励以及退休金计划。有些企业还会额外提供财务规划相关的服务，帮助员工学会理财，保持财务状况的健康。有些企业还会向员工提供低息贷款等支持。

这种做法能让员工清楚地了解自己的努力与薪资增长之间的关系，激励他们提升绩效。透明化的薪资沟通能减少员工对薪资的不满和猜疑，增强对公司的信任感和满意度。有了清晰的薪资增长路径，员工就可以明确自己的职业发展方向，提升工作动力和忠诚度。长期激励的设计也对员工的保留起到了积极正向的作用。

但需要提醒的是，科学研究发现传统的薪资对人的激励效果在到达一定程度后，会越来越差。特别是在数字化时代，对于那些更需要创意、内驱力、积极性的工种，金钱的激励所带来的效果就更有限了。各位读者可以尝试回答一个问题，那就是你对现在的工资满意吗？我想大多数人都会觉得不满意，认为自己应该可以比现在拿到更高的工资。这也说明了薪酬的增长并不那么容易带来员工对于公司的满意度和敬业度。

2）福利

很多企业已经开始推广弹性福利，也就是千人千面的个性化福利套餐，让员工根据自己的需求和兴趣灵活选择不同的福利项目，如健康保险、交通补贴、健身卡、学习补助、文化活动门票等。员工可以每年调整自己的福利选择，以适应不同的人生阶段和需求。现在有不少企业也鼓励弹性工作安排，提供灵活的工作时间和地点，如远程工作选项、灵活的上下班时间，帮助员工更好地平衡工作与生活。很多企业的福利设计也惠及父母、配偶和子女，如带薪育儿假、护理假、儿童保育服务或儿童夏令营等，让员工没有后顾之忧。

创新员工福利的关键是了解员工的需求和偏好，以及适应不断变化的社会环境和生活方式，通过定期收集反馈并评估福利计划的效果。个性化的福利设计能满足员工的多样化需求，提升他们的幸福感和满意度。灵活选择的机制能让员工在不同的人生阶段都能获得最适合自己的福利，从而感受到公司的关怀和重视。个性化福利也能增强员工的满意度和忠诚度。

3）健康

职场健康包含身体健康、心理健康、情绪健康、心智健康等。在职场中，员工对于健康的重视程度正在与日俱增，主要有如下几大原因：

- 随着老龄化社会的逐步到来，医疗资源越来越稀缺。
- 中年员工上有老下有小，工作压力也容易引起各种身心健康问题。
- 医学的进步使得在体检中更容易检测出这样那样的问题。

从人力资源管理的角度来看，员工的痛点正是提升员工体验的机会点。员工在健康方面的需求成为刚需后，对员工健康管理进行投资，能让员工及其家人在健康上减少顾虑，所带来的回报可能会高于单纯的薪资增长。特别是公司的高管一般来说年纪也相对偏大，他们对健康的重视程度会更高。满足了高管的健康需求，投资回报率可能会更高，这也是很多公司都设有高端医疗保障的原因。

此外，对于很多专心工作的研发技术人员，平时两耳不闻窗外事，但遇到一些医疗问题时可能会缺乏资源，有钱也不一定能解决问题，很需要资源的链接。如果关键人才因为自身或家人的健康问题而焦头烂额，很容易影响工作和公司业务。因此，企业重视职场健康并进行合适的投资是有必要的。

那么在健康管理方面，企业具体可以怎么做呢？我们可以尝试提供以下类型的服务：

- 企业可以提供全方位的健康服务，包括定期的健康体检、健康讲座，协办健身房会员卡以及提供心理咨询服务等，定期组织员工健康活动，如瑜伽课、健步走等，保证员工的身心健康，帮助员工缓解压力和情绪问题。
- 当员工或家人不幸罹患疾病，能有一个可信赖的专业渠道给出合理化的咨询与建议，帮助预约医生，提供稀缺资源服务。
- 员工父母生病时，有时员工要请假陪着去看病，但员工对疾病也不一定了解，不少中年人又是独生子女，对年迈父母的照顾可能会力不从心。如果有专业的陪诊服务，就可以减少员工这方面的焦虑，让他们安心在公司工作。
- 对每年的体检，应设法提供持续健康管理跟踪服务并给出专业建议，同时结合弹性福利，让员工可以把福利积分使用到他们最需要的健康服务上。

在健康管理方面，企业需要用心了解员工的痛点，并发掘市场上能提供相应服务的供应商，有针对性地为员工提供独特的健康管理服务，而不是只提供市场上到处都有的大众化体检与保险。只有独特性、定制化才能让员工产生优越感，并体会到企业的用心，这是员工体验中很关键的要素。企业如能提供资源，帮助员工减轻健康管理上的负担，是真正为员工办了实事。只要能解决问题，即使让员工共同承担部分费用，员工可能也是愿意的。

良好的职场健康管理可以帮助员工保持良好的健康状态，增强心理韧性和工作积极性，提高工作效率和生活质量，同时让员工感受到在最需要的时候，企业能带来最及时的帮助。这样的体验只需要有一两次就足以让员工增加对公司的感激程度了。企业重视员工的职场健康可以持续提升员工体验与幸福感，让员工更愿意为企业贡献力量，最终为业务赋能！

4）社交

企业可以定期组织跨部门的合作项目和社交活动，如创新挑战赛、团队建设活动、公司周年庆典等，促进员工之间的交流与合作。公司还可以设立社交空间，如咖啡厅、休息室，鼓励员工在工作之余进行社交互动。

跨部门合作项目和社交活动能打破部门壁垒，增强员工之间的了解与合作，促进公司内部的信息流通和创新。设立社交空间能为员工提供一个放松和交流的平台，增强员工的团队凝聚力和归属感。通过丰富的社交活动，员工可以建立更多的人际关系网络，提升工作满意度和幸福感。

5.1.6 个人发展

我认为这一部分是员工体验中最能激发员工内驱力的，因为这和马斯洛需求层次理论中最高层的需求——自我实现需求相一致，如果员工可以把公司的目标和自我实现目标相结合，就能极大激发员工的能动性。因此，企业如果想要打造最好的员工体验，就要让员工做自己，实现自我！

每个人都是独立的个体，有自己的性格、价值观、喜好、能力等。从企业的角度来说，如果能有办法让员工做真正的自己，不仅能让员工感觉被支持、被赋能，也能尽可能地发挥每位员工最大的优势，这对企业来说才是最有价值的。如果员工喜欢思考，那就让他去研发；喜欢交流，那就让他去销售；喜欢数字，那就让他去做财务；喜欢逻辑，那就让他去做IT；喜欢成就他人，那就让他去做HR；喜欢分享，那就给他舞台；喜欢自由，那就给他灵活的工作时间；喜欢独立思考，那就让他在家办公；喜欢与他人共创，那就为他提供激发创意的办公环境……一个人如能在企业中做真正的自己，就能产生心流，达到最佳工作状态。而企业管理者需要进一步思考的是，什么样的组织形态既可以赋能员工更好地发挥优势，又能让他们专注于企业和组织的战略目标，把大家的强项组合起来，达成业务结果。在未来，只有能够支持员工做自己的充满灵活性的企业文化和制度，才能更好地激发组织的活力。

从个人发展维度，有如下这些员工体验的关注点以及相应的员工体验设计。

1）意义

当员工感觉到他们的工作有意义，能够对公司或社会产生积极影响时，他们更有可能感到满意和快乐。这种满意感促使他们更愿意投入时间和精力，在工作中展现出更高的参与度和创造力，帮助员工在面对工作中的挑战和困难时保持韧性和动力。内驱力可以激发员工的潜能，促使他们达到更高的工作标准，转化为更高的工作效率和更好的成果。同时也能增强员工的忠诚度，减少流失率。

意义感不仅关乎工作本身，还与个人成长和职业发展紧密相连。认为工作有意义的员工更有可能寻求发展机会，主动学习新技能，这对个人和组织都是有益的。一个强调工作意义和价值的组织文化能够吸引和保留那些分享同样价值观的员工。这样的工作环境鼓励积极的态度和行为，促进了团队合作和创新。

企业可以定期更新业务动态，让员工了解他们的工作如何影响公司目标。同时通过开展社会责任项目，如环保活动、社区服务、公益捐赠等，邀请员工积极参与并给予一定的奖励和认可。项目完成后，可以组织成果展示会，让员工分享参与的经验和感受。

通过透明的员工沟通和社会责任项目的参与，员工能感受到自己的工作对企业和社会的价值和意义，增强对公司的认同感和自豪感。员工也可以通过分享自己参与社会责任项目的体验和收获提高团队凝聚力，提升员工的社会责任感与企业的社会形象。

2）目标

公司可以与员工共同制定个人发展目标，并结合年度规划，提供个性化的职业发展路线图和资源支持。定期进行目标回顾和调整，确保员工的职业发展方向与公司的战略目标一致。

个性化的职业发展目标能让员工清晰地了解自己的发展路径和未来方向，增强工作动力和目标感。定期回顾和调整目标，可以确保员工在职业发展的每个阶段都能获得公司支持，提升员工的满意度和忠诚度。这样的做法还能促进员工和公司的共同成长。

3）认同

企业可以设立一个员工成就展示平台，如内网主页、公告栏或社交媒体账户，定期展示员工在工作中的突出表现和成就。通过多种形式的展示，如文章、视频、照片等，让全体员工了解并认可这些成就。鼓励同事之间的赞赏和认可，建立积极的工作环境。

这样的展示平台能让员工的努力和成就得到广泛的认可和赞扬，增强他们的自豪感和归属感。通过展示优秀员工的事迹，可以树立榜样，激励其他员工向他们学习和努力。展示平台还能提升公司的透明度和员工间的认同感。

4）激励

企业可以推出创新的激励计划，如“员工创新挑战赛”“最佳团队奖”“客户满意奖”等，设置多样化的奖励机制，包括奖金、荣誉称号、培训机会等，激励员工不断追求卓越和创新。

多样化的激励计划能满足不同员工的需求，激发他们的创造力和积极性。通过设立不同类别的奖项，可以鼓励员工在各个方面表现出色，提升整体工作绩效。奖励机制不仅能增强员工的成就感，还能培养公司的创新文化和竞争力。

5）信任

公司可以设立员工自治团队，赋予他们一定的自主决策权，让员工在团队中共同决策和解决问题。同时，定期进行自治团队的绩效评估和反馈，确保团队目标的达成和方式方法的持续改进。建立一个开放的反馈文化，让员工感到他们的意见得到了听取和重视。

赋予员工自主决策权能增强他们的责任感和信任感，提升工作积极性和团队凝聚力。员工自治团队有助于团队成员间的合作和沟通，增强彼此的信任。通过定期的绩效评估和反馈，可以确保团队目标的达成，提升整体工作效率。

6）发展

企业可以提供多样化的学习平台，如在线学习系统、线下培训研讨会、跨部门轮岗等，帮助员工不断提升技能和积累知识。同时，为每位员工制订个性化的发展计划，结合他们的职业目标和公司需求，提供相应的培训和发展机会。

多样化的学习平台能满足员工不同的学习需求，提升他们的专业技能和综合素质。个性化的发展计划可以确保员工在职业发展的每个阶段都获得公司支持，提升工作满意度和忠诚度。通过不断学习和发展，员工可以实现个人成长和职业进步，促进公司整体竞争力的提高。

7）成长

公司可以推行导师制，为每位新员工和有发展潜力的员工指定一位资深员工作为导师，提供职业指导和支持。同时，设立职业发展伙伴计划，让员工之间互相支持和学习，共同成长。经理要定期与员工进行职业发展对话，帮助他们设定和达成职业目标。

导师制能为员工提供个性化的职业指导和支持，帮助他们更快地适应工作环境和发展职业技能。职业发展伙伴计划可以促进员工之间的交流和合作，增强团队凝聚力和工作积极性。借助这种双向支持的机制，员工可以获得更好的职业发展机会，实现个人成长和职业目标。

5.2 如何持续提升员工体验

5.2.1 体验地图

我们可以看到五“心”员工体验包含了非常多的维度，那如何进一步了解自己公司的员工体验做得如何呢？接下来就为大家介绍体验地图这个工具。体验地图提供了一个视觉化的框架，可用于分析各种流程中的关键关注点以及员工在每个阶段可能遇到的问题和感受。我们以图 5–2 来介绍体验地图的构成和用法。

这张体验地图可用于分析和了解新员工在上岗过程中的体验。我们一般可以通过如下步骤来完成体验地图的制作与分析。

1. 识别关键关注点

借鉴设计思维的方法，员工体验设计先要从体验的用户，也就是员工的视角出发。我们要关注员工在上岗过程中与公司各部门团队的关键接触点。例如，会有 HR 接待、劳动合同签署、上岗指引、工作设备获取、系统登录、团队沟通等，可以把这些关注点在体验地图上罗列出来，总结归类方便分析。

2. 收集员工反馈

接下来，我们可以借助调查、访谈、焦点小组等手段，通过员工反馈来了解在不同的关注点上员工的真实体验如何。按照过往的经验，最能获取员工真实感受的做法还是一对一的访谈，告知员工访谈的目的是持续提升员工的体验，打消新员工的顾虑后，更容易获得员工真实的想法。还有一种更自然的方式是观察或亲身体验，观察是指在员工的自然工作环境中观察和记录他们的行为和互动，以便更深入地同理他们的体验。亲身体验是指模拟员工亲自体验流程并记录感受。

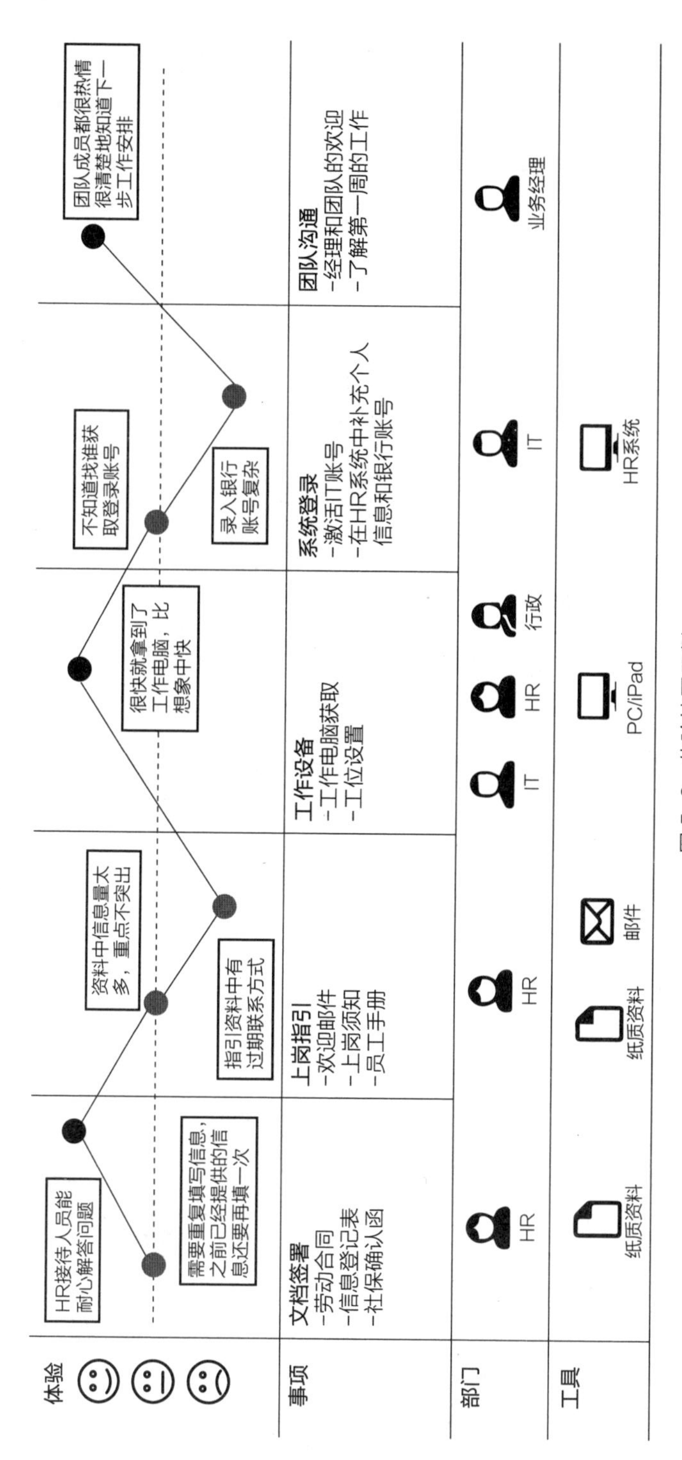
体验
事项
部门
工具
HR接待人员能耐心解答问题
需要重复填写信息，之前已经提供的信息还要再填一次
资料中信息量太多，重点不突出
指引资料中有过期联系方式
很快就拿到了工作电脑，比想象中快
不知道找谁获取登录账号
录入银行账号复杂
团队成员都很热情很清楚地知道下一步工作安排
文档签署
-劳动合同
-信息登记表
-社保确认函
上岗指引
-欢迎邮件
-上岗须知
-员工手册
工作设备
-工作电脑获取
-工位设置
系统登录
-激活IT账号
-在HR系统中补充个人信息和银行账号
团队沟通
-经理和团队的欢迎
-了解第一周的工作
HR
HR
IT
HR
行政
IT
业务经理
纸质资料
纸质资料
邮件
PC/iPad
HR系统

图 5-2　体验地图示例

接着，就可以把收集到的员工反馈记录下来，并在体验地图上用卡通表情进行标注。最上方的笑脸代表员工体验很好，中间的无表情面孔代表员工体验一般，最下方的哭脸代表员工体验不好。

例如，我们在这张体验图中可以看出，HR 在接待员工的时候能够耐心解答问题，员工领取工作电脑时非常顺利，业务团队同事也非常热情地告知了工作安排，这些方面让员工获得了积极体验。但在获取到的指引资料中发现了过期的联系方式以及在录入银行账号信息时非常烦琐等，这些方面又让员工体验不佳。对于要重复填写信息、入职资料太多、获取登录账号方式不清晰等方面，员工体验一般。了解了这些，我们就可以更真实地理解新员工的感受。

3. 记录关联事项

为了后续能更好地寻找原因和引发行动，我们可以在体验地图上补充一些相关信息，例如特定关注点涉及公司的哪个部门，当前利用了哪些系统工具等。这样，就可以完成某个流程的员工体验地图，如果我们能把各种流程都通过这样的方式来进行管理，我们就可以进一步可视化地管理员工体验。

5.2.2 体验设计

1. 体验设计的闭环

基于体验地图我们可以进一步进行员工体验的设计，具体可以通过图 5-3 所示步骤来进行。

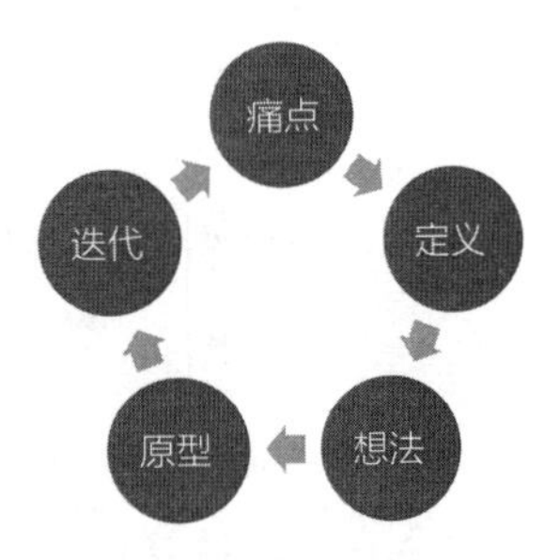

图 5-3 员工体验设计闭环

1）痛点：分析员工需求

我们可以优先从体验地图中的负面体验开始分析，因为负面体验是员工在入职过程中可能感到最困惑或沮丧的地方。例如，“指引资料中有过期联系方式”表明在入职资料的日常维护流程中存在沟通不畅或信息更新不及时的问题。这时我们就可以进一步发掘根本原因以便采取下一步行动。这样就确保了体验设计是以员工的实际需求和痛点为出发点的。

2）定义：明确问题机会

对于这些痛点，我们可以依据反馈员工的人数或者负面体验的程度进行综合打分并共同探讨改进方案。例如，定期更新指引资料、简化银行账号录入模式、简化信息录入流程等。同时对于这些改进方案，可以依据可能需要消耗的人力物力来评估一下改进的难易度。这样就可以得出一个改进方案难易度和影响度的矩阵，方便我们定位影响度高、难度较低的优先改进机会。

3）想法：生成解决方案

基于优先改进机会分析，我们可以进一步制订行动计划和确定负责人，特别是有些改进涉及多个部门（如 HR、IT、行政、业务部门等），需要跨部门协作。可以通过头脑风暴的方式组织跨部门的创意工作坊，邀请员工参与头脑风暴，生成解决问题的创意想法，并从中挑选一些最优的可行性想法，发展成具体的概念和解决方案。

4）原型：快速实施方案

在体验设计中，为了更快地尝试并获得员工反馈，可以为选定的解决方案创建低成本的原型，原型可以是工作流程、工具、程序或服务的简化版本，然后在一小部分员工中测试这些原型，收集他们的反馈和建议并对解决方案进行调整和完善。

5）迭代：持续改进跟踪

经过验证和改进的解决方案就可以对更广泛的员工群体实施了。对计划的执行要进行持续监控，同时定期收集员工对新解决方案的反馈，评估其对提升员工体验的影响，并根据需要进行迭代，这样就形成了员工体验设计的闭环。员工体验设计是一个持续的过程，需要定期回顾和更新体验地图，以确保各项流程能够适应组织和员工需求的变化。

以上就是如何通过体验地图来完成员工体验设计闭环的介绍。如果企业能持续通过体验地图来识别关键触点、理解员工感受、分析痛点和原因、确定优先改进机会和制订计划与跟踪迭代，就能持续优化员工体验，从而提升员工满意度和忠诚度。

2. 来自员工的员工体验设计

既然是员工体验设计，我们应该更多地鼓励员工参与到体验设计的闭环中来。例如，可以组织员工体验设计大赛，通过鼓励员工提出改善员工体验的想法，设计出更符合员工需求的体验。这种大赛通常包括以下几个阶段：宣传动员、想法收集、评审、实施与反馈。

- 宣传动员：通过内部通信、会议和活动等方式，向全体员工传达大赛的目的和意义。
- 想法收集：设定不同的维度，如工作环境、工作流程、技术工具、团队协作等，鼓励员工从多角度提出创新想法。
- 评审：组织跨部门的评审团队，对收集到的想法进行评估，挑选出最具创新性和实用性的点子。
- 实施与反馈：对评定为“金点子”的想法予以实施，并收集员工的反馈，以评估实施效果并进行必要的调整。

用类似的方式让员工共同设计员工体验，可以让员工感受到自己对企业的影响力，增强归属感和忠诚度。可以激发员工的创新力，来自员工的体验设计也会更贴近员工的真实需求，提高员工满意度，让企业能够构建一个更加人性化、高效和有吸引力的工作环境。

第 6 章

出海全球

6.1 企业出海：HR 的挑战与应对

6.1.1 中企出海趋势给 HR 带来的挑战

随着中国经济的快速发展和全球化的推进，中国企业逐步走出国门，从最初的低成本制造，到战略投资与并购，再到如今的技术创新和品牌国际化。越来越多的中国企业在“出海”过程中取得了显著成就，在通信技术、电子商务、新能源等领域占据了重要的国际市场份额，展现出了强大的竞争力和创新能力。中国企业的出海趋势主要有如下这些特点。

1）数字化和技术驱动

未来，中国企业出海将更加依赖数字化和技术创新。人工智能、大数据、云计算等新兴技术将成为企业提升竞争力的重要手段。例如，许多中国企业正在通过智能制造和数字化营销增强对国际市场的影响力。

2）多样化市场布局

尽管亚洲仍然是中国企业的主要海外市场，但越来越多的企业开始在欧洲、北美、南美、大洋洲和非洲等地拓展业务。这种多样化的市场布局将有助于企业分散风险，增强全球竞争力。

3）本地化运营

为了更好地适应不同市场的需求，中国企业越来越重视本地化运营。包括在目标市场建立研发中心、生产基地以及招聘当地员工等措施，都是企业本地化战略的重要组成部分。这样的战略不仅有助于企业快速响应市场变化，还能增强与当地消费者和合作伙伴的联系 。

4）品牌国际化

随着中国企业在国际市场上的影响力不断提升，品牌国际化成为企业出海的重要方向。通过塑造全球品牌形象，提升品牌价值，中国企业可以在国际市场上赢得更多消费者的信任和认可。

5）可持续发展

在全球关注可持续发展的背景下，中国企业也在积极践行绿色发展理念，通过技术创新和管理优化，减少对环境的影响，提升可持续竞争力。例如，一些企业在产品设计和制造过程中积极引入环保材料和节能技术，以满足国际市场的环保要求。

未来，随着数字化和技术驱动、本地化运营、品牌国际化和可持续发展等趋势的深入，中国企业将在全球市场上扮演越来越重要的角色。通过不断适应国际市场的变化和挑战，中国企业将继续在全球舞台上展示自己的实力。

为了让企业能顺利出海，人力资源部门也需要应对各种不同的新挑战。

- 人才获取与保留：如何在海外市场吸引和留住合适的人才，尤其是在企业品牌影响力有限的情况下。
- 用工合规：每个国家都有其独特的劳动法规，包括薪酬、工时、福利、解雇政策、个税等，企业出海必须确保在海外用工合规，人力资源部门需要提供支持。
- 跨文化管理：出海企业如何管理多元文化的员工团队，处理不同国家员工间的文化差异和沟通问题，如何为全球员工提供符合国际环境需求的语言能力、行业法规、商务礼仪等技能培训。
- 劳动力跨国管理：全球用工的复杂性远高于只限制在国内用工，例如要处理员工外派、国际转岗、远程办公等问题。
- 组织结构和决策流程：如何解决跨国组织架构往往存在的总部与海外分支机构间的沟通和协作问题，在哪些领域需要总部集权管理，哪些领域需要分支机构分权管理等。

- 全球薪酬与福利体系：世界各国有不同的国情和经济发展阶段，如何设计和实施符合国际标准的薪酬和福利体系。
- 全球人力资源数字化系统：如何结合各国的人力资源管理流程需求和个人信息保护的要求来建设全球人力资源数字化系统。

在后续的章节中我将针对这些挑战来分别叙述 HR 的应对方案。

6.1.2 企业出海如何在海外招对人

1. 企业出海招聘的注意事项

很多企业出海时在海外市场的品牌认知度和认可度相对较低，这可能影响其在当地的吸引力。此外，企业对国外的法律法规和文化也不太熟悉，会导致招人比较困难。因此需要注意以下几点，以更好地招到当地员工。

1）了解当地法规：确保招聘和雇佣流程符合目的地国家的劳动法律法规，包括合同类型、薪资标准、工作时间、福利待遇等。了解并遵守目的地国家的税务和法务规定，确保企业运营合规。寻求当地专业法律和税务顾问的帮助，避免法律风险。

2）文化适应和沟通：理解并尊重当地文化和工作习惯，避免文化冲突。提供语言培训或雇佣双语人才，保证沟通顺畅。

3）招聘渠道多样化：利用当地的招聘网站、社交媒体、猎头公司以及校园招聘等多种渠道扩大招聘范围。参加当地的招聘会和职业展会，直接接触潜在求职者。

4）制定有竞争力的薪酬福利方案：了解当地的薪酬水平和福利待遇，确保提供有竞争力的薪酬和福利。提供职业发展和培训机会，提高员工满意度和忠诚度。

5）建立良好的企业品牌形象：通过社交媒体、公司网站等渠道宣传企业文化和价值观，吸引求职者。在当地参与公益活动或社会责任项目，提升企业声誉。

6）建立本地化管理团队：招聘和培养当地的管理人才，确保管理层对当地市场和文化有深刻理解。建立本地化的管理和决策团队，提高运营效率和员工满意度。

7）员工关怀和福利：关注员工的身心健康，提供相应的健康和心理支持。提供灵活的工作时间和远程办公选项，适应不同员工的需求。

每个国家发展阶段不同，公司获取人才的策略也不同。对于业务已经成熟的国家，招聘人才相对比较容易。但在业务刚开始进入新的国家时，往往需要通过员工内推或领英这样的全球招聘平台来找到当地适合的人才。将海外人才招进公司后，也要有不同的激励措施。不同国家的人因为文化背景不同，看待同一件事的观念也会不同。人才的价值观与企业的匹配程度非常重要，与其高薪聘请不匹配企业的人才，不如寻找有认同感的合适人选并进行文化培养。对于跨国企业，需要建立清晰明确的使命、愿景、价值观。同时，在日常工作中需要与员工保持因人而异的耐心沟通，传递企业文化，为员工提供更多的职业发展空间。让员工明晰工作的意义和目标，就能更好地提升员工的内驱力和工作积极性。基于不同企业的情况，结合人才发展策略，制定合适的获取人才策略，就更容易招到合适的人才。

2. 企业出海常用招聘网站

对于出海企业的 HR 来说，需要了解在各个国家招聘时除了大家熟知的领英，还有哪些主流招聘网站（排名不分先后，按首字母排序）：

1）亚洲

新加坡：Indeed、JobsDB、Jobstreet、Monster、MyCareersFuture

日本：Career Cross、Career Engine、Daijob、Gaijin Pots、Rikunabi

马来西亚：Hiredly、Indeed、Jobstreet、Jora、Monster

印度尼西亚：Indeed、Jobindo、Jobstreet、Kalibrr、Karir

印度：Indeed、Monster、Naukri、Shine、Times Jobs

韩国：Albamon、Career、Incruit、Job Korea、Peoplenjob、Saramin

泰国：JobsDB、Job Island、Job Top Gun、Jobs Thai、The Thailand Life

越南：Career Builder、Career Link、Jobs Vietnam、Timviecnhanh、Vietnam Works

菲律宾：Indeed、JobFinder、Jobstreet、Online Jobs、PinoyJobs

阿联酋：Bayt、Gulf Talent、Indeed、Laimoon、Naukrigulf

土耳其：Eleman、Indeed、Kariyer、Turkey Talent、Yenibiris

2）大洋洲

澳大利亚：Adzuna、Career One、Indeed、Jora、Seek、Gumtree

3）北美洲

美国：Career Builder、Glassdoor、Indeed、Monster、Simply Hired

墨西哥：Bumeran、Compu Trabajo、Empleate Mexico、Indeed、OCC Mundial

4）南美洲

巴西：Busco Jobs、Catho、Empregros、Trabalhabrasil、Vagas

5）欧洲

葡萄牙：Bons Emprego、Empregos Online、Jobs in Lisbon、Landing Jobs、Net Emprego、Sapo Empr

西班牙：Info Empleo、Info Jobs、Indeed、Techno Empleo（IT 人才）、Trabajos

意大利：Info Jobs、Indeed、The Local、Ticonsiglio、Xpat Jobs

丹麦：Careerland、Job Index、Job Net、Job Support、Stepstone

芬兰：Careerjet、Duunitori、Jobsportal、Mol.fi、Oikotie、Work in Finland

挪威：Finn Jobs、Jobbnorge、Teknisk Ukeblad、Udi、Wa Works

法国：Apec、Expatica、Cadr Emploi、Indeed、Pole Emploi、Regions

Job、Welcome to the Jungle

匈牙利：CV Centrum、CV Online、Indeed、Jobline、Profession

德国：Jobrapido、Jobvector、Kimeta、Stellenanzeigen、Stepstone、Xing

瑞士：Career Jet、Job Scout、Job Up、Jobs

英国：Glassdoor、Indeed、Monster、Reed、Totaljobs

比利时：FOREM（法语社区人群）、Indeed、Jobat、Stepstone、Vacature、VDAB（北部荷兰语社区人群）

荷兰：Indeed、Nationale Vacaturebank、Randstad、UWV、Werk

6）非洲

南非：Careers24、Career Junction、Glassdoor、Google Careers、Job Vine

肯尼亚：Brighter Monday、Career Point、Durma Works、Fuzu、Job Web Kenya

6.1.3　企业出海如何外派内部人才

1. HR 如何从人性角度提升外派员工体验

在企业出海的过程中，特别是在出海初期，通常需要将国内员工外派到海外来帮助企业进行海外业务的运营，开疆扩土，传递企业在国内积累的专业知识和技能。能有效地发掘、吸引和保留有意愿、有能力的出海人才对于出海企业的成功来说至关重要，是出海企业 HR 的工作重点。

那 HR 如何才能更好地做到这些，赋能出海人才呢？前面论述的员工体验同样也是出海企业吸引和保留出海人才需要思考的关键方向。只有全方位从员工需求出发，才能让企业的出海人才有更高的满意度、敬业度，从而推动海外业务增长。

HR 可以从如下这些人性需求出发，设计不同维度的出海人才员工体验。

1）生存需求

不发达国家的生活条件不如国内，发达国家的消费水平高于国内，因此最基础的是要确保员工在海外衣食无忧。HR需要根据当地情况和行业对标来设计合理的、有竞争力的薪资、津贴政策。在员工出海的过程中，如能有专人协助员工办理签证、寻找住处等，也能让员工获得良好的体验。

2）安全需求

通常出海员工会十分关注在海外各种健康安全相关的保障。因此，企业应该为出海人才提供相关的医疗保险福利，如海外就医、海外国际保险等，让员工没有后顾之忧。除身体健康外，还要重视他们的心理健康。企业可以为员工提供心理咨询，举办丰富多彩的员工活动等，缓解员工的精神压力。出海员工的身心健康是工作效率的基础与保障，值得企业关注与投入。

3）情感需求

人是社会的人，远离亲朋好友在海外工作，会有更多情感需求，也会更需要归属感。因此，企业可以适当安排归国探亲假，让员工能定期与亲朋好友团聚。或者帮助出海人才连接一些海外的华人行业组织，相互支持帮助。在员工生日、重要节日期间要尽量让员工感受到公司的关怀。有些企业会通过数字化系统更好地连接员工，让员工即使在海外也能感受到企业员工团队之间的紧密连接与温馨氛围。

4）协同需求

在海外工作的员工，通常会遇到与团队、客户跨文化融合的问题。因此，出海企业需要帮助出海人才充分了解目标市场的文化和习俗，为员工提供文化培训。让出海人才了解在不同国家职场中的各种跨文化主题，帮助他们更好地适应当地环境，融入当地社会，避免文化冲突和误解。同时，企业在海外运营的模式、流程、制度等也要尊重当地的宗教信仰、风俗习惯和法律法规，为员工创造一个和谐、包容的工作环境。

5）发展需求

对出海人才来说，当前述需求得到满足后，最重要的需求还是个人的长远发展。因此，要为出海人才提供清晰的职业发展路径，帮助他们实现职业目标。在企业的职业通道设计中可以通过优先提拔出海人才、打通回国后职业通道等举措来激励海外员工，让他们在国外能安心工作，不担忧自己未来的发展之路。

如果企业能考虑到出海人才的以上这些需求，以员工体验为中心，就能为出海人才提供良好的工作环境和发展机会。

当然，以员工体验为中心并不是喊喊口号即可，HR 需要与海外员工建立良好的沟通渠道，保持与海外员工的紧密联系，定期了解出海员工的工作和生活情况，及时解决他们遇到的问题和困难。定期与出海员工进行关于职业发展规划的讨论，了解他们的需求和期望，并为他们提供相应的支持和帮助。通过出海员工调查和反馈持续了解员工的意见和建议，不断改进和优化，才能真正打造出极致的出海员工体验。

2. 如何选得出、派得了、留得住、回得来

在提升外派员工体验的同时，为了形成健康的人才流动机制，企业需要全方位的外派人才整体规划，可以归纳为“选得出、派得了、留得住、回得来”的方针。

“选得出”指企业能够挑选出合适的员工进行外派，一般包含如下举措：

- 制定明确的选拔标准：根据外派岗位的具体需求，制定详细的选拔标准，包括专业技能、管理经验、语言能力和跨文化适应能力 。
- 综合评估：借助多维度的评估方法，如面试、性格测试和绩效评估，全面了解候选人的能力和潜力。
- 建立人才库：提前培养和储备具有外派潜力的人才，建立外派人才库，以备不时之需。

“派得了”指的是企业能够有效地将选定的员工派遣到海外工作，一般包含如下举措：

- 提供全面支持：在派遣前做足准备，包括跨文化培训、语言培训和家庭支持，帮助员工及其家属适应新的环境 。
- 制订清晰的外派计划：明确外派的目标、职责和时间安排，确保员工了解其任务和预期成果。
- 办理必要手续：协助员工办理签证、工作许可和其他必要的法律手续，确保外派过程顺利。

“留得住”指的是企业能够让外派员工在海外稳定工作并愿意长期留任，一般包含如下举措：

- 提供有竞争力的待遇：提供与市场竞争力相匹配的薪酬福利，包括住房补贴、教育津贴和健康保险等。
- 关注员工福利和心理健康：定期关注外派员工的生活和工作情况，提供心理辅导和支持，帮助员工克服文化适应和家庭问题。
- 职业发展规划：为外派员工制定清晰的职业发展路径，确保其在海外工作期间能够不断提升自身技能和价值。

“回得来”指的是外派任务完成后，员工能够顺利回归公司总部或其他岗位，并继续为公司创造价值，一般包含如下举措：

- 提前规划回归计划：在外派开始前就制订好回归计划，包括回归后的岗位安排和职业发展路径。
- 提供再适应支持：帮助员工及其家庭顺利适应回国后的生活和工作环境，提供必要的支持和资源。
- 充分利用外派经验：充分利用员工的外派经验，将其所学和积累的国际化视野和经验应用到公司的全球战略和业务发展中。

借助以上这些措施，企业可以更好地管理和支持外派人才，确保其在海外工作顺利，并在任务结束后能够顺利回归公司继续贡献价值。这不仅有助于提升企业的国际竞争力，也能有力支持企业的全球化发展战略。

3. 合理设计海外薪酬福利方案的维度

中国企业在出海时，设计合理的薪酬福利方案是“派得了”和“留得住”优秀员工的重要因素，因此HR应该在如下这些维度帮助企业在海外市场设计有竞争力且合理的薪酬福利方案：

1）市场调研：通过薪酬调查和市场研究，了解目标国家和地区的薪酬水平和结构。对比行业平均薪酬，确保企业提供的薪酬具有竞争力。研究当地常见的福利项目和员工期望，如医疗保险、退休计划、带薪休假等。

2）法律合规：确保薪酬福利方案符合当地劳动法规和法律要求，避免法律风险。

3）本地化策略：根据当地文化和员工需求，定制化设计薪酬福利方案。例如，在一些国家，员工更看重长期福利，如退休金计划，而在另一些国家，短期激励和奖金更受欢迎。HR应关注员工的生活成本和物价水平，调整薪酬水平以适应当地实际情况。

4）基本薪酬与绩效激励：设定合理的基本薪酬结构，确保员工的基本生活保障。引入绩效激励机制，根据员工的业绩和贡献给予奖励，激励员工提高工作效率和业绩。

5）福利多样化：提供多种福利项目，包括医疗保险、退休计划、带薪休假、健康体检、培训和发展机会等。根据不同员工的需求，设计灵活的福利选择，如灵活工作时间、远程办公选项等。

6）文化适应和员工关怀：关注员工的文化适应和心理健康，提供相关的支持和资源。组织员工活动和团队建设，促进员工之间的交流和协作，提高员工的归属感和满意度。

7）长期激励计划：为关键岗位和高绩效员工设计长期激励计划，如股票期权、长期奖金等，提高员工的长期忠诚度和稳定性。

8）透明沟通：与员工进行透明和开放的沟通，解释薪酬福利方案的设计逻辑和原则，听取员工的反馈和建议，及时调整和优化。

通过以上策略，中国企业可以设计出合理且有竞争力的薪酬福利方案，满足员工需求，提高企业在海外市场的吸引力和竞争力。

4. 海外津贴补助设计示例

接下来，我将结合市场上不同企业的海外津贴补助政策来与大家分享一些常用的海外津贴补助设计原则和示例。

海外津贴补助的设计，一般来说需要确保公平、有竞争力并与外派目的地国家的生活成本相符，同时也与外派时间长短有关。一般来说，如果连续出差不超过三个月属于短期出差，超过三个月属于长期出差。短期出差的津贴补助政策会比长期出差简单。

我们先来看长期出差，对于长期出差来说，考虑的因素会比较多，可以设计如下这些不同类别的津贴补助：

1）安家和离家补贴

如果相对长期地在海外工作，员工可能会需要搬家，企业可以通过安家补贴来补贴员工异地安家及回国所需的一次性费用，有的企业会直接委托供应商提供搬家服务。在海外工作意味着远离亲朋好友，诸事不便，应该给予一定的补贴以激励员工。可以以员工工资为基础乘以一个补贴比例，例如60%，同时也可以设定一个最低基线，例如10000元/月。那么，20000元月薪的员工的离家补贴就是20000×0.6=12000元/月，10000元月薪的员工由于工资水平的60%低于10000元，就按照最低基线10000元/月支付。

2）艰苦补贴

不同国家的政治经济状况不同，越是艰苦的国家越难吸引人才过去工作，因此可以依据不同国家的艰苦程度来制定不同的津贴方案。可以按

照国家 / 地区的艰苦级别给予相应的补贴，以下是参考一些企业按国家 / 地区分类的补贴示例（按照国 / 地名拼音首字母排序）：

五级：补贴金额 100 美元 / 天

阿富汗、安哥拉、贝宁、玻利维亚、布基纳法索、布隆迪、赤道几内亚、多哥、厄立特里亚、冈比亚、刚果（布）、刚果（金）、海地、洪都拉斯、加纳、加蓬、吉布提、几内亚、几内亚比绍、喀麦隆、科摩罗、科特迪瓦、利比里亚、利比亚、马拉维、马里、毛里塔尼亚、孟加拉、南苏丹、尼泊尔、尼加拉瓜、尼日尔、尼日利亚、塞拉里昂、圣多美和普林西比、苏丹、所罗门群岛、索马里、塔吉克斯坦、坦桑尼亚、也门、伊拉克、赞比亚、乍得、中非。

四级：补贴金额 80 美元 / 天

阿尔及利亚、埃塞俄比亚、巴基斯坦、不丹、圭亚那、卢旺达、马达加斯加、蒙古、缅甸、莫桑比克、南太平洋岛国（含巴布亚新几内亚、汤加、瓦努阿图等 20 多个岛国）、塞内加尔、苏里南、土库曼斯坦、委内瑞拉、乌干达、叙利亚、牙买加。

三级：补贴金额 40 美元 / 天

埃及、白俄罗斯、朝鲜、肯尼亚、老挝、沙特阿拉伯、伊朗、印度。

二级：补贴金额 20 美元 / 天

柬埔寨、罗马尼亚、斯里兰卡、印度尼西亚。

一级：补贴金额 10 美元 / 天

阿根廷、巴西、波兰、俄罗斯、菲律宾、卡塔尔、科威特、马来西亚、摩洛哥、墨西哥、泰国、新加坡、约旦、越南。

零级：无补贴金额

爱尔兰、奥地利、澳大利亚、比利时、丹麦、德国、法国、芬兰、荷兰、韩国、加拿大、卢森堡、美国、挪威、葡萄牙、日本、瑞典、瑞士、乌拉圭、西班牙、新西兰、意大利、英国、智利。

3）住房补贴

员工在海外工作，如果企业不提供员工宿舍，则一般需要发放在当地的住房补贴，可以按照不同国家的实际情况设定上限后实报实销。

4）伙食补贴

如企业在当地没有食堂，那么要发放伙食补贴。不同国家的消费水平不一，可以分不同国家 / 地区设定不同的报销上限，上限需要按照各地情况定期进行调整。有些企业为了避免员工过度消费，在设定上限的同时，还会设计补贴一半的原则，也就是如果一顿饭 40 美元，公司出 20 美元，员工出 20 美元。只要离家补贴给到位，这样的政策也是合理的。

5）探亲补贴

员工需要定期和亲朋好友团聚，因此可以安排每年固定次数的家属探望，或者员工返家的探亲补贴，实报实销。

6）伤病补贴

在一些海外国家，可能容易患上伤寒、疟疾等疾病，有些企业对于在国外遭遇伤病的员工会有一次性津贴发放。例如每一种病种补贴 10000 元等。

7）战争补贴

如外派员工所在国家发生了战事，对于员工来说会有极大的风险，因此也可以额外在战事期间为员工发放战争补贴。

以上，就是长期出差的津贴设计可以考虑的不同维度。

如果是短期出差，除了适当参考长期出差发放离家补贴或艰苦补贴外，其他按照上限实报实销即可。当然不同的企业情况不同，每家企业都需要依据自身的情况，与行业对标设计符合自身业务要求的海外津贴补助方案，同时也要定期回顾津贴补助结构以适应各国经济条件和生活成本的变化。

6.1.4　企业出海如何进行跨文化管理

1. 世界各国常见的文化差异维度

跨文化管理是出海企业面临的一项重要挑战，出海企业的管理者如果没有跨文化管理的意识与技能，就很难管理文化背景各不相同的全球员工。在跨文化管理中，理解世界各国的文化差异是非常重要的，以下是一些主要的跨文化差异的维度，可以从这些维度更全面地理解不同文化的特点。

1）权力距离

权力距离指的是一个文化对权力不平等的接受程度。高权力距离文化（如印度和墨西哥）通常接受权力的不平等，权威人物的决定较少被质疑。低权力距离文化（如瑞典、挪威和澳大利亚）强调平等，权威人物的决定可能会受到质疑。

2）个人主义文化与集体主义文化

个人主义文化（如美国、英国和加拿大）强调个人的成就和权利，鼓励自我表达和独立。集体主义文化（如日本、韩国和巴西）强调群体的和谐和合作，个体行为受群体规范的影响较大。

3）阳刚文化与阴柔文化

这一维度指的是一个文化中社会性别角色的分工。阳刚文化（如日本、德国和意大利）重视竞争、成就和物质成功。阴柔文化（如瑞典、荷兰和挪威）重视关怀、生活质量和性别平等。

4）不确定性规避

不确定性规避指的是一个文化对不确定性和模糊性的容忍程度。高不确定性规避文化（如希腊、葡萄牙和日本）倾向于制定严格的规则和程序来消除不确定性。低不确定性规避文化（如新加坡、丹麦）更容易接受变化和冒险。

5）长期导向文化与短期导向文化

长期导向文化（如日本和韩国）注重未来的回报，强调坚持、耐心和储蓄。短期导向文化（如美国、加拿大和澳大利亚）注重当下的满足，重视传统、社会责任和即时回报。

6）感情表达

这一维度指的是一个文化对感情和享乐的态度。高感情表达文化（如墨西哥、委内瑞拉和瑞典）鼓励自由表达和享受生活。低感情表达文化（如俄罗斯和埃及）倾向于克制感情，强调自我约束和社会规范。

7）文化认同与开放性文化

文化认同指的是一个文化中个体对其文化背景的认同感。强烈文化认同的文化（如印度、以色列和沙特阿拉伯）通常对外来影响保持警惕，保护传统文化。开放性文化（如美国、加拿大和新西兰）更容易接受外来文化，具有较高的适应性。

8）时间取向文化

单一时间取向文化（如德国、瑞士和美国）强调时间的线性和任务的顺序，注重准时和计划。多重时间取向文化（如墨西哥、印度和沙特阿拉伯）重视人际关系和灵活性，时间安排较有弹性，任务可以同时进行。

9）直接沟通风格文化与间接沟通风格文化

直接沟通风格文化（如德国、美国和澳大利亚）倾向于直截了当地表达，强调清晰和效率。间接沟通风格文化（如日本、韩国和印度）倾向于委婉表达，以维护和谐和避免冲突。

10）高语境文化与低语境文化

高语境文化（如日本和沙特阿拉伯）依赖背景信息和隐含的沟通，重视人际关系和默契。低语境文化（如德国、瑞士和美国）依赖明确的语言表达，强调信息的清晰和具体。

理解这些文化维度可以帮助企业在国际业务中更有效地进行跨文化

管理。通过尊重和适应不同文化背景，企业可以增强跨文化团队的合作，提高全球市场的竞争力。各国文化的多样性不仅是挑战，也是企业创新和成长的重要资源。

2. 出海企业跨文化管理的关键策略

成功的跨文化管理可以帮助企业在全球范围内更有效地运营，提升员工满意度和生产力。HR 具体可以采取如下这些关键策略来进行跨文化管理。

1）培养跨文化意识和技能

HR 应为员工提供跨文化培训，帮助他们了解和尊重不同文化背景。培训内容可以包括文化差异、沟通风格、行为习惯等。这种培训不仅应面向派驻海外的员工，也应包括本地员工，确保双方都能理解和适应彼此的文化。

组织内部可以设立跨文化工作坊和讨论会，分享文化知识和经验，增进员工之间的理解和交流。通过案例分析和角色扮演等方式，让员工亲身体验文化差异对工作和生活的影响。

2）建立多样化和包容的工作环境

HR 在招聘时应注重多样化，确保团队成员具有不同文化背景。这不仅有助于丰富团队的观点和思维方式，还能提高企业在国际市场上的竞争力。制定并实施包容性政策，确保所有员工无论其文化背景、性别、宗教信仰等，都能在企业中得到公平对待和发展机会。

3）促进有效沟通

提供语言培训，帮助员工掌握工作中常用的语言，尤其是企业主要运营地的语言。这不仅能提高工作效率，还能减少因语言障碍导致的误解和冲突。建立多元化的沟通渠道，确保信息能够顺畅传递。例如，可以通过企业内部的社交平台、邮件、视频会议等多种方式进行沟通，满足不同文化背景员工的沟通需求。

4）文化融合活动

组织各类文化交流活动，如节日庆祝、跨文化团队建设活动等，增进员工之间的了解。这不仅有助于团队凝聚力的提升，还能促进不同文化背景员工的相互理解和尊重。鼓励跨文化团队合作，让不同文化背景的员工在项目中合作和学习，能够有效促进文化融合，提高团队的创新能力和问题解决能力。

5）灵活的管理方式

根据不同文化背景的员工特点，制定灵活的管理策略。例如，在一些文化中，员工可能更倾向于集体决策和协作，而在另一些文化中，个人决策和独立工作可能更为普遍。HR应根据具体情况，调整管理和激励方式，以满足不同文化背景的员工需求。

在海外市场运营时，HR应了解并尊重当地的法律法规和文化习俗。例如，在某些国家，员工可能有特定的宗教假期或受法律保护的福利，HR需要确保企业的政策符合当地要求。

跨文化管理对于出海企业来说至关重要。HR通过培养跨文化意识、建立多样化和包容性的工作环境、促进有效沟通、组织文化融合活动以及采取灵活的管理方式，可以帮助企业在全球市场中获得成功。跨文化管理不仅能提升员工满意度和生产力，还能增强企业的全球竞争力和品牌形象。

通过不断学习和适应不同文化，HR能够在全球范围内为企业创建一个包容、多样和高效的工作环境，从而推动企业的持续发展和成功。企业在出海时需要充分考虑和尊重不同国家的实际情况，保持谦逊与敬畏之心。毕竟是客场作战，如果过于激进不考虑当地实际情况，很有可能会碰壁。

6.1.5　企业出海到底是集权管理还是分权管理

来自不同国家的员工要实现团队合作，只在文化上相互融合还不够，必须要有明确的组织架构和制度才能确保组织内部的规范协同。每家企业的情况不同，策略也有不同，有的企业会更偏向于集权，有的企业会更偏向于分权。

集权管理和分权管理各有优势。集权管理的优势包括：

- 统一标准：能确保全球范围内政策、流程和标准的一致性。
- 风险控制：集中管理可以更好地监控和控制风险。
- 资源分配：总部可以更有效地分配全球资源。

分权管理的优势包括：

- 灵活性：分支机构能够快速响应当地市场的需求。
- 地方知识：可充分利用当地员工的知识和经验。
- 员工参与：可提高员工的参与感和归属感。

因此，一般来说战略规划和重大决策通常需要由总部掌控。这是因为总部能够从全局的角度出发，综合考虑各种因素，制定出有利于整个组织长远发展的战略方向。财务和预算管理也是总部集权的重要领域。总部能够更好地进行资源的统筹和分配，确保资金的合理使用和风险的有效控制。

但在日常业务运营和本地市场决策方面，应该赋予分支机构更多的自主权。如本地的市场营销策略和客户服务，因为分支机构更了解当地的市场特点和客户需求，可以做出更贴合实际的决策。人力资源管理在一定程度上也可以分权给分支机构，如招聘和培训当地员工，分支机构能够根据本地的劳动法规和文化特点，制定更有效的人才管理策略。

跨国组织需要在总部集权和分支机构分权之间找到平衡，既要保证总部的战略引领和整体控制，又要充分发挥分支机构的灵活性和适应性，实现高效的沟通与协作，推动组织的持续发展。

要提醒的是，在制定出海企业的组织架构时应具备一定的灵活性，以适应市场变化，同时保持必要的稳定性以维护企业运营的连续性。组织架构不是一成不变的，需要根据市场变化和企业战略的调整进行持续的评估和优化。

但如何才能知道当前的组织架构是否需要调整了呢？这时就可以用到我们之前提到的数据分析了，人力资源部门如能定期收集全球工作绩效结果、各种工作时间花费、员工敬业度 / 满意度等反馈，就能更好地进行组织诊断，了解部门间的协同效率。

6.1.6 企业出海如何确保用工合规

对于初次从中国出海的企业来说，往往是业务在前面冲，HR 在后面追，没有足够的时间来充分学习当地政策，导致企业在用工合规方面面临风险。因此，建议 HR 日常就要对不同国家的用工法规进行框架性的了解，有备无患。

不少企业在出海的过程中，也会聘请熟悉当地法规和文化的本地 HR 员工，这对满足各国用工合规的需求发挥了重要作用。有些企业是通过并购的方式出海，被并购的公司在当地本来就有 HR，在用工合规上面临的风险就会小很多。但大多数企业在出海初期一般不会有资源在当地招募专职 HR，它们一般通过与熟悉目的地国家的供应商进行合作，以降低风险并提升效率。

企业除了在当地建立分支机构，直接由分支机构雇佣并全权管理员工外，还可以采用多种新型的雇佣方式。主要有如下三种常见的灵活的海外雇佣方式：名义雇主、专业雇主组织和独立承包商。这三种雇佣方式各有特色，适用于不同的情况和需求。

1. 名义雇主（Employer of Record，EOR）

EOR 模式无须企业在海外设立实体公司，而是由第三方机构为企业提供雇佣服务。EOR 机构与雇员签订合同，而企业则向 EOR 机构支付费用。通常 EOR 机构为企业提供的雇佣服务可以包括招聘、薪酬、福利和税务管理等。在政府眼中，EOR 机构才是法律认可的员工的真正雇主，因此 EOR 机构需要确保雇佣符合当地的法律法规，并承担法律和监管义务。这样，企业在用工方面就能够节省不少时间和资源，可专注核心业务，同时还能降低合规风险，提高雇佣的效率和灵活性，为企业在全球市场上取得成功提供了重要的战略支持。

2. 专业雇主组织（Professional Employer Organization，PEO）

PEO 主要适用于美国市场，和 EOR 相比，PEO 服务首先要求企业在当地设立实体公司雇佣员工。PEO 的角色是企业和员工之间的介导，把人力资源管理“服务化”，向企业提供员工薪资、福利、税务和劳动合规等 HR 服务。在这种服务模式下，对于一些涉及特定行业或国家的业务，可能需要企业自行负责确保合规性。因此企业所承担的法律合规责任会比采用 EOR 时大一些。PEO 和 EOR 的相同点是都可以降低雇佣管理的风险以及由风险带来的隐性管理成本。

3. 独立承包商（Independent Contractor，IC）

IC 是一种通过直接雇佣独立承包商来完成特定任务或项目的雇佣方式，相当于国内的纯外包服务。企业可以通过签订合同的方式与 IC 建立合作关系，独立承包商完成指定的项目或者任务后，企业向 IC 支付费用。与直接雇佣员工、EOR、PEO 等模式相比，企业在用工合规方面的风险是最小的，因为外包和劳动力雇佣没有关系，企业和 IC 之间是项目或任务合作关系。当然，使用 IC 也要面临一些挑战和风险。由于 IC 并非企业的员工，企业无法完全控制其工作时间、地点和方式，需要以合同的要求来保证项目的质量和效率，在完成相同任务的前提下，成本可能也会高一些。同时，独立承包商可能会同时为多个企业工作，可能会导致企业之间的利益冲突。

EOR、PEO 和 IC 都是常见的海外雇佣方式，各具特点和适用情况。企业可以根据自身的需求和实际情况选择适合的雇佣方式来拓展海外业务，并借助第三方机构的专业服务和支持，提高雇佣效率和灵活性。

HR 在和第三方机构进行合作时也要注意持续学习，了解更多实际操作流程和规则，这样 HR 对海外各国用工政策的熟悉程度越来越高，可提升在未来独立管理的可能性，进一步降低用工合规风险。

6.1.7 企业出海如何确保个人信息处理合规

1. 了解不同国家个人信息保护法规的不同

在数字化时代扩展全球业务时，利用数字化系统管理候选人和员工数据往往涉及员工个人信息保护问题。数据保护和个人信息的跨境传输是出海企业必须重视的关键所在。不同国家和地区对个人信息和数据保护有着不同的法律要求，企业在规划人力资源数字化系统时，需充分考虑这些差异。

首先企业应了解并遵守目标市场的主要数据保护法规。例如，中国、欧盟和美国有如下不同的法规：

- 中国：对个人数据的处理和跨境传输有严格规定，需要获得单独同意，特别是处理敏感信息时。
- 欧盟：要求公司必须保护个人数据的隐私，数据传输需获得明确同意，跨境数据传输需符合标准合同条款或适当的保护措施。
- 美国：虽无统一的联邦数据隐私法，但各州有不同规定，像加利福尼亚州就要求企业收集、使用和共享消费者数据必须透明并提供退出机制。

我们再以中国的《中华人民共和国个人信息保护法》和欧盟的《通用数据保护条例》为例，看看不同法规关于个人数据保护的要求有什么异同点。

相似点：

- 数据主体权利：均赋予个人获得、纠正和删除其个人数据的权利。
- 数据保护原则：都要求数据处理活动遵循合法性、公平性和透明性等基本原则。

- 法律依据：都规定了处理个人数据的合法依据，包括获得同意、履行合同、法律义务、保护重要利益和公共利益。

不同点：

- 合法利益：欧盟允许基于“合法利益”处理数据，中国则无此条款，更侧重于明确同意，尤其在处理个人敏感信息或跨境数据传输时。
- 数据跨境传输：中国对此有更严格规定，要求进行政府安全评估并获批准；欧盟则通过标准合同条款和适当保护措施管理。
- 个人敏感信息：中国有更详细的定义和保护要求，包括生物识别信息、宗教信仰、健康信息等；欧盟将其归类为“特殊类别数据”。
- 处罚力度：中国处罚力度较大，非合规行为处以公司全球营业额的 5% 或 5000 万元人民币（以较高者为准）的罚款。
- 数据处理影响评估：两者均要求进行数据保护影响评估，但中国对高风险处理活动的规定更具体。

总体而言，欧盟和中国都致力于加强个人信息保护，不过中国在跨境数据传输和敏感信息处理等方面更为严格。对于全球运营的企业，理解并遵守这两部法律的细微差异对保障在各自司法管辖区的经营合规性至关重要。

2. 确保员工数据合规的主要原则与措施

了解了各国法规后，企业一般有如下这些确保员工数据处理合规的主要原则与措施：

- 建立全球数据合规团队：成立专门的全球数据合规团队，涵盖法律顾问、IT 专家和数据保护官等，负责监控各国法规变动，确保企业在各国的经营活动符合当地法律要求。

- 数据最小化原则：遵循数据最小化原则，仅收集、处理和存储业务运营必需的最少量个人数据，这既能降低合规风险，又可减少数据泄露的可能性。
- 数据传输和存储加密：数据传输与存储过程中，务必使用强加密技术保障个人数据安全，确保所有跨境数据的传输通过加密管道进行。
- 明确的数据处理政策：制定并施行明确的数据处理政策，涵盖数据的收集、处理、存储和删除。保证所有员工了解并遵循这些政策，定期开展培训和审核。
- 获得必要的同意：收集和处理个人数据前，要获得明确、知情和具体的同意。针对跨境数据传输，必须获取相关国家法规要求的单独同意。
- 审计和风险评估：定期进行数据保护审计和风险评估，识别并处理潜在的合规风险，评估新项目或系统中的隐私风险。
- 数据主体权利管理：确保系统能有效管理和响应数据主体的权利请求，如访问、更正和删除。构建透明流程，及时回应数据主体的请求。
- 合作与外包管理：选择外包合作伙伴时，保证其遵守相关数据保护法规。签订详细的数据处理协议，明确双方责任和义务。
- 属地管理原则：建议企业还是尽量避免候选人/员工个人信息不必要的跨境传输，按照属地原则进行数据服务器的选择和设置，例如将存储中国员工的个人信息的服务器设置在中国，存储欧洲员工个人信息的服务器设置在欧盟，存储东南亚员工个人信息数据的服务器设置在新加坡等。只把个人信息中必要的、允许出境的信息传递给主系统用于全球管理。

基于以上原则，企业就可以定期对现有的人力资源系统展开全面评估，找出需要改进的合规环节。依照评估结果升级系统，确保符合各国数据保护要求。同时也要对所有相关员工进行数据保护法规和企业政策培训，确保相关人员了解并遵守合规要求。最后还要建立持续监控机制，定期审查和更新数据保护措施，确保持续合规。有了这些举措，企业就能更有效地应对全球各国数据保护和跨境数据传输的要求，保证人力资源数字化系统的合规性与安全性。

6.1.8　中国数据跨境相关规定精要

国家互联网信息办公室于 2024 年 3 月 22 日正式发布了《促进和规范数据跨境流动规定》，如果全球性企业因为使用数据服务器在国外的人力资源数字化系统而确实存在中国员工数据出境的问题，就需要遵循这一规定。

为了方便大家理解这一规定的核心内容，我制作了图 6-1 来帮助大家理解。

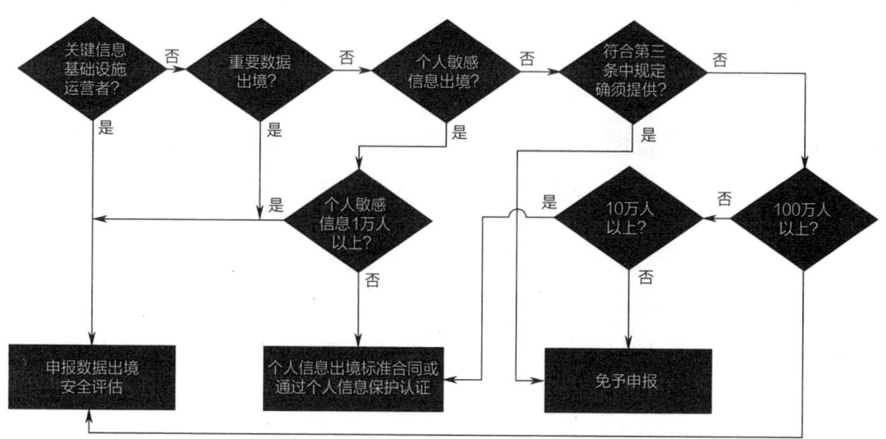

注：属于《促进和规范数据跨境流动规定》第三条（国际贸易、跨境运输、学术合作、跨国生产制造和市场营销等活动中收集和产生的数据向境外提供）、第四条（境外数据传输境外）、第六条（自贸区）情形的，从其规定。

图 6-1 《促进和规范数据跨境流动规定》图解

从图 6–1 我们可以更清楚地理解针对数据出境的场景，如何在未来依据不同情形来采取不同的应对措施。接下来为大家解读一下这个政策的一些关键要点：

1）整体来看，申报数据出境安全评估的阈值是 1 万人的个人敏感信息或 100 万人以上的个人信息。个人敏感信息是一旦泄露或遭非法使用，容易导致自然人的人格尊严受到侵害或者人身、财产安全受到危害的个人信息，包括生物识别、宗教信仰、特定身份、医疗健康、金融账户、行踪轨迹等信息，以及不满十四周岁未成年人的个人信息。

2）需要订立个人信息出境标准合同或通过个人信息保护认证的下限为 10 万人的个人信息。

3）订立个人信息出境标准合同的阈值为 10 万人至 100 万人的个人信息（不含个人敏感信息），同时还增加了通过个人信息保护认证的选项，企业可以有更多的应对选项。

4）通过数据出境安全评估的结果有效期为 3 年。

5）在个人信息数量的定义上，时间范围定义自当年 1 月 1 日起，明确了数据出境量的计算是在当年范围内，不用跨年计算个人信息出境量。

6）自由贸易试验区可以自行制定区内需要纳入数据出境安全评估、个人信息出境标准合同、个人信息保护认证管理范围的数据清单（负面清单），经省级网络安全和信息化委员会批准后，报国家网信部门、国家数据管理部门备案。这使得自由贸易试验区有一定的自主权，可能对自贸区的企业更加有利。

结合流程图，对照以上这些关键要点，如果发现企业的个人数据出境数量达到了申报数据出境安全评估、订立个人信息出境标准合同或通过个人信息保护认证的要求，就必须采取相应的行动确保合规。

6.2　海外国家用工法规学习精要

无论是在哪个国家，人力资源管理的基本思路都是一致的。对海外用工合规的框架可以从招聘、劳动合同 / 协议、工作签证、工作时间、休假、薪酬、社会保险、个人所得税、终止雇佣与补偿金等角度来进行学习和了解。在本书中我选取了比较有代表性的四个国家，与大家分享这些国家的用工法规学习精要，以便让大家对国外用工法规有一个初步的感知。本书中分享的各国政策以 2024 年为例，随着时间的推移，各国政策可能也会有相应的变化，在企业中实际运用时请确保参考最新政策。

6.2.1　美国用工法规学习精要

1. 招聘

在美国，企业进行招聘时需要遵守一系列法律规定，以确保公平和合法的招聘过程。这些规定主要涉及以下几个方面：

1）反歧视法律：根据《民权法案》（*Civil Rights Act*）及其他联邦法律，雇主在招聘过程中不能基于种族、肤色、宗教、性别、国籍、年龄（40 岁及以上）、残疾或遗传信息进行歧视。《美国残疾人法案》（*ADA*）要求雇主为残疾求职者提供合理的便利。

2）招聘广告：招聘广告和公告不能包含任何歧视性语言。广告应侧重职位的要求和资格，而不是候选人的个人特征。

3）求职申请和面试：在求职申请和面试过程中，雇主应避免询问与工作无关的个人信息，如婚姻状况、有无子女、宗教信仰或年龄等。应当专注于求职者的职业资格和经验。

4）残疾相关的问题：根据《美国残疾人法案》，雇主在招聘过程中不能询问求职者是否有残疾或要求进行医疗检查，除非与工作直接相关且对所有入职员工都这样要求。

5）移民和国籍问题：根据《移民改革和控制法案》（*IRCA*），雇主必须验证所有新雇员的身份和工作资格，但不能仅基于国籍或移民身份歧视求职者。

6）年龄问题：根据《年龄歧视就业法》（*ADEA*），雇主不能因年龄而歧视40岁及以上的求职者。

7）性别和性取向：一些州和地方法律明确禁止基于性别认同或性取向的职业歧视。

8）背景调查：如果雇主进行背景调查，必须遵守《公平信用报告法》（*FCRA*）的规定，并且应在进行调查前获取求职者的书面同意。

2. 劳动合同

在美国，劳动合同可以是口头或书面的，是否签订劳动合同取决于具体的工作和雇主。美国的劳动雇佣通常分两种主要类型：雇佣自愿（At-will employment）和合同雇佣（Contractual employment）。

以下是这两种情况的概述：

1）雇佣自愿：雇佣自愿是美国劳动法的一个基本原则，它指的是一种无固定期限的雇佣关系。在这种关系下，雇主和员工都可以在任何时间，出于任何原因（只要这些原因不违反法律），无须提前通知就终止雇佣关系。这种雇佣关系在美国的大多数州都是默认的。

2）合同雇佣：在某些情况下，尤其是对于高级职位、特定专业人员或特殊工作类型，企业和员工可能会签订明确的书面劳动合同。这些合同通常会规定雇佣条件、工作职责、工作地点、工资、休假、福利、终止条件等详细内容。作为最佳实践，不少企业还是会通过书面合同明确必要条款，以保护企业和员工双方的利益。企业通常也会要求员工签署某些书面协议或文档，如保密协议、非竞争协议或遵守公司政策的确认书。此外，员工手册或公司政策通常被认为是雇佣关系的一部分，虽然它们不等同于传统意义上的劳动合同。

3. 工作签证

美国有多种类型的工作签证，适用于不同种类的工作和职业。以下是一些主要的工作签证：

1）H–1B签证

面向在特殊职业领域（如IT、工程、医学和数学等）的专业人士。雇主必须证明没有合格的美国工人能够填补这个职位，并且工资符合市场标准。

2）L–1签证

适用于国际公司内部调动的管理人员、高级职员或具有特殊知识的员工。员工必须在过去三年中至少有一年在外国母公司工作。

3）O–1签证

面向在科学、艺术、教育、商业或体育领域具有杰出能力的人士。需要有充分证据显示申请者在其领域内具有杰出贡献。

4）E–1和E–2签证

E–1签证是贸易签证，适用于在美国和申请者国家间从事大量贸易活动的人士。E–2签证是投资者签证，适用于对美国企业进行实质性投资的人士。

4. 薪酬

在美国，雇佣员工的薪酬规定和最佳实践涉及多个方面，包括遵守最低工资标准等各种法律要求、确保薪酬的公平性和透明度，同时提供具有竞争力的薪酬和福利，以吸引和保留优秀员工。以下是一些关键点：

1）最低工资：根据《公平劳动标准法》（*Fair Labor Standards Act*，*FLSA*），雇主必须支付至少等于联邦最低工资的薪酬，截至2023年，联邦最低工资为每小时7.25美元。许多州和地方政府设有自己的最低工资标准，通常高于联邦最低工资。雇主必须遵守适用于其所在地区的最高/

最低工资标准。

2）薪酬公平性：根据《平等薪酬法》（*Equal Pay Act*），雇主必须向男女员工支付同等工作的同等薪酬。避免基于种族、性别、年龄、宗教、国籍、残疾或其他受保护特征的薪酬歧视。

3）薪酬透明度：越来越多的州正在推动薪酬透明度建设，要求雇主在招聘过程中公布薪酬范围。

4）薪酬审查：企业应进行定期的薪酬审查，确保薪酬标准符合市场水平，有助于吸引和保留人才。

5）奖金和绩效激励：根据职位和行业标准，考虑提供奖金、佣金或其他形式的绩效激励。

6）福利：除基本工资外，企业应提供全面的福利套餐（如健康保险、退休计划、带薪休假等），以提高员工的整体满意度和忠诚度。

7）发薪周期：在美国，企业的发薪周期主要由各州法律规定，常见的薪酬支付周期有每周支付、双周支付、半月支付、每月支付。其中双周支付和每周支付最为常见。

5. 工作时间

美国企业员工的工作时长和加班政策主要由《公平劳动标准法》进行规定。以下是一些主要的规定：

1）工作时长：《公平劳动标准法》没有规定工作日的具体工作时长或每周工作天数。通常情况下，全职工作被定义为每周 40 小时，但这不是法律规定。

2）加班政策：根据《公平劳动标准法》，超过每周 40 小时的工作时间需要支付加班工资。加班工资至少为平时工资的 1.5 倍。免除加班支付的员工通常包括管理职位、专业职位和一些高薪白领职位。这些员工的工资、职责和工作性质必须符合特定的标准。免除与非免除员工：非免除员工（non-exempt employees）通常按小时支付工资，符合加班支付要求。免除员工（exempt employees）通常是指那些担任管理、专业或行政职务的员工，他们领取固定薪金，不符合加班支付要求。

3）州法律：一些州可能有自己的劳动法，对加班支付或工作时长有更严格的要求。例如，加利福尼亚州就有自己独特的加班规定。

4）休息和用餐时间：《公平劳动标准法》没有要求雇主提供休息时间或用餐时间。但是，如果雇主提供短暂的休息时间（通常为20分钟或更短），这段时间通常被计算为工作时间。许多州有自己关于休息和用餐时间的规定。

6. 个人所得税

美国的个人所得税政策是基于递进税率制度的，这意味着税率会随着个人收入的增加而增加。个人所得税包括联邦所得税和州所得税，其中联邦所得税的税率在全国是统一的，而州所得税的税率则因州而异。

1）联邦所得税

联邦所得税的税率分为不同的税级，以下是2024最新的税级表（图6-2），其中不同列的税级分别适用于单身纳税人、家庭户主、已婚人士共同报税等不同身份。

税率	单身纳税人	家庭户主	已婚人士共同报税或符合条件的寡妇（鳏夫）	已婚人士单独报税
10%	$0 至 $11,600	$0 至 $16,550	$0 至 $23,220	$0 至 $11,600
12%	$11,601 至 $47,150	$16,551 至 $63,100	$23,221 至 $94,300	$11,601 至 $47,150
22%	$47,151 至 $100,525	$63,101 至 $100,500	$94,301 至 $201,050	$47,151 至 $100,525
24%	$100,526 至 $191,950	$100,501 至 $191,950	$201,051 至 $383,900	$100,525 至 $191,950
32%	$191,951 至 $243,725	$191,951 至 $243,700	$383,901 至 $487,450	$191,951 至 $243,725
35%	$243,726 至 $609,350	$243,701 至 $609,350	$487,451 至 $731,200	$243,726 至 $365,600
37%	$609,351 或以上	$609,351 或以上	$731,201 或以上	$365,601 或以上

图6-2　美国2024联邦所得税税率表

2）州所得税

各州的所得税率各不相同，一些州（如得克萨斯州、佛罗里达州和华盛顿州）没有州所得税。其他一些州则有自己的递进税率或固定税率。

3）个税预扣与年度申报

在美国，缴纳个人所得税的流程类似“汇算清缴”，主要有如下两大概念：

预扣税：对于大多数受雇者来说，企业会根据员工提交的 W-4 表格预扣所得税。这意味着每次发薪时，雇主会根据联邦和州的税率从员工工资中扣除一部分作为预缴的个人所得税。

年度申报：所有纳税人都需要在每年的税务申报截止日（通常是 4 月 15 日）前完成年度税务申报。在申报中，纳税人需汇总全年的收入、扣除额和税收抵免。

4）重要注意事项

美国的税制是基于全球收入的，即美国公民和永久居民必须对其在全球范围内的收入纳税，但可能有资格获得某些外国所得的税收抵免。

个人所得税税率也会随着社会的发展而有所变化，因此日常运营过程中也要注意查看最新的税率和规定。

美国的个人所得税制相对复杂，包括多种收入类型、扣除额和税收抵免。建议咨询税务专家或使用税务软件来确保正确理解和遵守税法规定。

7. 社会与商业保险

美国的社会与商业保险由雇主和员工共同负担，主要包括以下几个方面。

1）社会保障税

这部分用于资助社会保障计划，包括退休金、残疾保险和家属福利。截至 2023 年，社会保障税的费率是总工资的 12.4%。这一费率通常由雇主和员工各承担一半，即6.2%。社会保障税有一个缴费的最高基数限制，对超过年度收入上限的收入不再征收社会保障税，这个上限每年可能有所调整。例如，2023年的上限定为147000美元。

2）医疗保险税

用于资助医疗保险计划，为65岁及以上的美国老年人及某些残疾人提供医疗服务。总费率是2.9%，通常由雇主和员工各承担一半，即1.45%。医疗保险税没有年度收入上限，所有收入都需要缴纳医疗保险税。对高收入者可能会有额外的附加医疗保险税（Additional Medicare Tax），例如收入超过一定阈值（单身纳税人为200000美元，已婚人士共同报税为250000美元）的部分需要额外缴纳0.9%的医疗保险税。

3）联邦失业税

这部分税收由雇主单独承担，用于资助失业保险计划。标准税率是工资的6%，但企业通常可以获得最高5.4%的州税抵免，实际上支付0.6%。除联邦失业税外，一些州还有自己的失业税。各州关于失业税率的规定各不相同。

4）企业年金

美国401k即企业年金现已成为美国私人公司最主要的员工退休计划，员工也可以选择不加入。在每个月投入多少资金上，401k退休计划对私营企业的雇员具有弹性。雇员可依据自己的家庭经济情况，每月将收入的一定比例放到计划中。缴纳有一定限额，例如2023纳税年度员工最高缴纳22500美元，50岁以上的员工可以额外缴纳7500美元。按照缴税时间可以分为传统型（Traditional）与罗斯型（Roth）。传统型是税前存入，资金进入401k时不交税，投资增长时也不用交税，只有在59岁半后取出时，才连同个人所得税交税。罗斯型进入401k时就交税，但投资增长时不用交税，59岁半后取出也不用交税。企业在员工401k退休计划投入资金的上限是雇员年收入的6%。私人企业工作的员工退休后，企业将不再承担其退休金的支出，这样可以有效减少企业的人力资源成本。

5）商业保险

在美国，企业为员工购买商业保险是很常见的做法。商业保险可以为员工提供额外的保障，例如医疗保险、残疾保险、人寿保险等。这些保险可以帮助员工应对意外情况和重大疾病，减轻员工的经济负担。

根据美国劳工统计局的数据，约有60%的私营企业为员工提供医疗保险，而约有30%的私营企业为员工提供其他类型的商业保险。此外，一些州和地方政府也要求企业为员工提供特定类型的保险，例如工伤保险。

8. 休假

在美国，员工休假的规定涉及带薪休假、病假和家庭休假等。美国的休假政策与其他许多国家相比较为灵活和宽松，且大部分规定由雇主自行决定。以下是一些主要的规定和企业实践：

1）带薪休假（Paid Time Off，PTO）

在美国，没有联邦法律要求雇主必须提供带薪年假。带薪休假政策通常由雇主自行设定，并因公司而异。许多公司会根据员工的工作年限提供不同天数的带薪休假。

2）病假

联邦法律未普遍要求提供带薪病假。一些州和地方政府制定了自己的病假政策，要求在特定条件下提供带薪或不带薪病假。一些公司会根据自己的政策提供带薪病假。

3）《家庭和医疗休假法》（*Family and Medical Leave Act*，*FMLA*）

*FMLA*是美国的一项联邦法律，它允许符合条件的员工在特定情况下（如遭遇严重的健康问题、照顾新生儿或收养儿童、照顾患严重疾病的家庭成员等）获得最多12周的无薪休假。*FMLA*适用于员工数量在50名以上的公司，且员工需要满足一定的条件（如在公司工作满一年等）。

4）孕产假

*FMLA*同样适用于孕产假，但这是无薪的。一些州有自己的孕产假

法律，可能提供更好的保护。许多公司提供自己的带薪孕产假政策，但这并非联邦法律的要求。

5）法定假日

美国的法定假日主要指如下联邦公共假日，这些假日在全国范围内被认可，但法律不要求雇主在这些日子必须给员工放假或支付加班工资。在实践中，许多公司会遵循这些假日安排并给员工放假。

新年（New Year's Day）：1 月 1 日。

马丁 · 路德 · 金纪念日（Martin Luther King Jr. Day）：1 月的第三个星期一。

总统日（Presidents' Day）：2 月的第三个星期一。

阵亡将士纪念日（Memorial Day）：5 月的最后一个星期一。

独立日（Independence Day）：7 月 4 日。

劳动节（Labor Day）：9 月的第一个星期一。

哥伦布日（Columbus Day）：10 月的第二个星期一。

退伍军人节（Veterans Day）：11 月 11 日。

感恩节（Thanksgiving Day）：11 月的第四个星期四。

圣诞节（Christmas Day）：12 月 25 日。

9. 终止雇佣与补偿金

1）自由终止：在美国，除非有特定的合同或法律规定，大部分州遵循“雇佣自愿”原则。这意味着雇主和员工均可在任何时间、出于任何理由（合法原因）终止雇佣关系，通常不需要提前通知或补偿。

2）反歧视法律：然而，雇主因员工的种族、性别、国籍、残疾、宗教或年龄而解雇员工是非法的。值得注意的是，员工必须至少 40 岁才能受到反年龄歧视的保护。此外，雇主不能因员工的性取向而终止雇佣关系。

3）提前通知情形：在某些情况下，如大规模裁员或工厂关闭，美国的企业必须提前60天通知员工。这适用于员工数量在100名以上的公司。

4）补偿金：美国没有法定的裁员补偿金规定，除非合同中有特别约定。某些公司可能会提供遣散费作为福利或避免诉讼。在美国，没有统一的标准来决定解雇员工时应支付多少补偿金。如果公司选择提供补偿，金额通常是基于员工的工资、服务年限和公司政策等因素协商确定的。

6.2.2 德国用工法规学习精要

1. 招聘

1）平等就业法律

德国有严格的平等就业法律。招聘时必须避免任何形式的性别、种族、宗教或年龄歧视。工作广告和面试过程中应避免提出与工作无关的个人问题。

2）详细的职位描述

清晰准确的职位描述对于吸引合适的候选人非常重要。职位描述应详细说明职位所需的技能、经验和职责。

3）教育和资格认证

在德国，对教育背景和专业资格认证非常重视。确保候选人具有相应的学历和/或认证是很重要的。

4）工作许可和签证问题

如果招聘非欧盟国家的候选人，需要考虑工作许可和签证的问题。雇主可能需要提供帮助或指导，以便候选人获得必要的文件。

5）语言要求

虽然许多德国公司使用英语作为工作语言，但在某些行业或地区，掌握德语可能是必要的。明确职位的语言要求是重要的。

6）薪酬和福利

在招聘过程中，明确薪酬范围和福利是有益的。德国有较为严格的工资和福利标准，包括假期、退休金等。

7）文化适应性

考虑候选人是否适应德国的工作和生活文化也是重要的。这包括适应德国的工作节奏、沟通风格和团队合作方式。

8）反歧视法律

德国的反歧视法律要求雇主在招聘过程中保持公平和透明。

9）隐私权保护

在处理候选人的个人信息时，需要遵守德国严格的数据保护法规。

10）面试过程

面试过程应公平、透明，针对职位需求准备好相关的面试问题，并确保这些问题与职位直接相关。

2. 劳动合同

1）合同期限

在德国，劳动合同分固定期限和无固定期限两种。固定期限劳动合同有效期不超过两年，最多可续签三次，但合同期限累计不得超过两年。在德国设立公司后的最初四年内，劳动合同可设固定期限，也可续签数次，但合同期限累计不得超过四年。固定期限合同必须是书面形式的。无固定期限的劳动合同可以是口头或书面的，但强烈推荐使用书面形式，因为这有助于避免未来的误解和争议。

2）合同内容

劳动合同应包括职位描述、薪酬、工作时间、休假天数、试用期（如有）、终止合同的通知期限等关键信息。

3）遵守法律和集体协议

德国劳动法规定了包括最低工资、工作时间、休假、解雇保护等在内的方方面面。如果适用，还需遵守行业特定的集体协议。

4）试用期

试用期通常不超过六个月，在此期间雇主和员工都可以在提前两周通知的情况下终止劳动合同。

5）终止合同的规定

合同中应明确规定解雇通知期限和条件。德国的法律对雇主解雇员工有严格的限制。

6）假期权利

德国法律规定了最低年假天数，很多公司提供更多的假期，应在合同中明确。

7）保密和竞业禁止条款

如果需要，合同中可以包含保密条款和/或竞业禁止条款，但这些条款必须合理且符合法律规定。

8）社会保险

德国的雇主必须为员工注册购买社会保险，包括医疗保险、养老保险、失业保险、工伤保险等。

9）税务问题

合同中应考虑税务相关的规定，确保遵守德国的税法。

3. 商务和工作签证

德国提供了几种不同类型的商务和工作签证，以满足不同类型的外国专业人士的需求。以下是一些常见的签证：

1）商务签证：德国商务签证一般允许持有人在6个月内进入德国并停留90天，主要签发给赴德国从事商务活动、参加会议、签署合同的人。

2）一般就业签证：针对那些已经在德国找到工作的非欧盟国家公民。申请者必须证明其具备相关的职业资格，且德国劳动市场对此类专业人才有需求。

3）欧盟蓝卡（EU Blue Card）：专为高技能工人设计，如科学家、数学家、工程师、医生和IT专业人士。申请者需要持有大学学位，并获得一份年薪达到特定阈值的工作合约。

4）自雇佣人士签证：适用于希望在德国自行创业的人士。申请者需要证明其业务计划对德国或德国的特定地区有经济助益，并且有足够的资金来实现业务计划。

5）短期工作签证：适用于那些只计划在德国短期工作的人士，如参加特定项目或临时工作。

6）学者和研究人员签证：为学术研究人员提供，通常需要相关研究机构或大学的邀请。

7）实习生签证：针对希望在德国进行专业实习的人士，尤其是学生和应届毕业生。

8）工匠和技术工人签证：针对某些特定行业或手工艺专业人士，如建筑、医疗护理和技术支持等领域。

4. 工作时间

在德国，工作时间主要由《工作时间法》控制，旨在保证员工的健康和福祉。以下是一些关键点：

1）日常工作时间：德国标准的工作周是5天，每天8小时，6天工作周也是可能的。员工一周内的工作时间不得超过48小时。

2）最长工作时间：在特殊情况下，每天的工作时间可以延长至10小时，只要在6个月或24周的期间内平均仍然不超过每天8小时。怀孕妇女和哺乳期母亲依法不能加班。

3）休息时间：员工在工作6小时后有权至少休息30分钟，工作9小时后至少休息45分钟。这些休息时间可以分为15分钟的小段。

4）夜班和轮班工作：对夜班工作者和轮班工作者有额外的规定。例如，夜班工作者的每班工作时间通常不得超过8小时。

5）加班：加班通常需要员工的同意，并且可能需要额外支付加班费。在某些情况下，加班可以通过调整工作时间来补偿。

6）记录工作时间：雇主必须记录员工的工作时间，以确保遵守工作时间法。

7）灵活工作安排：虽然上述规定设定了标准，但许多公司为了更好地平衡工作与生活，提供灵活的工作时间安排，例如灵活工时设计或部分远程工作。

5. 休假

1）法定假日

德国的公共假日根据州而有所不同。以下是一些全国性的公共假日：

新年：1 月 1 日。

耶稣受难日：复活节前的星期五。

复活节：在每年春分月圆之后第一个星期日。

劳动节：5 月 1 日。

耶稣升天节：复活节后第 40 天。

圣灵降临节：复活节后第 50 天。

德国统一日：10 月 3 日。

圣诞节：12 月 25 日。

圣诞节次日：12 月 26 日。

不同州会有一些特定的法定假日，例如三王节、圣体节、圣母升天节、万圣节等。

2）年假

德国法律规定，每周工作 6 天的人每年至少拥有 24 个工作日的带薪年假（工作日不包括周日和节假日）。如每周工作 5 天，年假计算方式通常为:（平均）每周工作天数 × 4= 法定最小休假天数。也就是说如果一周工作 5 天，则每年至少享有 20 个工作日的带薪年假。很多德国公司提供的年假天数超过这个最低标准，通常在 25 到 30 天之间。

员工在公司工作满 6 个月后有权获得完整的年假额度。在此之前，员工每月累积获得总假期额度的 1/12。在授予的日历年内未使用的休假通常会作废，如果员工因业务原因或个人原因（如疾病）未能使用假期，可以将其延续至次年 3 月 31 日。

3）病假

员工在入职工作满 4 周后，如因病无法工作，有权获得最多 6 周的全薪病假。如果员工因病无法工作超过 6 周，可以从社会保险或私人保险中获得支付。社会保险的支付额度通常是员工正常总工资的 70%，上限为员工净收入的 90%。员工在因病无法工作的第一天就必须通知雇主。员工无须透露具体疾病信息。员工在就医时需要获取病假证明，并向雇主提交。

4）产假

女员工生育可以享有 14 周带薪休假（产前 6 周和产后 8 周）。如出现早产、剖腹产、多胞胎，或者孩子出生时有残疾等情况，母亲可以享有 18 周带薪休假（产前 6 周和产后 12 周）。

5）育儿假

父母可以申请最长 3 年的育儿假，在此期间工作岗位得到保留，但通常不带薪，育儿假期间可获得每月最多 1800 欧元的国家津贴资助。

6）护理假

在德国，护理假的规定允许员工从工作中请假，以照顾亲人。护理假分为短期和长期两种：

短期护理假：最多为期 10 天的无薪假期。在此期间雇主不代缴社会保险，但员工的保险覆盖仍然保持。

长期护理假：最长为期 6 个月的完全或部分休假。雇主必须至少提前 10 个工作日被告知。在雇员不足 15 人的公司中，雇主有权拒绝此类休假申请。休假期间雇主不支付薪水，也不代缴社会保险贡献。

在两种护理假的情况下，从通知雇主即将休假之日起，员工即受解雇保护。员工只能为同一位护理对象申请一次护理假。

7）其他休假

在特定情况下，例如家庭成员去世、结婚或搬家，雇主可能也会为员工提供休假，但具体政策会根据不同雇主的具体情况而有所不同。

6. 薪酬

1）最低工资

德国设有全国性的最低工资标准，这个标准会定期调整。所有雇主都必须至少支付最低工资。最新的最低工资标准需要查阅最新的法律信息或官方公告。从 2024 年 1 月 1 日起，德国最低时薪上涨至 12.41 欧元 / 小时，计划一年后涨至 12.82 欧元 / 小时。

2）同工同酬

德国的劳动法强调待遇平等，禁止基于性别、种族、宗教或其他歧视性因素对员工的薪酬进行歧视。

3）工资支付

通常情况下，工资应按月支付给员工，且需要提供详细的工资单，列明工资组成、税收和社会保险扣除等信息。

4）加班费

如果员工加班，雇主通常会通过让员工调休或支付更高的小时工资来补偿。关于加班及其补偿的具体条款通常由合同或集体协议设定。董事会成员和一些管理层职位的员工通常不符合获得加班补偿的条件。

5）第十三薪和奖金

在某些行业或公司，员工可能会有十三薪（通常在圣诞节期间支付）或其他形式的奖金，但这取决于具体的工作合同或公司政策。

6）退休金

除了国家养老保险，一些公司可能还提供额外的职业退休金计划。

7）终止合同时的工资支付

在合同终止时，雇主必须支付至终止日期的工资，包括对未休完的假期的补偿。

7. 社会保险

1）社会保险种类

在德国，社会保险系统是强制性的，主要包括以下保险：

养老保险：用于提供退休金。这是为了确保员工退休后有稳定的收入。

失业保险：在员工失业时提供经济支持和职业再培训机会。

医疗保险：为员工提供医疗服务和疾病预防，员工可以选择公共医疗保险或私人医疗保险，具体取决于他们的收入水平。

长期护理保险：为长期护理提供财务支持，包括在家护理或护理机构的护理服务。

工伤保险：由雇主支付，用于在员工工作中或上下班途中发生意外时提供保障。

破产保险：是一种保障机制，旨在帮助那些因雇主破产而无法获得工资的员工。当一家公司申请破产且无法支付其员工工资时，德国的就业机构会介入，向这些员工发放破产补贴。

2）缴纳方式和比例

在各项社会保险费用中，养老保险、失业保险、医疗保险、长期护理保险的费用一般由雇员和雇主共同承担，雇员的部分费用直接从工资中扣除。工伤保险和破产保险的费用完全由雇主承担，不从工资中扣除。表 6-1 是目前德国各项社会保险的费率。

表 6-1　德国各项社会保险的费率

社会保险名称	企业	员工
养老保险（缴费基数上限：德国西部每月 7050 欧元，德国东部每月 6750 欧元）	9.300%	9.300%
失业保险（缴费基数上限：德国西部每月 7050 欧元，德国东部每月 6750 欧元）	1.250%	1.250%
医疗保险（缴费基数上限：每月 4837.50 欧元）	7.300%	7.300%

（续）

社会保险名称	企业	员工
长期护理保险（缴费基数上限：每月4837.50欧元）	1.525%	1.525%
工伤保险	平均 1.200%	
破产保险	0.120%	

补充说明：23 岁以上的无子女雇员要额外缴纳 0.250% 的长期护理保险。

8. 个人所得税

在德国，个人所得税通常由雇主代扣代缴。雇主每月从员工的工资中扣除所需的税款，然后将这些税款直接支付给税务机构。雇员的年终所得税申报将基于这些预扣的个税金额进行调整。德国的个人所得税系统是累进税率制，税率根据个人年度收入的高低而变化。以下是德国个人所得税的一些基本规定和税率。

1）基本免税额

德国设有基本免税额，即年收入低于此金额的个人无须缴纳所得税。2024 年，这一免税额为 11604 欧元。

2）累进税率

超过免税额的收入按照累进税率征税。税率从 14% 开始，随着收入增加而逐渐提高。

3）税率分级

2024 年不同收入对应的税率：

收入金额：0 欧元至 11604 欧元；适用税率：无须缴税。

收入金额：11605 欧元至 17005 欧元；适用税率：14% 至 23.97%。

收入金额：17006 欧元至 66760 欧元；适用税率：23.97% 至 42%。

收入金额：66761 欧元至 277826 欧元；适用税率：42%。

收入金额：超过 277826 欧元；适用税率：45%。

4）固定税率

特定类型的收入（如资本收益）可能适用固定税率，而非累进税率。

5）团结附加税

团结附加税的税率为个税的 5.5%。例如，个税税率是 42%，那么团结附加税相对于税前收入就是 42% × 5.5% = 2.31%。

6）宗教税

德国政府对特定宗教组织的注册成员会收取宗教税，宗教税和团结附加税一样都是基于个人所得税的一定比例计算，通常在个税的 8% 到 9% 之间。

7）税前扣除

德国税法允许多种税前扣除，包括社会保险费、职业相关费用、特殊支出和非凡负担等。

8）夫妻共同征税

已婚夫妇或注册伴侣可以选择联合征税，这可能会降低家庭的整体税率。

9. 终止雇佣与补偿金

在德国，关于解雇员工及其补偿金的法律规定相当严格，旨在保护员工免受不公正解雇。以下是一些基本规定：

1）解雇的类型

个别解雇

- 普通解雇：需要有合理的理由，如员工的行为问题或公司的经济困难。
- 特殊情况解雇：即无须预告的即时解雇，仅在员工严重违规或存在犯罪行为时适用。

集体解雇

- 解雇一定数量的员工时（数量根据公司规模而定），雇主必须遵守特定的程序，包括与工会或员工代表协商。

2）解雇通知期限

解雇员工时，必须遵守法定的通知期限。具体期限通常取决于员工的工龄，从4周（对于工作不满2年的员工）到7个月（对于工作超过20年的员工）不等。

3）解雇的法定要求

合理的解雇理由：雇主必须有充分合理的理由才能解雇员工，如经济原因、工作表现不佳或行为问题。此外，在女员工从宣布怀孕到产假结束期间，雇主不得解雇员工。

社会选择标准：在经济原因导致的解雇中，雇主必须根据年龄、工作年限和家庭责任等标准来选择解雇对象。

协商和听证：在某些情况下，雇主在解雇员工前需要与工会或员工代表进行协商，并可能需要举行听证会。

4）解雇补偿金

在某些情况下，解雇员工可能需要支付补偿金。补偿金的额度通常取决于员工的工作年限和工资水平。一些大型公司的集体解雇可能需要根据与工会或员工代表的协议来确定补偿金。

5）法律诉讼

被解雇的员工有权在解雇发生后的3周内向劳动法庭提起诉讼，质疑解雇的合法性。如果法庭判定解雇无效，员工可能被重新雇用或获得补偿。

6.2.3 新加坡用工法规学习精要

1. 招聘

1）平等就业机会原则

新加坡法律禁止基于种族、宗教、性别、年龄、婚姻状况、残疾或国籍等因素的就业歧视。招聘过程中，企业需要确保所有候选人都得到公平对待。

2）招聘广告发布规定

招聘广告应明确、准确，避免使用歧视性或误导性的语言。在某些情况下，新加坡要求企业在本地媒体上发布职位空缺，为本地求职者提供机会。

3）保护个人数据

根据新加坡的《个人数据保护法》（*PDPA*），企业在收集、使用和处理应聘者的个人数据时必须遵守相关规定。

4）关注本地劳动力市场政策

新加坡政府鼓励企业优先考虑雇佣本地劳动力，对某些行业或职位可能有额外的规定或配额，限制非本地员工的比例。例如，新加坡服务行业的雇主雇佣外籍工作证持有者的比例上限为 35%。

5）面试和选拔过程

面试过程应专注于候选人的技能、经验和适合度，避免不相关或歧视性的问题。

6）背景调查

在进行员工背调时，雇主需要遵守新加坡的相关法律法规，雇主需要确保在背调过程中保护候选人的隐私权。雇主需要尊重候选人的权益，包括告知候选人进行背调的目的和内容，并征得其同意。

7）工作年龄

新加坡的法定工作年龄是 17 岁及以上，但可以雇佣 13 到 16 岁的少年。需注意，少年员工不得从事危险或有害健康的工作。

2. 劳动合同

1）遵守《雇佣法令》（*Employment Act*）

新加坡的《雇佣法令》为雇主与雇员之间的关系提供了全面的法律框架，适用于大多数员工。它规定了工作条件、工资支付、休假、解雇和解除合同等方面的基本要求。

2）合同条款

合同中应明确如下关键条款：

雇主及雇员的全名、职位名称、主要职责及责任、入职日期、聘用期限（如为固定期限）、工作安排、工资发放周期及其他与工资相关的薪金说明、基本工资，固定津贴的扣除、加班费用支付周期（如果与工资发放周期不同的话）、加班工资支付比例、休假类型罗列、其他医疗福利、试用期期限、有任何变动提前通知期限、（可选）工作地点。

3）固定期限劳动合同

固定期限劳动合同指在合同期限内，双方都不能单方面解除的合同。在新加坡，固定期限劳动合同的期限通常不超过两年。如果需要延长合同期限，需要经过双方协商并签订书面协议。

4）无固定期限劳动合同

无固定期限劳动合同指没有明确期限的劳动合同。在新加坡，这种类型的劳动合同可以由任何一方在任何时候解除。但是，解除合同需要一个合理的通知期。

5）试用期

试用期的长度通常由雇主决定，常见的试用期为 3 到 6 个月。试用期的具体条款，包括期限、终止条件、通知期和员工权利，应在雇员开始工作前明确写入劳动合同中。

6）保密条款和竞业禁止条款

这些条款应具体、明确且合理，以便在必要时得到法律支持。

7）符合特定行业或职位的额外规定

某些行业或职位可能需要遵守额外的法律规定或行业标准。

8）更新和遵守最新法律法规

劳动法律和规章可能会发生变化，因此重要的是定期审查并更新劳动合同，以确保其符合最新的法律要求。

3. 商务和工作签证

1）短期商务签证（Business Visit Pass）

短期商务签证适用于前往新加坡进行商务活动的人员，包括参加会议、洽谈业务、进行市场调研等。该签证有效期为 30 天，可以延期 30 天，但总有效期不超过 90 天。

2）就业准证（Employment Pass，EP）

这是针对外国专业人士的工作准证，适用于拥有良好教育背景和专业经验的人员，申请者的月薪必须达到 5000 新元。申请者需要由新加坡的雇主或授权代理机构进行申请。该通行证的有效期通常为 2 年，到期后可以续签 3 年。

3）个人准证（Personalised Employment Pass，PEP）

这是一种更灵活的就业准证，适用于高薪的外籍专业人士，申请者的月薪必须达到 22500 新元。与就业准证不同，个人准证持有者可以在失业时留在新加坡寻找新的工作机会。

4）S 准证（S Pass）

这是为中级技能员工设计的，如技术人员和专业助理。申请者的月薪必须达到 3150 新元。

5）工作准证（Work Permit，WP）

适用于从事某些特定行业（如建筑业、制造业、海事、服务业）的外国低级别工作人员和非专业人士。

6）企业家准证（Entre Pass）

针对打算在新加坡创办并运营公司的外国企业家。该签证有效期为 1

年，可以延期 2 年。

7）培训准证（Training Employment Pass）

针对那些到新加坡接受专业培训的外国专业人士，申请者的月薪必须达到 3000 新元。

更详细的新加坡签证相关规定可以登录 mom.gov.sg 官网查询。

4. 工作时间

新加坡在工作时间方面的法律规定主要体现在《雇佣法令》（*Employment Act*）中，适用于大多数员工。以下是一些关键点：

1）标准工作时间

对于大多数员工来说，法定的标准工作时间是每周不超过 44 小时，工时数不包含休息、茶歇或用餐时间。大多新加坡企业每周工作 5 天半，但在新加坡的外资企业很多依然采取 5 天工作制。

2）休息时间

一般情况下公司不得要求员工连续工作超过 6 小时而不提供休息；若因工作性质需要，员工连续工作长达 8 小时，则必须提供用餐、休息时间至少 45 分钟。

3）加班

《雇佣法令》规定，除非员工负责管理或监督，否则每周工作时间超过 44 小时的部分应视为加班。员工每月加班总时数上限为 72 小时，休息日或公共假期的工作不包括在 72 小时限额内，但在休息日或公共假期内超出正常每日工作时间的部分包括在 72 小时的限制之内。

4）休息日

员工每周至少有一天的休息日，通常是星期日。如果员工在休息日工作，应获得额外的工资补偿。

5）弹性工作时间和轮班制

某些行业和职位可能实行弹性工作时间或轮班制。在这些情况下，工作时间和休息安排可能有所不同，但仍需遵守总工作时间的限制。对于某些特定职位如高级管理人员、专业人士或某些服务行业的工作人员，可能有特殊的工作时间安排，不完全受标准工作时间规定的限制。

5. 休假

1）公共假期

根据《雇佣法令》，所有员工都有权在新加坡的公共假期休息。如果员工在公共假期工作，他们通常有权获得额外的工资补偿或者补休。

- 新年（元旦）：1月1日。
- 农历新年：日期根据农历而定，通常在1月或2月，持续两天。
- 耶稣受难日：基督教节日，日期变动，通常在3月或4月。
- 开斋节：伊斯兰宗教节日，日期根据伊斯兰历而定。
- 劳动节：5月1日。
- 卫塞节：佛教节日，日期变动，通常在5月或6月。
- 哈芝节：伊斯兰宗教节日，日期根据伊斯兰历而定。
- 国庆日：8月9日。
- 屠妖节：印度教节日，日期变动，通常在10月或11月。
- 圣诞节：12月25日。

2）年假

新加坡的全职员工通常享有年假。根据《雇佣法令》，员工在服务满3个月后，第一年至少有7天的年假，随着工龄的延长，年假天数逐年增加至最多14天。如在公司工作了3个月但还不到一年，则根据已经工作的月数来决定带薪年假的天数。

3）病假

员工在服务满3个月后，有权获得最多14天的带薪普通病假和最多60天的带薪住院病假（包括普通病假天数）。无论是什么病都必须由公司认可的医疗机构开具病假条来证明，并且在48小时内通知公司。如果工作时间在3至6个月，也可以享受带薪普通病假和住院病假，具体天数参考下表6–2。

表6–2 新加坡带薪病假规定

最少的工作时间	带薪普通病假	带薪住院病假
3个月	5天	15天
4个月	8天	30天
5个月	11天	45天
6个月以上	14天	60天

4）产假和陪产假

根据新加坡政策，如在子女出生前已连续为雇主工作至少3个月，女性员工有权享有16周的带薪产假，男性员工有权享有2周的带薪陪产假。产假的前8周由雇主支付，剩余的8周由政府支付。带薪福利的上限为每月10000新元。如果女性员工为其雇主工作不足3个连续月，或者她的孩子不是新加坡公民，则只有母亲能享受12周的产假。

5）育儿假

如员工连续为雇主工作至少3个月，直到孩子满7岁为止，每年可以享受6天（新加坡孩子的父母）或每年2天（无新加坡公民资格的孩子的父母）的带薪育儿假。每位父母的育儿假上限为42天。育儿假补贴将由雇主和政府各支付一半，支付金额上限为每天500新元。

6）婚假、丧假等其他假期

许多企业还会提供婚假（一般是3天）、丧假（一般是1至3天）和其他类型的假期，这通常由企业的人力资源政策决定。企业在制定假期政策时，应确保至少满足《雇佣法令》的最低要求。此外，一些企业可能会提供比法律要求更优厚的假期福利，以吸引和保留员工。

6. 薪酬

1）薪资支付

雇主必须按时支付员工工资，且支付频率通常不得低于每月一次。工资必须在工作结束后的 7 天内支付给员工。对于终止合同的情况，最后一笔薪资应在最后工作日后 7 天内支付。

2）最低工资

新加坡没有全国性的最低工资标准，但某些行业（如清洁、保安和园艺服务）根据《渐进工资模型》设有最低工资标准。

3）加班工资

根据《雇佣法令》，非管理或监督层级的员工每周工作时间超过 44 小时的，应获得加班费。加班费通常是平时工资的 1.5 倍。管理和监督层级的员工一般不享有加班费。若员工被要求在公共假期加班，公司将每日额外支付其一天的日薪，或公司与员工双方有约定，也可在加班日之后的任何一个工作日安排补休。

加班费计算公式如下：

$$\text{加班费} = \text{每小时基本工资} \times 1.5 \times \text{加班总小时数}$$

$$\text{每小时基本工资} = (12 \times \text{每月基本工资}) \div (52 \times 44)$$

4）工资单和记录

雇主必须提供详细的工资单给员工，包括工资组成、扣除项和净额等信息。雇主还需保留员工工资记录至少两年。

5）薪资构成

薪资通常包括基本工资、加班费、奖金、津贴和其他补贴等。扣除项可能包括公积金缴款、税收、未缴费用等。

6）年终奖金

年终奖金的支付没有具体的法律规定，主要取决于雇主的自主决定和公司的财务状况。

7）福利和津贴

除了基本工资外，一些雇主可能还会提供交通补贴、住房补贴、医疗福利等。

7. 社会保险

新加坡的主要社会保险制度是公积金（Central Provident Fund，简称CPF）。CPF是一种综合性的储蓄计划，旨在为新加坡公民和永久居民的退休、住房和医疗需求提供基金支持。以下是CPF的一些主要特点和缴费规定：

1）CPF的组成

CPF包括几个不同的账户，主要是普通账户、特别账户、退休账户和医疗账户。

2）缴费对象

所有新加坡公民和永久居民都必须加入CPF，只要他们是有薪雇员或自雇人士。

3）缴费比例

CPF的缴费比例取决于员工的年龄、收入水平和雇佣状态。对于大多数年轻的受薪雇员，雇员和雇主的总缴费比例为37%，其中雇主贡献约17%，雇员贡献约20%。年龄越大，缴费比例越低，如表6-3所示：

表6-3　新加坡CPF缴费比例

员工年龄	由雇主	由员工	总费率
55及以下	17%	20%	37%
55至60岁	14.5%	15%	29.5%
60至65岁	11%	9.5%	20.5%
65至70岁	8.5%	7%	15.5%
70岁以上	7.5%	5%	12.5%

4）基数上限

CPF 的缴费基数取决于员工的月工资，但有基数上限，该上限将逐步从当前的 6800 新元调整至 8000 新元，具体时间点如下：

2024 年 1 月 1 日：6800 新元。

2025 年 1 月 1 日：7400 新元。

2026 年 1 月 1 日：8000 新元。

5）账户分配

缴纳到 CPF 的款项将按一定比例分配到普通账户、特别账户和医疗账户。

6）用途

普通账户可以用于住房、保险、投资和教育等。特别账户主要用于老年生活和与退休相关的储蓄。医疗账户用于支付医疗费用。

7）退休金

达到退休年龄后，CPF 成员可以开始从退休账户中提取资金。

8. 个人所得税

1）纳税年度与税率

新加坡的纳税年度从 1 月 1 日开始，至 12 月 31 日结束。新加坡是世界知名的低税率国家，个人所得税率累进计算，根据年收入的不同，税率从 0 开始逐渐增加至 24%，税务居民的税率表可参考表 6-4。

表 6-4　新加坡 2024 居民税率

应纳税收入	所得税税率（%）	应纳税总额（新元）
第一笔 20000 新元 下一个 10000 新元	0 2	0 200
第一笔 30000 新元 下一个 10000 新元	— 3.50	200 350
第一笔 40000 新元 下一个 40000 新元	— 7	550 2800

（续）

应纳税收入	所得税税率（%）	应纳税总额（新元）
第一笔 80000 新元 下一个 40000 新元	— 11.5	3350 4600
第一笔 120000 新元 下一个 40000 新元	— 15	7950 6000
第一笔 160000 新元 下一个 40000 新元	— 18	13950 7200
第一笔 200000 新元 下一个 40000 新元	— 19	21150 7600
第一笔 240000 新元 下一个 40000 新元	— 19.5	28750 7800
第一笔 280000 新元 下一个 40000 新元	— 20	36550 8000
第一笔 320000 新元 下一个 180000 新元	— 22	44550 39600
第一笔 500000 新元 下一个 500000 新元	— 23	84150 115000
第一笔 1000000 新元 超过 1000000 新元	— 24	199150

2）税务居民和非税务居民

税务居民：通常指在新加坡居住超过 183 天的个人。税务居民享有免税额和各项扣除。

非税务居民：指在新加坡居住时间少于 183 天的个人，非税务居民的就业收入按固定税率 15% 或税务居民的较高税额累进征税。

3）扣除项

纳税人可以申请各种扣除项来降低应纳税额，包括慈善捐款、CPF 缴款、教育费用、父母赡养费等。

4）纳税申报

所有新加坡税务居民都需要在每年的 4 月 15 日前完成所得税申报。

5）税务优惠

新加坡提供多种税务优惠，以鼓励特定活动，例如教育储蓄、退休储蓄等。

6）电子申报

新加坡的纳税人通常以电子方式（e-Filing）在新加坡税务局（IRAS）的官方网站上进行纳税申报。

9. 终止雇佣与补偿金

1）通知期

任何打算终止合同的一方（雇主或雇员）必须在通知期符合雇佣合同规定的情况下向另一方发出书面通知，或者在合同没有明确约定的情况下，依据如下《雇佣法令》的标准：

就业时间不超过 2 周：通知期为 1 天。

就业期限超过 26 周但不到 2 年：通知期 1 个星期。

就业期限 2 至 5 年：通知期 2 个星期。

就业年限 5 年及以上：通知期 4 个星期。

如果雇主没有提前通知而终止合同，必须支付相当于通知期工资的补偿金给员工。同样，如果员工未提前通知而辞职，可能需要支付相应的补偿金给雇主。

2）即时终止

在某些情况下，雇主或员工可以即时终止雇佣关系，通常是因为严重的违约或行为不当。在这种情况下，可能不需要遵守通知期规定。

3）裁员补偿

新加坡的劳动法没有强制性的裁员补偿规定。但是，一些公司可能根据员工的服务年限和公司政策提供裁员补偿。通常情况下，裁员补偿金的标准是员工每工作服务 1 年可获得两周至 1 个月的工资作为补偿；设有工会的公司通常会根据集体协议中的相应规定，按员工每工作服务 1

年支付其 1 个月工资的标准做出补偿。

4）不当解雇

如果员工认为自己被不公平或不当地解雇，可以向新加坡劳工法庭或相关部门提出申诉。

5）合同终止的其他条款

雇佣合同中可能还包括其他与终止雇佣相关的条款，如竞业禁止条款、保密协议等。

6）退休

新加坡的最低法定退休年龄是 63 岁。这意味着雇主不能因年龄原因强制员工在 63 岁前退休。同时，雇主必须向达到法定退休年龄的员工提供再就业机会，直到他们满 68 岁。

6.2.4 日本用工法规学习精要

1. 招聘

1）招聘平等

在日本招聘平等非常重要，需要确保在招聘过程中不歧视任何申请人，无论是出于种族、性别、年龄、宗教信仰或其他原因。在招聘流程中需要采用公正和透明的标准，并为所有申请人提供平等的机会。

2）熟悉招聘市场

日本招聘市场竞争激烈。需要了解企业所在行业的招聘市场动态，以便吸引和留住最优秀的候选人。需要了解候选人的期望和要求，以便制定适当的招聘策略。

3）招聘渠道

考虑使用多种招聘渠道，包括在线招聘平台、招聘会和专业猎头服务。

2. 劳动合同

1）雇佣形态

在日本，企业的雇佣形态主要包括以下几种类型：

正社员（正式员工）：享有完整的雇佣保障和福利，通常有固定的工作合同，包括退休金和健康保险等福利。

契约社员（合同员工）：与企业有固定期限的工作合同，通常专注于特定项目或任务，可能享有部分正社员的福利。

派遣员工：通过人力资源公司被派遣到企业工作，工作条件和福利由派遣公司规定。

兼职员工：通常按小时服务或依短期合同工作，福利较少，工作时间灵活。

临时员工：为临时或季节性工作而被雇佣，合同期限较短。

2）合同内容

日本公司的劳动合同一般要明确合同期限、工作地点、工作职责、工作时间（开始和结束时间）、工资的计算方式、休息日及加班工作的规定和解雇的程序。

3）试用期

试用期不是强制性的，但很常见。一般来说，试用期为 3 至 6 个月，不应超过 1 年。雇员可以在试用期内或试用期结束时被解雇，但前提是解雇客观上合理且为社会所接受。

4）合同语言

在签署合同前，员工必须阅读合同。因此，必须确保将合同翻译成员工能理解的语言，例如将英文合同翻译成日语，反之亦然。

5）国际合同与日本劳动法

一般来说，日本的合同可以包含几乎任何内容，除非有些条款 / 条文违反公共政策。即使是外国公司根据自己国家的法律在日本起草劳动合同，日本的劳动保护法律（例如《劳动基准法》）仍然适用于日本的员工。因此，即使在外国的劳动合同中指定了管辖法律，日本的劳动法通常也优先适用。

6）退休

日本法律允许但不要求雇主设定强制退休年龄。传统上，许多企业设定的强制退休年龄为60岁。随着国家退休年龄上调至65岁，老年人就业稳定法要求雇主如果保留60岁的强制退休年龄，必须“重新雇用”60岁及以上的工作者直到他们满65岁。

3. 工作签证

1）工作签证种类

在日本，有多种工作签证可供外籍人士申请，其中包括19种主要的类别，涵盖了各种专业领域和职业，包括：工程师/人文学科专家/国际服务、高度专业人士、商务经理、公司内部调动、新闻业、法律/会计服务、教授、教育、研究员、医疗、护理、艺术、娱乐、宗教活动、外交、官方/政府事务、熟练劳动、特定技能工作者、技术实习。

每种签证的适用职业和签证持续时间都有所不同。例如，工程师/人文学科专家/国际服务类别的签证适用于包括IT和软件工程师、设计师、作家、翻译、传媒工作者和外语教师等在内的多种职业。应选择的签证类型取决于申请人在公司中的职位和工作范畴。

2）工作签证的年限

工作签证的年限，初次申请一般分1年、3年和5年，签证到期可以续签，原则上只要在日本工作期间无不良记录即可。

3）配偶子女可以随签

工作签证申请者的配偶与子女，可以申请家族滞在签证，随签去日本生活。

4）永久居住权

日本永久居住权，是日本政府为了吸引外籍人才采取的政策，可以理解为日本的“绿卡”。既可以保留自己的国籍，还能享受到与日本国民同等的福利。

4. 工作时间

1）标准工作时间

根据日本劳动标准法，标准的工作时间是每天 8 小时，每周 40 小时。雇主可以要求员工加班，但必须与工会或代表大多数员工的工作代表达成劳动管理协议，并在当地劳动标准检查办公室备案。

2）工作强度上限

根据工作方式改革法，原则上，加班时间不应超过每月 45 小时和每年 360 小时。即使在临时需要加班的特殊情况下，加班时间也应被限制在每年 720 小时、每月 100 小时（包括节假日工作），以及每 2 个、3 个、4 个、5 个和 6 个月期间的平均每月 80 小时（包括节假日工作）。

3）休息时间规定

雇主需要在工作时间内提供休息时间，工作时间超过 6 小时则休息时间至少 45 分钟，超过 8 小时则休息时间至少 1 小时。这些规定旨在保护员工的权益，确保他们在健康和合理的条件下工作。雇主在日本用工时应确保遵守这些法律规定。

5. 薪酬

1）薪酬支付原则

日本的薪酬支付包括基本工资、各种津贴和奖金。雇主需按月至少支付一次薪酬，且支付日期需固定。工资支付不能延迟或推迟到下一个支付日。雇主可以从薪资中扣除法律规定的必要缴款，如税款和保险费用。

2）最低工资保障

日本的最低工资由《最低工资法》规定，根据地区和特定行业的不同而有所差异。地区最低工资和特定行业的最低工资都是按小时计算的，

2023年度日本全国平均最低工资标准为时薪1002日元。如果员工符合两种不同的最低工资标准，他们有权获得较高的工资标准。

3）加班费

如果雇主延长工作时间超过法定最长小时数，必须支付更高的加班工资。通常，每小时的加班工资至少是正常工资的125%。如果1个月的加班时间超过60小时，则加班工资的水平提高到正常工资的150%。

4）夜间和节假日加班费

夜间工作（22:00至05:00）的加班工资为正常工资的150%。如果员工在节假日工作，加班工资为正常工资的135%。如果员工在节假日进行夜间加班，则应按照更高的水平支付加班费。

6. 社会保险

日本雇主通过缴纳各种社会保险来履行其义务，包括健康保险、长期护理保险、福利养老保险、工伤保险、失业保险等。健康保险、福利养老保险、失业保险的费用由雇主和员工共同承担。长期护理保险适用于40岁以上的雇员，由雇主和员工共同缴纳。工伤保险完全由雇主承担。各都道府县的医疗保险费率各不相同，表6-5是以东京为例的缴费比例表。

表6-5 日本东京社会保险缴费比例

社会保险名称	企业	员工
健康保险	5%	5%
长期护理保险（仅适用于年满40岁的人士）	0.91%	0.91%
福利养老保险	9.15%	9.15%
失业保险	0.95%	0.6%
工伤保险	0.25%至8.8%（因行业而异）	
儿童基金	0.36%	

7. 休假

1）法定假日

日本有如下法定假日（日期可能因年份或其他因素略有变动）。雇员有权在这些假日休带薪假。如果假日落在周末，通常下一个工作日会成为公共假日。

元旦：1月1日。

成人之日：1月的第二个星期一。

建国纪念日：2月11日。

天皇诞生日：目前的天皇诞生日为2月23日。

春分之日：3月20日或21日。

昭和之日：4月29日。

宪法纪念日：5月3日。

绿色之日：5月4日。

儿童节：5月5日。

海之日：7月的第三个星期一。

山之日：8月11日。

敬老之日：9月的第三个星期一。

秋分之日：9月22日或23日。

体育之日：10月的第二个星期一。

文化之日：11月3日。

劳动感谢日：11月23日。

2）年假

根据日本的劳动法，所有全职员工在连续工作满6个月后，无论种族或性别，都有权获得至少10天的带薪年假，条件是他们至少出勤了80%的时间。此后，随着服务年限的增加，带薪假期会逐年增加，最多20天。

3）病假

日本的劳动法没有规定带薪病假。雇主不需要为员工提供有薪或无薪的病假。日本员工通常必须使用他们的年假来处理疾病问题。如果员工使用完所有年假后，他们没有其他选择，只能休无薪病假。有些公司可能提供少量的带薪病假，但这取决于公司政策。

4）产假

雇主必须提供 14 周的产假，包括产前 6 周和产后 8 周的假期。雇主没有法律义务在产假期间支付工资。如果不支付工资，员工可以从政府社会保险领取相当于全额工资 2/3 的产假福利。

5）育儿假

产假结束后，母亲或父亲可以休育儿假，最长为 52 周。日本提供育儿津贴，休育儿假的在职父母在照顾孩子期间有权享受福利津贴。津贴约为每月一般工资的 2/3 或 1/2，具体取决于假期的长短。

6）陪产假

男性在孩子出生后 8 周内可以分两次取得总共不超过 4 周的休假。

7）家庭护理假

家庭护理假为每年最多 5 天，用于照顾生病或受伤的近亲，如果有两名或两名以上符合条件的家庭成员需要护理，则可休假 10 天。

8）丧假

根据日本的劳动法，全职员工可以申请丧假，丧假的时长取决于员工与逝者的关系，最长为 5 天。

9）其他休假

日本的雇主通常还提供其他非法定要求的带薪休假，如婚假等。

这些休假规定反映了日本对平衡工作与生活的重视，也体现了对员工权益的保护。

8. 个人所得税

在日本，个人所得税的计算遵循递增的税率制度。具体税率根据年度应税收入的不同而有所变化，税率范围从 5% 至 45% 不等，由支付单位按比率代扣代缴。税率表如表 6–6 所示。

表 6–6 日本 2024 个人所得税税率

应纳税所得额（日元）	应纳税所得额范围（日元）	税率（%）
—	1950000 以下	5
大于 1950000	3300000 以下	10
大于 3300000	6950000 以下	20
大于 6950000	9000000 以下	23
大于 9000000	18000000 以下	33
大于 18000000	40000000 以下	40
大于 40000000		45

日本个人所得税制中设有所得扣除制度，所得扣除是从减轻纳税人税负、保证低收入者基本生活的角度出发的扣除，发挥着社会政策的作用。

日本将所得扣除分为两大类：一类是对人的扣除，包括所有人可享受的基础扣除，如配偶扣除、抚养扣除、残疾人扣除等；另一类是对事的扣除，包括针对突发事件的扣除，如杂项扣除、医疗费扣除和针对纳税人参加社会保险或有关商业保险等支出的扣除。

日本除国家税率外，还征收附加税（2.1%）和地方居民税（每年 1 月 1 日在日本居住的个人都需缴纳，各省税率有所不同，一般为 10%）。

纳税人需在每年 2 月 16 日至 3 月 15 日期间申报上年纳税收入。

9. 终止雇佣与补偿金

在日本，企业解雇员工需要遵守严格的法律规定，主要考虑到员工的保护。以下是一些关键点：

解雇理由：解雇必须有合理的理由。普通解雇（如因工作能力不足、表现不佳等）、纪律解雇（如严重违反员工纪律）、建议解雇（类似于纪律解雇，但情节较轻）、裁员（因业务重组）等，都需具备合理的理由。

解雇通知期和程序：在大多数解雇的情况下，需要提前30天通知员工。如果雇主希望在没有通知的情况下解雇员工，则必须在解雇时支付相当于30天工资的通知津贴。在集体裁员的情况下，雇主必须与劳工联合会协商，以尽量减少对员工的影响。

解雇限制：在特定情况下禁止解雇，例如员工因工作相关的疾病或伤害请假期间及其后30天，女性员工在怀孕期间或生育后一年内，以及员工报告雇主非法行为等情况。

补偿金：日本法律没有强制性的解雇补偿金规定。然而，许多公司为了避免纠纷，可能会选择在解雇时提供一定月数的平均工资作为补偿金。具体的补偿金额根据具体情况而定。

合法解雇的挑战：如果员工认为解雇不公平，可以向劳动法庭提出申诉。在审判过程中，可能会尝试通过雇主提供解雇补偿金来达成协议。

因此，在日本解雇员工时，雇主必须谨慎行事，确保有合理的解雇理由，并遵循正确的程序和法律要求。在涉及复杂情况时，建议咨询专业的法律顾问。

第 7 章

突破边界

7.1 HR 跨界无边界

未来的动态环境使得很多企业的业务战略也在不断变化，不断进入新兴领域或新兴市场。企业里的岗位需求也需要与时俱进地变化，业务运营也相应地需要更多的复合型人才及各部门的交叉合作，因此，HR 需要鼓励员工不断跨越不同部门甚至是行业的边界，产生更多的 π 字形人才、栅栏形人才甚至是雪花形人才，否则很难跟上时代变化的要求（见图 7–1）。

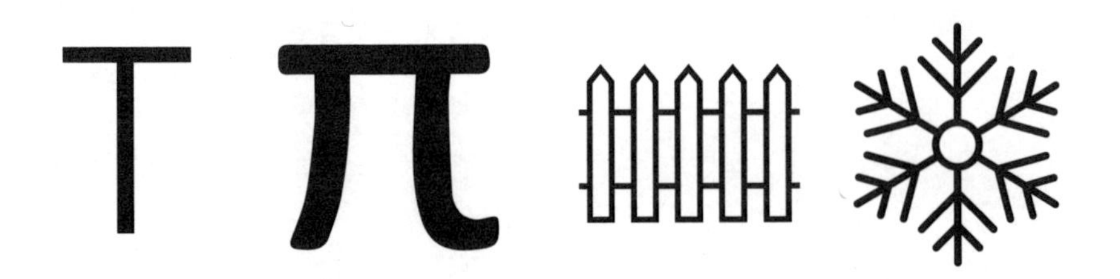

图 7–1 未来复合型人才需求示意图

HR 为了更好地了解和应对人才需求，需要更多地突破边界去了解各业务部门的工作和底层逻辑，才能更好地与不同部门的员工进行交流和协作，并相应地制定更接地气的人力资源计划与政策。为了做到这点，HR 首先自己就得先跨界，如果自己都做不到，如何能引领企业的人才发展，鼓励和培养员工成为复合型人才呢？

传统的 HR 职责主要集中在招聘、培训、薪酬、福利、绩效管理、员工关系等领域。但现代企业对于人力资源的需求已经变得越来越多样化和复杂化，这就对 HR 跨界学习知识和技能提出了更高的要求。由于人力资源管理的特性，HR 工作本身就需要涵盖多个领域的知识，包括心理学、社会学、法律、财务等。因此，传统 HR 需要具备跨学科的知识和技能，以便更好地理解员工的行为、需求和期望。

例如，对于 HR 来说，我建议大家能够学习一些财务知识，HR 学习财务知识有如下三大好处。

1）战略伙伴：企业的根本目的是盈利，这是企业的生存之本。因此，HR 如想在企业中成为真正的战略合作伙伴，就必须懂财务，才能理解公司生存和发展的关键，以此分析实现战略目标的关键岗位和关键人才，真正地助力业务。

2）预算规划：HR 需要参与公司的预算规划，以确保人力资源开支符合公司的实行财务状况。HR 关于招聘、薪酬和福利等的规划都会对公司的经营成本产生重大影响，如果 HR 缺乏财务知识，可能会制定不切实际的预算，导致公司面临财务风险。

3）沟通提效：HR 如果了解更多财务知识，在与财务、运营和营销等部门沟通时，就更能使用相同的语言，也能更好地与业务部门建立相互信任关系，提升在与其他部门沟通时的话语权。

在未来，HR 需要思考的一个重要问题是利用技术将自己从事务性工作中解放出来后，如何更多地为业务增值。HR 要了解公司战略，通过战略分解和组织设计，明确各部门的配合方式以及相应的关键岗位和关键人才需求，并利用各种资源帮助业务部门培养或招聘到符合公司战略目标需求的人才。要做到这一点，HR 有必要全方位了解所从事行业的各种知识。

随着灵活办公的兴起，办公室的物理边界也在被不断突破。企业的出海趋势和跨代际管理使得 HR 需要跨越不同国家、不同代际的文化边界。只有能同理不同文化背景、不同思维的员工的价值观、行为模式、沟通方式，才能灵活调整其管理策略和方法，带来更好的员工体验，让员工感受到工作的意义，并愿意与公司共同成长。

这些趋势都使HR要在不断突破边界的同时颠覆一些传统人力资源管理方法论，推动整个组织和所有员工突破边界，这对HR来说是巨大的挑战，但更多的挑战也意味着未来更多的机会。因此，希望更多的人力资源从业者能进一步打开思维，不要给自己设限。如果HR能有更多跨界方向的发展，所有HR岗位的价值都会在当前的基础上进一步提升。

7.2 HR应该成为企业数字化转型的英雄

接下来我们就一起来尝试突破边界，看看HR在企业中还能做哪些为业务增值的事。引领数字化转型可能就是其中非常有价值的一点。

数字化转型是每家公司现在和未来会持续关注的点，但有不少HR可能会觉得数字化转型成功的关键在于IT部门的技术支持，没HR太多事情，其实并非如此。虽然技术在数字化转型中扮演着重要的角色，但数字化转型成功的关键往往不在技术本身。数字化转型不仅仅是技术的升级，更涉及组织文化、流程、人才等方面的全面变革。许多企业在数字化转型过程中面临的最大障碍是组织内部的抵制和组织文化的不适应。

一方面，员工对变革的恐惧和不理解往往是数字化转型的一大阻碍。他们可能担心自己的工作被自动化技术取代，或者对新的工作方式和流程感到困惑。这种抵制情绪可能导致员工不积极参与转型，甚至对新技术持抵触态度。

另一方面，组织文化的不适应也是一个重要问题，传统的组织结构和决策方式可能无法适应数字化时代。层级式的决策过程和保守的思维模式可能阻碍创新和快速决策。此外，缺乏开放的沟通文化和合作机制也会影响数字化转型的顺利进行。

因此，企业内部自上而下的数字化思维的转变才是数字化转型成功的关键点，因为思维决定了人们的行为和决策。只有在组织内部实现思维上的转变，才能让组织中的每个成员真正理解数字化转型的本质及其对企业与个人的意义和影响，从而积极主动地参与到数字化转型的过程中，推动企业的数字化转型进程。

为了推动组织数字化思维的转变，通常需要采取一系列措施。首先，高层领导的支持和示范至关重要，高层领导需要积极推动数字化转型，传递清晰的愿景和战略，并提供必要的资源和支持。其次，要建立开放的沟通文化和合作机制，鼓励员工之间的交流和协作，促进创新和知识共享。在数字化转型过程中，组织需要关注员工的情感和需求，采取积极有效的措施来缓解他们的担忧和抵触情绪。同时，建立起支持创新和变革的文化氛围，鼓励员工积极参与和贡献。

此外，由于思维转变是一个包含认知、学习、实践、反思、改进等步骤的持续迭代的过程。因此，针对员工的数字化思维的培训发展计划也是必不可少的。其可帮助员工转变思维、提升数字技能、适应人工智能协同、用数据驱动决策。

以上提到的领导力、沟通、文化、培训发展等恰恰是HR最擅长的领域，这就明确了HR在数字化转型中的发力点。因此，HR如果能有突破边界的思维和行动，则完全有可能在企业的数字化转型中发挥至关重要的作用，从人的角度出发推动数字化转型，成为企业数字化转型的英雄。

7.3 当HR遇见ESG

1. 可持续发展中的SDGs与ESG

首先我们要了解一下什么是ESG。但在说ESG之前我们先来了解一下联合国可持续发展目标（Sustainable Development Goals，SDGs），这是一系列全球性的发展目标，旨在到2030年实现更加公平、包容和可持续的世界。SDGs是在2015年由联合国所有成员一致通过的，作为千年发展目标（Millennium Development Goals，MDGs）的后续计划。

SDGs 共有 17 个目标，涵盖社会、经济和环境三大领域的广泛议题。每个目标下又包含一系列具体的子目标。以下是这 17 个可持续发展目标的概述：

消除贫困：在全世界范围内，无论何处，都要消除极端贫困。

消除饥饿：实现粮食安全，改善营养状况，发展可持续农业。

健康生活：确保健康的生活方式，并促进各年龄段人群的福祉。

优质教育：确保包容和公平的优质教育，促进终身学习的机会。

性别平等：实现性别平等，赋予所有女性权力。

清洁水和卫生设施：确保所有人都能获得安全的饮用水和卫生设施。

清洁能源：确保人人都有负担得起的、可靠的、可持续的和现代化的能源。

体面工作和经济增长：促进持久、包容和可持续的经济增长，提供全面和生产性的就业机会以及体面的工作。

工业、创新和基础设施：建设弹性的基础设施，促进包容和可持续的工业化，并鼓励创新。

减少不平等：减少国家内部和国家之间的不平等。

可持续城市和社区：使城市和人类居住地包容、安全、有韧性和可持续。

负责任的消费和生产：确保可持续的消费和生产模式。

气候行动：采取紧急行动来应对气候变化及其影响。

水下生活：保护和可持续利用海洋和海洋资源，以实现可持续发展。

陆地生活：保护、恢复和促进可持续利用陆地生态系统，可持续管理森林，防治荒漠化，停止和扭转土地退化，阻止生物多样性损失。

和平、正义和强大机构：促进和平与包容的社会，为可持续发展提供获取正义的途径，并建立负责任和包容的各级机构。

合作伙伴关系：加强全球伙伴关系，以实现可持续发展的目标。

这些目标相互关联，共同构成了一个全球性的行动计划，旨在消除贫困，保护地球，并确保所有人都能享受和平与繁荣。联合国鼓励所有国家，无论其发展水平如何，都采取行动以实现这些目标。

各国要想持续实现联合国可持续发展目标，不仅需要政府的支持和行动，还需要各家企业的支持。全社会要实现可持续发展，企业的作用不可缺少。因此，世界各国都将越来越重视在投资领域和商业环境中的可持续发展，这意味着大家会在越来越多的场合听到 ESG 这个概念。

ESG 是三个英文单词的首字母，分别是环境（Environment）、社会（Social）、公司治理（Governance）（见图 7-2）。这三个维度可用于评估企业运营的可持续性和在履行社会责任方面的贡献。

图 7-2　ESG 维度

大家可能会觉得，企业能不能可持续发展，看财务报表是否健康不就可以了吗？为什么还要 ESG 呢？其实不然，在当前的全球大环境中，评估一家企业如果只看财务报表，就会遗漏许多其他风险。

例如，有些企业为了节省成本，不注重环境保护，导致对周围环境造成污染。虽然在短期内可能会有更多盈利，财务报表比较好看，但随着世界各地对环保的重视，很可能有一天企业就会面临关厂停产、整顿罚款等处罚，对于企业的声誉也会造成不可挽回的损失，最终导致企业一蹶不振甚至倒闭。

因此，除了财务报表，我们还需要有更全面的维度来评估企业运营的可持续性。对于投资者来说，了解 ESG 能降低投资风险，减少遇到“黑天鹅”事件的可能性。

在全球，目前已经有几万亿美元规模的资金，特别是一些长线投资基金正在按照 ESG 方法来投资。目前国内外都有专业机构帮助企业来进行 ESG 评级，帮助企业和投资者了解不同企业在 ESG 方面做得如何，有什么差距和风险。

2. HR 需要关注的 ESG 维度

那么，HR 为什么要关注 ESG 呢？首先是因为 ESG 和公司的业务发展会有非常紧密的关系，如果 HR 能支持 ESG，其实就是在支持业务。事实上，在 ESG 的不同评估维度中，有如下一些评估点和人力资源管理工作息息相关。

环境方面：办公环境、员工环境保护意识等。

社会方面：平等性、包容性、员工福利与健康、职业安全、反强迫劳动、精准扶贫、公益慈善等。

治理方面：公平薪酬、税收透明、反贪污受贿政策、员工道德行为准则等。

HR 如果了解了这些，就更容易在日常工作中开始关注和 ESG 有关的维度，并积累相关的信息和数据，为未来的 ESG 评估做好准备。具体的 ESG 评估中人力资源相关维度的评分标准因不同的评估机构和框架会有所不同。我们来看一些常见维度的评估标准：

1）员工满意度和福利

员工是企业最宝贵的资产。确保他们的满意度和福利是提高组织竞争力的关键。这就需要提供有竞争力的薪酬福利、良好的工作环境，以及确保员工的身心健康。通过员工调查和反馈机制，HR 可以更好地了解员工的需求和期望，并据此采取行动。

评估标准：员工满意度调查结果、员工福利的覆盖度、员工的工作生活平衡相关政策与数据等。

2）多样、平等、包容

HR 需确保招聘、晋升与各项政策的公平性，避免歧视，实现员工队伍的多元化，包括性别、种族、年龄、文化背景的多样性。包容性文化的建立能够让所有员工感到尊重和价值，也是企业创新和成功的关键。

评估标准：企业的多样性政策、员工构成（包括性别、种族、年龄等方面的多样性），评估多元背景员工的晋升率等。

3）员工培训与发展

员工的成长和发展对企业的长期成功至关重要。HR 需提供持续的职业培训和发展机会，帮助员工提升技能和职业素养，同时也为企业培养未来的领导者。

评估标准：衡量公司对员工培训和发展的投资，包括培训的时间和预算。评估职业发展机会的可用性和员工晋升路径的明确性等。

4）用工合规与员工权益

遵守劳动法规，提供公正和安全的工作环境是社会对企业的基本要求。HR 需要确保企业的劳动实践符合法律法规要求，保护员工的合法权益。

评估标准：审查公司是否遵守当地和国际劳动法律法规。评估工作条件、工作时长、劳动合同的公平性和集体谈判权利等。

5）健康与安全保障

保证员工的健康和安全是 HR 的重要责任。这包括制定有效的安全管理体系，提供必要的安全培训，确保工作场所的健康和安全标准，制定预防事故和职业病的措施，以及建立应急响应机制。

评估标准：评估工作场所的安全标准和事故率。检查健康与安全培训的有效性和紧急响应计划的完善与否等。

6）员工参与与沟通

有效的内部沟通和员工参与能够增强员工的归属感和积极性。HR 需建立开放的沟通渠道，让员工能够自由表达意见和建议，参与到企业决策中来。

评估标准：评估员工对公司决策的参与度和内部沟通的透明度。检查反馈和建议机制的有效性。

7）员工留任和流失率

员工的留任率和流失率是衡量HR工作成效的重要指标。HR需了解和分析员工离职的原因，并采取相应措施，提升员工留任率和忠诚度，降低员工流失率。

评估标准：分析员工流失率和留任策略的有效性。评估员工敬业度，评估对关键人才的留任策略等。

8）公平薪酬

确保薪酬公平是吸引和留住优秀人才的关键。HR需进行市场调研，确保薪酬结构具有竞争力，并公平对待所有员工，包括确保男女同工同酬和薪酬透明。

评估标准：比较公司的薪酬结构与行业标准。评估薪酬差异，特别是关注性别和种族薪酬差异等。

9）社会责任与影响

企业对社会的积极贡献反映了其社会责任感。HR可以通过组织志愿活动、支持慈善项目等方式，鼓励员工参与到社区服务中，增强企业的社会影响力。

评估标准：评估企业如何通过参与慈善、志愿活动或社区发展项目对社区产生积极影响。不同评估机构可能会使用不同的方法和标准来进行评分，因此在具体实施时，各企业可能需要根据具体评估机构的要求来准备和报告相关信息。

以上这些标准的评估通常依赖于公司公开的报告、独立调查、员工反馈和其他可获得的数据。

3. HR 如何应对 ESG

了解了 ESG 的基本概念以及 ESG 与人力资源管理的关联，接下来我们再来看看 HR 针对这些人力资源相关评估维度具体应该如何应对？

第一，HR 需要积极参与公司和 ESG 相关的讨论，以此明确人力资源的哪些工作从 ESG 角度来说需要提高优先级。通过这样的讨论，可以让领导层对 HR 工作和公司 ESG 评估及未来业务结果的紧密关联性达成共识，并为 HR 提供相应的人力物力支持。在 HR 的培训工作中，也要加强和 ESG 有关的培训内容，让更多员工知晓 ESG 对于公司的重要性。

第二，HR 需要进一步了解和学习 ESG 的评估维度和市场上的一些先进做法，找出公司的差距。例如，有些公司如果在招聘员工时有明确的年龄、性别、地域等限制，那 HR 就要注意，这可能就已经意味着存在与平等包容性相关的问题了。

第三，找到了差距之后，HR 需要制订相应计划，并通过行动落实到人力资源的招聘、薪酬福利、员工体验、员工关系、企业文化等各项工作中。了解了 ESG，在企业需要做一些业务决策时，HR 也可以从 ESG 的角度给出一些建议。例如，当业务部门在犹豫是否需要将业务下沉到三、四、五线城市时，从 ESG 角度 HR 可以建议：业务下沉可以助力相对经济不发达地区的经济发展和劳动力就业，有利于未来获得更多的政府支持。

我用一首小诗总结了 HR 与 ESG 的连接：

商海浩瀚无垠，概念新潮起伏，
ESG 翩然而来，新绿洋溢起舞。
环境社会治理，三线交织画卷，
HR 驻足凝眸，未来将向何处？
办公绿意盎然，员工心怀自然，
环境安全友好，犹如春风化物。

平等包容福祉，社会责任担当，
职场每时每刻，温暖心意涌出。
爱心公益互助，织就社会和谐，
精准扶贫慈善，前路不再荒芜。
治理明公正道，薪酬公平良策，
税透反贪诚信，企业德行永铸。
ESG 大潮之下，HR 涌现力量，
多元公平包容，创新赋能业务。
时代号角已响，HR 扬帆起航，
聚焦每一维度，引领前行脚步。
迎接 ESG 挑战，HR 轻舞飞扬，
重塑企业形象，共筑未来之路！

HR 关注 ESG 不仅有助于提升企业员工的满意度和忠诚度，还能提高企业的整体表现和声誉，对股东和投资者来说也是需要考量的重要因素。因此，HR 对于推动和实施 ESG 标准应该发挥关键作用，帮助企业在可持续发展的道路上迈出坚实的步伐，进一步体现和证明人力资源工作的价值。

第8章

生态协同

8.1 从甲方乙方到生态网络

在人力资源管理领域，不论是招聘、薪酬福利、人才发展、共享服务还是数字化等方面，都涉及甲乙方之间的合作。曾几何时，网络上盛传“友谊的小船说翻就翻”这一诙谐表述，精准地映照出甲方乙方的日常合作状态。下面让我们审视以下两组对话。

对话 1:

甲方：报告已然完成?

乙方：没错，昨夜通宵达旦方才完工!

甲方：抱歉，我这边有些变动，能否予以应对?

乙方：……

对话 2:

乙方：您所提意见，我昨晚已过目，能够操作!

甲方：甚佳，感激不尽!

乙方：但您的新需求未涵盖于原合同条款之中，能否追加费用?

甲方：……

曾身为甲方或乙方的朋友们想必对此皆深有体会，甲方乙方的合作是一个永恒的议题。近些年来，尽管甲方乙方的合作仍存在诸多类似状况，然而由于环境的急剧变迁以及商业环境的多元化，这种情形有了逐步改善的契机。

我们能够观察到，在人才市场中，甲乙方之间的角色转换愈发频繁。

不少甲方源自乙方，在历经“甲方虐我千百遍，我待客户如初恋”之后，期望转换角色以助力甲方更好地与各类乙方开展合作。众多乙方来自甲方，在饱受外企大公司弊病的折磨后，凭借某些契机，怀着“世界那么大，想出去看看”的心境投身乙方阵营，拓展视野以协助不同的甲方。这当中不乏创业群体，转而开启了人生的第二曲线乃至第三曲线。

中国民企的崛起，也逐步打破了原有的市场格局。鉴于人才的长期加速流动，当下民企亦不缺乏拥有外企经验的各类人才。乙方民企往往会竭力提供性价比更高的服务，也使报价渐趋合理。

虽说中国的乙方已开始成长，但要达至世界领先水平仍有漫长的道路要走。以共享服务中心为例，我们发现一些大型外企公司共享服务中心的人力资源、财务、IT 等服务系统皆被部分知名的国外供应厂商所占据。一个重要原因在于外企多为总部集中管理，外企总部的高层决策者在选择供应商和方案时为了降低风险，有时自然倾向于选择其他同类公司已在使用的国外知名系统。如此相互效仿借鉴，最终使某些国外产品在市场上占据了主导地位。这种主导地位让这些国外产品抢占了商业先机，对中国乙方企业构成了巨大挑战。

然而，知名度颇高的国外产品在中国真的好用吗？契合中国国情吗？员工体验良好吗？恐怕未必，用过的人皆心知肚明，实际上各家外企的总部更多的时候会优先满足总部所在国家的需求。我们应当共同思索如何从模仿走向创新超越，借助中国企业向世界辐射的机遇逐步占领国际市场。

尽管我们看到在共享服务中心的构建上，许多国内企业在满足国内用户的需求方面已凭借技术优势实现了弯道超车，在服务体验上逐步超越国外产品，但鉴于目前中国的乙方对国际市场缺乏了解，积累的国外服务经验有限，因而人力资源、财务、IT 等共享服务系统的国内产品当下仍难以打入外企和国际市场。

在此情形下，或许需要更强调甲方和乙方的通力合作。众多甲方的中国高管已在担任亚太或者全球领导的职位，甲方是否能够为乙方提供助力，携手协助中国的乙方深入了解更为广泛的国际市场需求？国内民企是否敢于在迈向世界的进程中为中国乙方供应商提供更多走向世界的机遇？同时，中国能否涌现出更多愿意深度思考、努力尝试为甲方在发展道路上排忧解难而非制造难题的良心乙方企业？

或许有人担忧过多的外部交流协作与共享会削弱自身公司的竞争力。事实上，我们能够看到一些正在显现的趋势，让我们意识到中国的企业需要齐心协力予以改变。例如，当下部分外企将服务于中国员工的人力资源、财务、IT 等共享服务中心向更低成本的国家（马来西亚、印度、菲律宾等）转移。我们不难发现，在这一转换过程中，员工的满意度必然下降。但为何外企总部仍然执意如此呢？实际上，降低成本乃是最大的诱因，即便这些外企表面强调员工体验，但出于成本考量仍做出了牺牲员工体验的决策。这些现象值得我们共同深思。

中国的企业能够共同探讨如何运用更多创新的模式来提升共享服务中心的价值。中国无法永远依靠人力成本优势与低人力成本国家抗衡。但倘若共享服务中心的灵活应变能力、科技实力、分析能力、顾问能力能够持续强化，则将创造出低人力成本国家无法替代的价值。这也是业界的甲方和乙方能够持续努力共同追求的目标。

甲方和甲方亦应当更多地携手合作，随着社会环境的变化以及各类数字化应用的持续发展，企业会因为员工而产生更紧密的连接。如果一些必要的信息能自动在企业间通过授权进行流转，就会大大减少对新员工进行背调的工作量。在未来，员工在企业间的流动可能会像在一家公司中不同部门间转岗那样。甲方和甲方的合作在未来也能够产生更多灵活用工的可能性。

甲方跨企业合作具有诸多益处。举个简易的例子，对于一些国家的复杂政策，为何每家公司都得各自耗费时间解读一番，撰写一封通俗易懂的邮件通知员工？找一家公司的文笔出色的 HR 撰写并共享，千千万万家公司的 HR 直接拷贝不就妥当了，建立大行业的跨企业共享中心又何尝不可呢？我们看到有几家卓越的甲方共享服务中心已然将自家公司的共享服务单独打包，成立公司对外服务，这不正是甲方公司向乙方公司华丽转变，进而与更多甲方开展合作的实例吗？

企业与政府亦有可能借助技术打通共享服务中心，利用政府的人工智能系统来统一解答所有企业中员工对政府政策的疑问，为企业减负。在未来的中国，政府和企业合作的可能性无穷无尽！

甲方乙方需要携手并肩共同走向国际。在解决了“生存”这一问题之后，许多民营企业家都会开始思索如何做对社会、对行业具有影响且富有意义之事，思考如何引领市场朝着更健康的方向发展。如何走向世界与国外的产品竞争。相信在中国业界，许多甲方乙方将会达成更为深入的长期战略合作关系，并有机会领先于世界。甲方和乙方的相遇乃是一种缘分，应当相互珍视，相互支持，相互成就。期待中国的甲方乙方们能够搭乘友谊的小船，携手共建战略伙伴的巨轮，自此扬帆起航！

8.2　企业未来的灵活用工模式

1. 灵活用工模式

随着社会协同生态网络的逐步发展，企业的用工模式也会更加灵活和多样化，以适应不断变化的市场需求、技术进步和员工期望。以下灵活用工模式可能会在未来得到更广泛的采用。

1）远程工作

越来越多的企业会采用远程工作或者混合工作的模式，员工在所有时间或部分时间里不需要到办公室上班，而是可以在家或任何地点进行工作。员工可以根据需要和偏好安排工作地点。随着企业出海和全球化的趋势，远程工作和分布式团队能极大地增强团队合作的灵活性，同时也能降低企业的办公室租用成本和员工的差旅成本。当然，人与人的互动需要有面对面的沟通与协作，因此作为人力资源从业人员，需要以团建等各种形式创造一定的面对面协同的机会。

2）灵活工时

在未来，从员工体验的角度，会有越来越多的员工希望可以自主选择工作时间，只要能完成工作任务和参加必要的会议即可，包括员工也可以压缩一周的工作时间，例如可以通过每天工作更长的时间来实现每周工作 4 天。其实灵活工时并不是一个新的话题，中国很早之前就有标准工时、不定时工时和综合工时，但这些灵活工时的出发点还是满足企业的需求。未来可能会更多地从员工的角度出发。对 HR 来说，未来员工工作绩效的评估将更多基于实际成果和目标完成情况，而不是工作时间或出勤情况。

3）共享员工

随着未来变化的加剧，企业所面临的动态挑战也会越来越严峻，使得企业间有更大范围的协同成为可能。2020 年发布的《人力资源社会保障部办公厅关于做好共享用工指导和服务的通知》也明确支持企业间的共享用工。

从劳动力角度来说也是一样，未来更多企业将通过与自由职业者合作或在企业间及借助第三方力量实现共享员工。对于人力需求季节性变化较大的行业，共享员工可以有效地降低企业的用工成本。对以项目为主导的企业，可以根据特定项目的需求，协调共享员工为不同企业的项目提供不同的服务，方便企业更灵活地调动人力资源。未来也将有越来越多的人才云平台帮助企业寻找和雇佣全球范围内的自由职业者和专业人才，按需使用专业技能。

4）超级个体

即使是在企业内部，由于人工智能技术的发展，未来也一定会出现很多跨部门的超级个体，这些人可以在企业内部依据需求来灵活为公司服务。HR 一定要了解这个趋势，日常在企业内部鼓励员工不断学习和更新技能，帮助员工持续利用新技术，发展新技能，打造未来的超级个体，才能更好地让企业在未来保持竞争力。以上这些灵活用工模式不仅能帮助企业更好地适应经济和技术的变化，还能满足员工对工作和生活平衡的需求。为了成功实施这些模式，企业需要建立相应的管理策略、技术支持和文化环境，确保既能提高工作效率，又能维护员工的满意度和参与度。

2.“共享员工”如何缴纳社保和个税

“共享员工”不仅是当前经济形势下一种灵活解决就业的方式，也是企业和个人为了应对未来更快速变化的环境需要的一种生态协同模式。但在实操层面，企业和个人都会遇到“共享员工”到底如何缴纳社保和个税的问题。

在传统的用工模式下，这一点比较简单，企业与员工签订劳动合同，由企业代扣代缴社保和个税。如果是用工企业之间通过签订合作协议共享员工，仍然可以由与员工签订劳动合同的企业为员工缴纳社保和个税，企业间通过协议来实现费用的划转。

但如果是真正意义上的“共享员工”，则意味着劳动者不会隶属于任何一家公司，签订的是劳务合同而不是劳动合同。当然如果“共享员工”的其中一家公司愿意与劳动者签订劳动合同，帮助员工缴纳社保，那也是可以的，但这家企业同时也需要按照工资薪金收入来为这位劳动者代扣代缴个人所得税。

现在个人到户籍所在地进行办理也可以缴纳社保，个人缴纳社保的模式对于企业来说意味着更大的灵活性。一般个人主要缴纳养老保险和医疗保险。从个税角度来看，如果“共享员工”和企业签订劳务合同，那么企业要按照劳务报酬来为“共享员工”缴纳个人所得税。劳务报酬一般按次计算，一次收入800元以下免税；一次收入800至4000元则按扣除800元后乘以20%计算个税；一次收入大于4000元则扣除20%

后再按照20%税率计算个税。当然，劳务报酬属于个人综合所得，因此每年“共享员工”可以通过个税汇算清缴依据全年的总收入进行退税或补税。

还有一种模式就是企业和个人使用具有委托代征资质的灵活用工平台。在符合税务要求的灵活用工场景下，经在灵活用工平台提供服务的个人同意后，在平台进行了税务登记的自然人在报税时被视为个体工商户主体身份，可以享受相关的税收优惠政策。在提供灵活用工范畴内的真实服务时，个人的收入属于经营所得。经营所得可以由灵活用工平台按月申报缴纳所得税。应税所得额及对应税率由当地税务机关核定，各省份间有一定差异。具体可见灵活用工平台提供的委托代征协议中约定的核定征收税率。目前，一般灵活用工平台约定的核定征收税率与个税相比会优惠一些，在具体使用这种模式时需要向灵活用工平台咨询，确保合规。

随着技术的发展，超级个体越来越多，“共享员工”和“灵活用工”可能也会在将来成为大家习以为常的一种企业与个人之间的合作模式，在未来也应该期待更有利于企业和劳动者的利好政策出台。

8.3 HR如何在生态协同中统领大局

接下来，我们来看一下在生态协同的未来趋势下，人力资源部门应该扮演什么样的角色，才能以企业的最终战略方向为导向，更好地促进组织内外部生态系统的有效协作和创新。

战略规划：HR首先应该把自己放到战略高度，结合对人力资源未来管理趋势的思考，通过数据实时跟踪人力资源各项工作对业务所产生的影响，并在不同领域思考人才协同的模式。HR要培养开放和包容的文化，鼓励跨部门协作、创新思维和持续学习。这种文化对于生态系统内不同组织和个体的有效协同至关重要。

人才生态：HR 应该拓展更多的生态协同的资源渠道，以更灵活地调动企业外部的资源。通过招聘、合作伙伴关系和外部网络，建立一个多样化的人才生态系统，包括全职员工、合同工、远程工作者和自由职业者。

人才发展：HR 在未来不但要为内外部员工提供持续的学习和发展机会，包括职业发展规划、技能培训和领导力发展，以适应生态系统的变化需求，也要更好地思考如何赋能外部合作资源，使其理解并认同公司的使命和核心价值观，这有助于在整个生态系统中保持一致性和目标导向。更好地为企业目标服务。

优化组织：HR 需要进行更灵活的组织设计，借助矩阵管理、项目团队和网络组织，促进内部和跨组织的协作。HR 还要鼓励和促进不同背景和领域的员工间的交流和合作，打破部门壁垒，激发创新和协同。

有效沟通：HR 需要在企业内外部建立透明的沟通渠道，确保信息传播在整个生态系统中畅通无阻。同时也要利用技术促进协同，通过社交平台、协作工具和企业社交网络，促进信息共享和团队协作。

绩效管理：HR 需要持续打造基于生态协同的绩效管理，对外部资源也要借鉴绩效管理的模式，采用结果导向和定期反馈的原则，通过定期的调研、沟通收集关于生态系统协同的反馈，并据此进行调整和改进。

综上，HR 在帮助企业构建一个面向未来的协同、灵活和创新的组织生态系统，促进不同利益相关者之间的有效合作方面还有非常多需要做的工作和能够创造的价值。如果 HR 能在这些维度上统领大局，就能更好地助力企业在未来竞争激烈的市场环境中保持领先优势。

第 9 章

创新领导

9.1 未来需要什么样的领导力

9.1.1 未来更需要有温度的管理

在未来的商业环境中，企业面临着愈发快速的变化，对具备内驱力和创新力的员工需求日益迫切。传统的薪酬激励手段，诸如为员工涨薪，虽能让员工获得短暂的工作动力，但往往几天后便会恢复常态，其对员工内驱力和创新力的长效影响渐趋微弱。

员工在企业中的综合体验，才是直接左右其工作内驱力与创新力的关键因素。一个充满温度、洋溢正能量、彼此尊重且相互理解的工作环境，会令员工深切感受到自身被重视与关怀，进而激发其敬业精神，促使他们更积极地投入工作，充分释放潜能，为企业贡献超乎常规的努力与创造力。这种超越常规的生产力，无疑是企业于激烈市场竞争中崭露头角的核心要素。反之，若企业管理缺乏对员工的基本尊重与关怀，营造出冷漠、高压的工作氛围，员工会产生被忽视乃至被剥削之感，致使工作积极性锐减，人才流失严重，最终给企业的长期发展造成负面影响。

当下的资本市场高度重视企业的可持续发展指标——ESG，其中的“S”涵盖了人力资源管理中的平等性、包容性、员工福利与健康、反强迫劳动等多个维度。倘若企业的文化对劳动者缺乏尊重，在ESG评估中必然处于劣势，这些负面因素共同作用，必然降低资本市场对企业的预期，并最终反映在股价上。

此外，企业出海已成大势所趋。在跨文化管理中，不少国家的职场文化尤为注重对员工的关怀，KPI、OKR 等工具并非关键，与员工建立良好关系才是重中之重。部分国内企业管理者若养成独断专行的思维模式，显然难以满足企业全球化管理与发展的需求。

企业开展绩效管理，注重逻辑和结果交付本无可非议，但不容忽视的前提是“有温度的管理”，即企业对员工的关怀和人性化管理。先营造温度，再论及逻辑，这才是正确的顺序。

在企业管理实践中，应着重从以下维度塑造有温度的企业文化：其一，尊重个体，认同每位员工的价值与贡献，尊重其意见和个性；其二，秉持公平公正原则，构建公平的激励机制，确保员工的努力能获得合理回报；其三，确保透明沟通，维持开放的沟通渠道，激励员工提出意见与建议；其四，关怀成长，关注员工的职业发展与个人成长，提供必要的培训与支持；其五，注重工作生活平衡，鼓励员工平衡工作与生活，关心他们的身心健康。

这充分彰显了人力资源管理中的企业文化价值观建设对业务成果的重大作用，有温度的管理可以让企业进一步激发员工潜能，赢得员工真心，从而赋能业务持续成长，形成正向循环。

9.1.2 赋能型领导力

除了在企业的文化价值观建设方面注重有温度的管理外，管理者的领导力也需要持续升级。因为随着外部环境变化的加剧，组织和团队也面临越来越多的不确定性，我比较喜欢用花样跳伞运动来形容当前组织遇到的挑战。我们需要像花样跳伞队那样，即使是在快速变化的环境中，也能通过随时适应变化来共同达成业务目标。

未来各家企业会有越来越多的敏捷组织，敏捷组织强调快速响应市场变化，注重客户需求，并能够在不断变化的环境中灵活调整策略和操作。敏捷组织通常有扁平化的管理结构，以简化决策过程，加快响应速度，可打破传统部门墙，促进信息的快速流通和资源的有效配置，会鼓励创新、持续迭代和快速试错。敏捷组织的员工通常也被赋予更大的决策自主权。

为了应对这些趋势，需要每一位团队成员具备更多的应变力。加之职场的新生代员工也越来越有想法和个性，更敢于挑战权威，在未来传统的命令与控制型领导力显然已经很难满足组织发展的需要。

现代组织更需要的是赋能型领导力。赋能型领导能够充分激发员工的潜能和创造力，使他们在工作中更有自主性、创造性、责任感和内驱力，从而实现个人和组织的共同成长。

那么，如何成为一位赋能型领导呢？以下是我总结的赋能型领导力的 8 大要素：

1）成就他人：赋能型领导首先要有利他思维，要帮助他人成长和发展。不仅关注员工的工作成果，更关注员工的能力提升和职业发展。通过提供培训、指导和支持，赋能型领导能够激发员工的潜能，使他们在工作中取得更大的成就。

2）摆脱自我：赋能型领导需要学会放下自我，关注团队的需求和利益。不强调个人权威，不断走出自己的舒适圈，终身学习和成长。

3）认可鼓励：认可和鼓励是赋能型领导的重要手段。他们能够及时发现员工的优点和成绩，并给予充分的认可和鼓励。这样能够增强员工的自信心和动力，使他们更有内驱力地工作。

4）包容归属：赋能型领导应创造良好的团队氛围。他们欢迎不同背景和观点的员工，并努力使每个人都感到自己是团队的重要一员。

5）建立信任：信任是赋能型领导的基石。领导要通过诚实、透明和公正的行为赢得员工的信任。只有在信任的基础上，员工才愿意接受领导的赋能和工作中的挑战。

6）同理发展：同理心是赋能型领导的重要品质。他们能够站在员工的角度思考问题，理解员工的需求和挑战，并提供相应的支持和帮助。

7）使命战略：赋能型领导能够为组织和团队制定明确的使命和战略。他们使员工明白自己的工作对于组织目标的重要性，从而激发员工的责任感和归属感。

8）协同文化：协同文化是赋能型领导所倡导的工作方式。他们鼓励团队成员间的合作和沟通，促进知识和经验的共享，从而提高团队的整体效能。

新时代的企业管理者如果能具备赋能型领导力的 8 大要素，就能更好地激发员工的潜能，提高团队的绩效，实现组织的可持续发展。

9.1.3　数字化领导力

伴随着企业的数智化转型，几乎所有的部门都面临着数字化的冲击，各家企业都急需具备数字化能力的领导者，才能更好地应对未来趋势。但这对传统的领导者们构成了巨大的挑战，因为很多传统领导者其实都不是技术出身，要跟上这么快速变化的技术发展不那么容易。那作为 HR，我们应该如何有效地在企业中帮助各级管理者提升数字化领导力呢？我有如下 6 点建议。

1. 趋势洞察

数字化时代，类似 AIGC 这样的新技术和工具层出不穷，因此领导者首先要保持开放和宏大的视野。领导者需要通过各种渠道来了解随着科技的快速进步，世界、国家以及所在的行业正在发生什么变化。顺势而为则事半功倍，逆势而行则事倍功半。

2. 技能提升

领导者虽不必成为技术专家，但建议要学习一些基本的数字化技能。特别是对于数据分析、人工智能等关键技术要有基本的了解。这有助于领导者更好地与相关技术团队交流，并做出正确的业务决策。数字化时代，知识更新迭代的速度较快，因此最好能养成持续学习的习惯以便跟上时代步伐。

3. 数字思维

基于对趋势和数字化知识的了解，领导者必须转变思维，深入理解和分析数字化如何影响企业，从更高的层次来审视数字化。数字化不仅会提升工作效率，对客户的行为及获取方式、企业的运营和商业模式、产品的设计研发与制造、市场营销的渠道和手段等都会带来非常大的影响。发展系统性的数字化思维，是提升数字化领导力的关键。

4. 实战演练

有了数字化思维，领导者还必须通过实践来尝试将数字化与企业发展目标相结合。因为只有实践和行动才会产生结果。可以在企业中找到合适的应用场景，并通过数字化手段来解决实际业务痛点。通过了实践的验证，就能更好地帮助企业制定切实可行的数字化战略并持续调整以确保与时俱进。

5. 积极推动

要让数字化战略在团队内部落地实施，我们还需要领导者有能力在团队内部营造数字化的组织文化，推动员工接受数字化工具和模式，克服不愿意转型的惯性思维。为了达成变革，领导者要积极倡导创新和试错，鼓励员工勇于尝试。领导者也可以以身作则，在数字化项目或者数字化工具的使用中身先士卒，用行动和结果进一步推动团队的数字化转型。

6. 赋能内驱

上一节提到的赋能型领导力也是数字化领导力的一个重要维度，未来的管理不应该再是自上而下的科层式、命令式管理。因为随着变化的加速，管理者过往的经验在企业关键决策中起到的作用会越来越小。管理者更需要激励作为数字时代原住民的年轻员工产生内驱力，让他们认识到工作的意义感。领导者要更善于使他人行。

以上，就是提升数字化领导力的 6 个关键要点。数字化领导力的提升并不能一蹴而就，而是一个持续的过程，因此需要持续的热情、努力与行动。HR 也需要意识到企业中数字化领导力的重要性，并不遗余力地在企业中打造更多拥有数字化领导力的管理者。

9.2　未来的组织发展怎么做

有了具备数字化领导力的人才，我们还要让这些人才更有机地形成一个高效的组织，才能更好地赋能业务，这也是组织发展的最主要目标之一。组织发展的英文是 Organization Development，简称 OD，OD 是 HR 为业务创造价值的重要武器。虽然有不少企业的人力资源部门创建了 OD 的角色，但只有为数不多的 OD 真正在做组织发展的工作。而其他 OD 的工作可能更多地和人才培训与发展有关。

未来 HR 如何才能做好组织发展工作呢？我们先来看看什么是组织发展。所谓组织发展，就是在变化的环境中，设计或者优化必要的工作方式，使得组织的工作更加高效，从而满足和达成组织未来的战略和业务目标，同时提升用户和员工体验。

组织发展并不是简单的组织架构设计，因为单从组织架构图中是看不出战略目标、关键流程和职责范围的。组织架构是偏静态的，但组织永远是在变化中面向未来的。因此，组织发展通常要经过评估、设计、实施、优化等阶段并不断进行循环迭代。

9.2.1　组织发展胜任力分析

OD 角色如果在企业中能够与业务团队紧密合作，并能做到如图 9-1

这些关键点，就能完成比较有意义的组织发展。

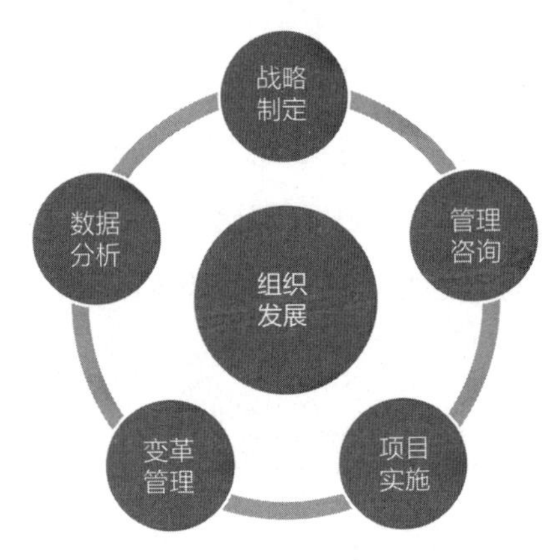

图 9-1 组织发展胜任力模型

1. 战略制定

组织发展需要从战略出发，满足公司领导层的战略需求。OD 工作需要对业务战略有一定的洞察和见解，才能更加有的放矢。如果公司有战略部门，那 OD 就更需要和战略部门紧密沟通，了解战略方向，才能让后续组织发展的工作真正有方向可言。

就像要造一艘船，我们先要明确这艘船是货轮还是客轮，是追求速度还是追求载货量，是民用还是军用，是在水面上航行还是在水下航行。需要达成的目标不同，就会有完全不同的设计。因此，组织发展也要从战略需求出发来进行顶层设计。

当然也有很多组织发展需求只是针对部分业务变化在先前架构及流程基础上的改动。这时我们也需要通过沟通分析，了解业务变化的目标以及最终要解决的问题是什么。没有这个过程和思考，一方面缺失了组织发展前行的方向，另一方面会为后续的变革带来很大的障碍。如果不知道变革背后的根本原因和目标，如何能让更多人追随和支持变革呢？

2. 管理咨询

还是先用船的例子来引入话题。如果我们明确了需要设计制造用于海面航行的民用客船，我们会发现不同的团队设计出的船可能都能满足这个需求，但船型却是千差万别的。

组织发展也是一样，明确战略方向后，组织发展同样是没有标准答案的。组织发展其实是一个管理咨询的共创过程。OD 在组织发展中的角色也应该是以顾问、引导、教练为基础去了解关键业务客户，引入战略地图、流程设计、设计思维等方法论和外部市场信息，与关键业务客户建立信任，引导业务决策层共同讨论来设计顶层流程和制定管理策略。

管理咨询顾问的能力通常分四个层次：最基础的要求是顾问能按时按质完成业务客户所给出的任务，解决问题；进一步的要求是能够基于业务部门的需求及现状提出建设性方案；更高的要求是能够发现客户看不到的深层次的问题；最高层能力是与客户建立完全信赖的业务伙伴关系，你中有我，我中有你。对于 OD 来说，能够达到的顾问能力级别越高，对组织的顺利发展就越有利。

组织发展也是需要群策群力的，因此在此过程中，OD 也可以运用引导和教练技术让更多的业务专家来共同思考和决策。在管理咨询的过程中，为了激发团队的共创能力，OD 的价值是可以引入一些测评、模型和方法论来帮助大家思考，如麦肯锡的 7S 模型、Galbraith 星形模型、Nadler-Tushman 模型等组织发展模型。

3. 项目实施

有了战略方向和顶层设计，就需要将业务流程和组织发展细化，并最终让设计在企业内部落地。有时企业会在战略方向和顶层设计阶段使用第三方咨询公司，但之后会由公司内部的团队来接手。应用这种模式时，如果之前太依赖第三方，在落地实施时我们就会发现第三方顾问由于对公司的历史情况及人员细节不甚了解，在设计时产生了各种疏漏。但往往细节决定成败，因此在实施时就会出现各种问题。

建议由 OD 来负责整个组织发展项目的实施，可以引入第三方的支持，但是同时OD也要能够把握细节，这样就能很好地管理咨询顾问，产出真正注重细节的设计。在咨询公司退出后，OD还能继续领导实施、跟踪及持续迭代的工作。

因此，OD也非常需要掌握项目管理知识，提升对项目范围、计划、实施、跟踪，风险及利益相关者进行管理的能力。在组织发展变革中，甲方的项目管理能力对整个项目的成功与否至关重要。

4. 变革管理

组织发展主要是要顺应变化的需求，也一定会给组织里的人和事带来相应的变化。但凡变化涉及人，就不会是轻而易举的。OD需要通过变革管理来推动变革的落地，才能真正最终体现价值。

组织成员对待变革有不同的态度，有带头引领变革的，有跟随的，有观望的，还有抵触捣乱的。让尽可能多的员工能够认同变革，跟上变革的步伐，是组织发展成功的关键。因此必须制订相应的变革管理计划。

组织发展需要与公司战略紧密结合。和战略结合越紧密，领导层一定会越支持，日常对员工的影响也就越大，因此推动变革也就会越容易。在变革管理计划中，我们要依据不同类型员工的不同需求及对变革的不同影响力来设计不同的沟通策略，达到影响的目的。在实施过程中我们也要能通过一些短期里程碑的达成来稳固成果，稳定军心，以此坚持推动变革的实施，这些都是OD需要掌握的变革管理能力。

5. 数据分析

由于组织发展没有标准答案，因此衡量有效性就变得非常关键。没有衡量就无法管理，无法诊断当前组织有什么问题，无法验证我们的组织发展工作是否产生了效果。

假设我们的组织发展是为了解决组织效率低、业绩增长慢的问题，那么我们要在组织发展时先量化当前的人效比和业绩，同时考虑在完成变革后，我们在一定时间内期望达到的人效比和业绩增长目标。

为了将来能持续改进和迭代，我们也需要通过数据衡量才能了解每一时刻的状况，因此在组织发展的过程中，我们也一定要考虑如何将组织发展所要达到的目标转化为可以量化的目标。

我们在推进组织发展时总会有如业务创新、简化流程、有效团队协作等定性的定义，但是如果没有进一步的方式来量化地衡量，组织发展项目可能就永远无法结束。因为每个人对这些定性描述的理解都是不一样的，随时都可能有人跳出来说结果和他想象中的不一样。

如果我们能制定一些合理的指标，例如衡量现有流程中的节点数和流程所经历的时间，制定创新评估委员会对业务创新能力的评估准则，进行针对团队协作顺畅度的反馈调研等，就能让变革团队有清晰的努力方向和目标。

在这里有一点重要提示：我们在思考量化的方式时，也需要考虑到有些衡量方式最初设计时可能并不一定合理，经过后续实践的检验，我们才能更好地验证它。因此，应该允许在组织发展落地过程中在有合理解释的情况下对衡量方式进行调整。

如果不明确这点，很多衡量设计就会变得很保守，因为大家都会担心设定了目标但做不到。在设定目标时要考虑如何才能更好地激发团队的能动性，这也是细节决定成败的例子之一。

以上就是组织发展所需要的一些关键能力。由此我们可以看出，对 OD 的能力要求其实和对传统 HR 的能力要求有所不同。

9.2.2　HR 如何切入组织发展

希望在组织发展中能够取得成绩的 HR 应该更多地掌握战略规划、管理咨询、项目管理、变革管理、数据分析等方面的能力。在招募组织发展团队成员时如果能更看重以上这些能力，就更容易匹配实际的工作需求。

对于公司内部的传统HR来说，由于历史原因，对这些能力上的历练是不足的。这有时会影响HR在变革中的话语权。话语权的不足又会导致较少的组织发展历练机会，如此循环形成困局。

那么，不断学习和成长的HR如何能够切入组织发展，得到业务部门的重视并逐步提高自身价值呢？

首先我们要认清组织发展的本质、目标和需要的能力，然后通过各种行动、学习来积累自己与这些关键能力有关的知识和经验。在日常工作中也要养成习惯，去应用这些知识，才能进一步和业务部门领导实现相互信任。例如，平时应善于倾听业务部门的需求和问题，了解相应的业务工作衡量方式，了解业务的痛点。在向领导汇报和提案时善于用流程文档及数据分析来反映现状，并基于事实提出建议，同时说明建议如何能够解决相应的业务痛点。相信这些能力的日积月累能让HR和业务部门建立起更多的信任。

OD有很多流派，也有很多工具与方法论。但做一件事情时，如果核心价值不清晰，就容易走弯路，再好的工具与方法论也有可能无法产生真正的价值。

一家公司的成败很大程度取决于公司高级领导层的能力与配合。这也是为什么公司普遍重视高管团队，很多政策和资源都会向高管倾斜的原因。但有时，即使对于高管的政策和资源都到位了，但高管们的思想却不一定到位。不少高管的单兵作战能力很强，但也都很有个性，有各自的战略和思路。最终导致高管层思想不统一，表面上公司有明确的战略目标和实施路径，但其实高管们内心的理解和解读南辕北辙，产生巨大内耗。

正所谓当局者迷，旁观者清！这时，就产生了第三方介入的必要性，也是OD切入的核心抓手。OD要从各维度对组织进行诊断，厘清当前组织存在的问题和各问题的优先级。但要做好组织诊断，并不是简单地发一份调研表格让所有员工填写一下，然后进行分析就能得出结论的。高端的 OD 应该是无招胜有招，先从与 CEO 和高管团队对话开始，通过引导、教练等技术来了解高管在想什么、做什么、要什么。在潜移默化中灵活地发现并点出组织中存在的问题，才能获得管理层的信任。再配合以工具方法论，才是在组织中顺利开展组织诊断的合理路径。

这就对 OD 提出了很高的要求，既要了解 OD 方法论、教练、引导等技术，也要有足够的经验、洞见甚至是气场来与高管进行对话。初步诊断出组织问题后，OD 就需要通过工作坊等形式来让高管团队内部发生正向化学反应，让组织发生蜕变，以实现组织融合、思想统一，确保战略目标清晰，并合理拆解到日常的运营流程、绩效管理中进行跟踪。

在未来，随着数智化技术的发展，OD 过程完全可以借助技术和数据辅助，变得更客观、精准、高效。因此，OD 最核心的价值就是通过系统性的学习，具备大局思维，利用 OD 来引领和推动组织产生价值。

大多数公司都有现有的设计和做法，因此除非有巨大的公司变革，平时并不会把整个公司的架构和流程再重新设计一遍。所以很多时候组织发展是局部性的，如果我们在日常工作中有心对某些部门进行深入了解，就能把握局部变革的机会，帮助相关部门进行组织变革的设计。

在有了应用的机会之后，HR 也要了解自己的管理咨询的定位，基于和业务部门建立的信任关系让业务部门能更广泛地参与。通过提供业务部门平时不太熟悉的方法论来增加 OD 的价值。在整个过程中 HR 也可以发挥对人员了解的优势积极推动变革管理，从而实现双赢。

如果在公司业务部门的组织发展机会相对偏少，HR 也可以从部门团队内部开始推动组织发展，一方面可以让 HR 工作持续增效，另一方面可以让 HR 更加熟悉组织发展的方法论和积累经验。让我们共同努力，一步一个脚印地提升 OD 相关的能力，更有效地贴近业务，为业务创造价值。和业务部门真正成为你中有我、我中有你、亲密无间的合作伙伴。

第 10 章

HR 如何制胜未来

10.1 HR应对未来的核心竞争力

在之前的章节中，我们深入探讨了在科技迅猛发展以及全球商业环境持续变迁的大背景下，人力资源管理的发展趋向。那么，为了从容应对未来层出不穷的全新机遇与严峻挑战，HR究竟应当具备哪些核心竞争力，方能在未来的竞争中脱颖而出呢？我为大家总结了HR制胜未来的5大核心竞争力。

1. 专业洞见

无论外部环境如何风云变幻，HR若期望在未来不断提升自身在企业中的影响力，其专业性无疑是坚实的根基。然而，衡量HR专业性的标准，绝非仅仅是对政策的熟悉程度，或是掌握方法论和工具的数量，而是在精通专业知识的基础之上，深谙如何灵活运用这些知识，去巧妙化解各类棘手难题。因为在瞬息万变的未来，众多HR所面临的困境往往没有现成的标准答案，且会因组织架构、人员构成以及具体状况的差异而各不相同。所以，HR需要具备顾问式思维，始终以结果为导向。在关键时刻能够展现自身独到的专业见解，并能搞定问题的HR，才是能够适应快速变化的业务环境的卓越人才。

2. 业务跨界

在未来的职场中，HR不能仅仅具备人力资源领域的专业知识，还需要广泛涉猎其他业务领域，深入理解不同业务的运作模式和关键节点。

例如，了解市场营销的策略制定，熟悉产品研发的流程管理，或者精通财务分析的基本原理。同时，随着全球化的推进和多元文化的融合，HR 还应当具备文化跨界的能力，能够敏锐地感知和尊重不同文化背景下的工作方式和价值观念。在跨国企业或多元文化团队中，HR 要能够协调各方，化解因文化差异可能引发的冲突，促进团队的高效协作。只有这样，HR 才能在复杂多变的业务环境中如鱼得水，为企业的发展提供全方位的支持。

3. 技术数据

HR 在未来的工作中，务必要学会借助人工智能等各类先进技术来提升工作效率，使自己从烦琐的事务性工作中解脱出来，唯有如此，HR 才能腾出足够的时间去深入钻研专业知识和实现跨界发展。既精通专业，又熟悉业务，并且能够将管理中的痛点与技术解决方案紧密相连的 HR，才有能力充分利用数字化手段为人力资源管理赋能。未来企业的深度数字化进程，同样要求 HR 更多地基于数据理性思考，并以数据驱动决策。因此，HR 需要培养更为敏锐的数据分析思维。只有善用技术和数据这类新型武器，HR 才有可能创造出更高的价值，并形成价值创造的良性循环。

4. 沟通情商

具备了上述这些“硬技能”之后，HR 还需要拥有沟通和情商这样的“软技能”。尽管听起来这些似乎是较为传统的能力，但我认为它们对于未来的 HR 而言依然至关重要。毕竟，无论世界变化的速度有多快，人性的本质变化不大。具备高情商且善于沟通的 HR 才能够成为组织发展的强力催化剂，让整个组织更具凝聚力。HR 需要从错综复杂的关系中精准地抓住解决问题的关键要点，准确判断在何时对何人说何种话以及如何表达。倘若缺乏良好的沟通能力和情商，HR 要在未来推动组织人力资源管理的持续变革几乎是天方夜谭。

5. 有效人脉

未来的社会是一个强调生态合作的社会，我们需要拥有充足的企业外人脉，方能更及时地获取信息和资源，以迅速响应外部环境的急剧变化。两耳不闻窗外事，一心只读圣贤书的模式显然无法适应未来时代的严苛要求。所以，HR 最好能够在企业之外构建起更为广阔的人脉关系网络。但需要注意的是，人脉绝非仅仅指微信联系人的数量，真正的有效人脉是建立在交流与合作的基础之上的。因此，HR 在日常工作中，应当多参与业界的互动与协作，平时积极帮助他人，关键时刻才能得到他人的支持。

需要特别强调的是 HR 之间的业界合作非常重要。目前在不少企业中，HR 部门的传统思维意识可能无法非常迅速地转变，还在进行一些传统的事务性管理。相应地，公司的管理层可能也无法认识到人力资源部门的重要性，导致 HR 在公司中的预算、资源、话语权等有限，在业务变革中无法真正发挥应有的作用。在这样的背景下，HR 在整个业界的相互协同与互助会是一个很重要的破局点。HR 的业界合作有如下这些好处。

1）减少重复工作

HR 领域存在一些在各家公司都要做的比较类似的工作。最简单的例子就是在很多场合 HR 都需要给员工发各种通知邮件。对此类工作，如果能我为人人，人人为我，就能相互帮助提升整体的工作效率，减少各家公司不必要的重复工作。这也是我通过深蓝信息个人公众号坚持多年分享邮件通知模板的原因。

2）知识分享学习

人力资源的绩效管理、人才招聘、人才发展、薪酬设计、共享服务等都会用到不同的工具和方法。随着技术的发展，还会有很多新的工具和方法产生。HR 在公司中是小众人群，对于某些工具和方法（例如，Power BI 可以用于人力分析），可能在一家公司只有一位 HR 会用，单兵作战，学习过程很痛苦。如果多家公司做 Power BI 的 HR 能一起交流，就能共同学习，加速能力发展。HR 管理和外部法律法规的变化也息息相关，有很多实操问题可能在行业群里问一下就能非常迅速地得到解决。

3）行业实践对标

每家公司都有不同的人力资源管理实践，如果不知道其他公司是怎么做的，就很难判断当前自己的做法是不是最好的。通过同业交流，HR 可以相互对标，获得启发，更快地驱动持续改进。定期讨论不同组织的成功实践和失败教训，也有助于帮助自己的公司制定更有效的战略。

4）建立职业网络

业界互助还有助于建立强大的职业网络。HR 从业者可以通过参加行业活动、研讨会和借助社交媒体来建立联系。这些联系可以让我们在需要帮助的时候能够尽快地找到同行资源，同时也可以为未来的职业机会打开大门，一个坚实的职业网络对于职业生涯发展至关重要。

5）提高行业声誉

HR 行业的声誉和形象是影响其吸引力和价值的重要因素之一。通过互助，HR 从业者可以共同努力提高行业的标准和道德规范。共同致力于实现职业道德、多元化和包容性等方面的目标，有助于塑造一个更受尊敬、更受信任的行业。为了让更多业务领导重视 HR 工作和部门，我们也需要联合业界力量更多地在市场上发声，以此潜移默化地改变业务部门对人力资源管理重要性的认知，这也是对行业的一种贡献。

因此，在快速变化的时代，HR 的行业互助不仅能帮助自己不断成长，加速职业发展，还能帮助公司更快地提升人力资源管理水平，赋能业务，更能共同提升整个 HR 行业的水准。在这个数字时代，HR 互助也变得更加便捷，期待更多 HR 专业人士能积极参与业界协同，推动整个行业的进步和发展。通过合作更好地迎接 HR 领域不断变化的挑战。

10.2 未来人力资源管理团队的组成建议

基于对人力资源管理未来趋势的展望，我对于未来人力资源管理目标的定义是：人力资源管理需要从业务战略出发，持续优化组织并帮助业务部门在合适的时间点把合适的人放到合适的位置上，持续提升员工体验以提升员工敬业度与生产力，以可衡量的方式达成人效提升与业务发展目标。

基于这个定义和本书开头提到的传统三支柱模式的痛点，我把人力资源工作通过如图 10-1 所示的方式进行重新划分和补充。

人力资源部

业务伙伴部	员工体验部	人力数智部
• 战略规划	• 企业品牌	• 人力分析
• 绩效管理	• 职业发展	• 数智运营
• 组织发展	• 体验设计	• 流程项目
• 招聘选拔	• 员工关系	• 风险控制

图 10-1　未来人力资源管理团队的组成建议

1. 业务伙伴部

业务伙伴部的主要目标就是助力业务发展，因此要从业务需求出发，把与支持业务发展有关联的工作集成在一起。

1）战略规划

从公司战略需求出发，明确人力资源战略目标，包括组织需要什么样的关键岗位和关键人才，需要多少，也包括明确战略规划和待达成的人力资源相关衡量指标，例如人均营收、人事费用率等，还包括企业外部的灵活用工、人才生态。

2）绩效管理

绩效管理是达成业务目标的重要抓手，因此 HR 要协同业务部门统筹设定合理的绩效目标与考核方式，并确保绩效达成和业务目标达成的相关性分析与调整。同时，考核也不应仅限于每半年或者一年组织一次，而是应该更有效地确保日常持续跟进业务指标的达成状况。

3）组织发展

绩效是由不同的组织单元相互配合达成的，以绩效达成情况为基础，我们可以持续诊断和确保组织形态和健康度符合绩效目标要求，在发现问题时与业务部门协同进行组织调整与变革。在组织发展过程中，领导力建设也应该被包含和融合在这一板块中，因为领导力是形成健康组织的重要驱动力。

4）招聘选拔

基于战略、绩效和组织，HR 就能明确业务的用人需求，这时就可以通过外部招聘和内部选拔的方式在合适的时间点把合适的人放到合适的位置上。外部招聘和内部选拔的融合至关重要，二者在能力、潜力评估方法上是一致的。在制订继任者计划时，由于内部人员同样存在离职可能性，和外部候选人同样具有不稳定性，因此内外部人员都可以加入继任者计划。在这个过程中我们同样可以了解到内部人员的技能和能力差距，以便进行人才培养工作。

2. 员工体验部

未来企业更需要具备应变创新能力的员工，新生代员工又特别注重工作体验，因此，我们需要从员工角度出发提升员工体验，才能更好地吸引、发展、激励和保留高绩效员工，这将成为企业在行业内提升人才竞争力的关键点。

1）企业品牌

在企业品牌这个方向，可以把外部雇主品牌与企业内部文化建设结合起来。在未来，信息会越来越透明，因此员工对企业的认同其实就是最好的雇主品牌。对内对外的沟通要保证一致，以确保外部候选人在进入公司后的体验是一致的。

2）职业发展

在员工体验的各个维度中，最重要的是员工对工作的意义感。因此，可以以业务伙伴部梳理出的岗位需求为基础，设计职业发展通道，在为业务培养人才的过程中兼顾员工个人的职业发展。可以利用招聘选拔时评估员工的方法来了解每位员工的知识、技能、性格、价值观、内驱力等，结合员工特点和业务需求明确培养方向和行动，并结合培养结果向业务伙伴部提出人岗匹配的建议，并由业务伙伴部通过人才招聘与选拔来验证效果。

3）体验设计

不同员工对于体验的需求是不同的，而体验会影响到员工的敬业度。因此体验设计可以从更全面的维度，参考五“心”员工体验来设计针对不同类型员工的不同体验。包括薪酬、福利、成长和职业发展机会、地位、认可、良好的组织文化和满意的工作与生活平衡等。体验设计需要把敬业度作为重要的衡量指标之一，以此确保对业务结果产生正向的影响。

4）员工关系

这一传统模块还是需要的，目的就是在企业的各种变化中确保合规用工，避免各种法律风险，协调解决员工问题的同时，也要考虑到员工的感受，确保合理应对。

3. 人力数智部

在数字化和人工智能时代，人力资源数智化已成为不可逆的重要趋势，数据驱动决策是人力资源管理能够以可衡量的方式达成人效提升与业务发展目标的重要武器。除此以外，人力数智部的重要目标就是通过数智化系统来不断提升业务伙伴部和员工体验部的工作效率。

1）人力分析

通过收集、管理、分析人力资源管理相关数据，以帮助公司做出更明智的决策并优化人力资源策略。例如，可以就人员流动、绩效达成、岗位需求、薪酬福利和敬业度展开分析，定期为公司的高层管理团队提供人力分析报告，突出关键见解和建议。包括未来的岗位评估可能也要更多依赖各种人力分析来决定一个岗位是否合理，因为随着新技术的广泛应用，各岗位需要的技能会动态变化。今后对某个岗位的评估很有可能会关注不同关键要求或技能的组合（如对业务的影响度、教育、经验、问题解决能力、技术知识、沟通和影响力、创新能力、商业头脑、发展潜力等），而且关注点是动态变化的。

2）数智运营

充分利用数字化和人工智能为人力资源提供各种日常 HR 运营服务。在设计上和传统 SSC 不一样的地方在于，有了数智化技术的加持，就可以将持续推进业务伙伴部和员工体验部的工作标准化及数智化运营作为目标之一。这在消除了工作范围的边界感的同时，也能帮助人力数智部的员工更好地进行职业发展。利用数智化技术也能确保所有的 HR 相关知识得到统一有效的管理。

3）流程项目

流程是数智化的基础，有流程就基本能用系统来自动化。因此为了达成 HR 运营的有效性，建议设置专门角色来统筹端到端的流程，这样就能避免在三支柱模式下不同团队各管一段导致流程不顺畅的情况。在持续改进的过程中，项目化运作将是常态，因此可以由专门负责各种项目管理的专家来统筹协调。

4）风险控制

为了确保 HR 各项事务的合规性、有效性，我们需要由独立的角色来对整个 HR 团队的运营进行监控，如个人信息保护、职责设计分离等。

这样可以确保各团队在配合的过程中尽量减少风险，对于人力资源部门的长期健康稳定运营至关重要。

希望各家企业的HR都能持续结合实践和对未来趋势的判断进行前瞻性布局。通过建立敏捷、灵活和创新驱动的HR架构更好地应对未来的不确定性，持续推动业务的成长和发展。让我们共同迎接人力资源管理的未来，通过不断的学习和创新，打造更加卓越的HR实践，助力企业迈向更加辉煌的明天！

10.3 制胜未来HR需要终身学习

1. HR为什么要终身学习

在书的最后，我想对HR说，面向未来，HR一定要保持终身学习，只有这样才能引领企业未来的人力资源管理。我们周围的新知识、新工具、新技术层出不穷，不学习很容易被时代所淘汰。未来的HR不再仅仅提供行政事务性支持，而是需要参与到企业战略规划中，这就要求他们具备战略思维能力。随着企业全球化的趋势继续，HR需要了解不同国家的文化差异和国际人力资源管理实践，再加上未来世界的变化会越来越快，劳动法和个人信息保护法等法律法规不断变化，HR必须跟上这些变化，确保企业合规等。除了这些和人力资源管理有关的知识，HR应该要比普通员工学得更努力，学得更多。

第一，为了让企业的员工更好地应对未来，HR的工作职责之一就是鼓励员工不断学习，提升能力。正所谓己所不欲，勿施于人，如果自己都不学，怎么好意思让员工学？因此HR应该以身作则，主动学习。

第二，由于HR需要接触的是公司中不同部门的员工，因此对各种招聘、绩效、培训等工作HR都需要了解相关的业务知识。HR需要懂业务，否则HR很难和业务相关的内外部人员对话。但业务的范围又非常宽泛，除了研发、生产、销售、市场等行业相关的业务知识，还有各种

IT、财务、采购等支持部门的知识，HR 都或多或少需要了解一些。

第三，除了“硬知识”，HR 还需要学习演讲、沟通、谈判、心理学、领导力等各种“软技巧”，锻炼情商。只有这样，HR 才能在小到与员工谈话，大到主持公司大会时，在关键时刻控得住场。

第四，人工智能数字化时代，HR 不得不更多地利用技术，更多地用数据说话。因此，HR 又要学习各种技术工具，数据分析知识，甚至是编程。HR 通过不断学习，不断精进，才能适应环境变化和企业发展的需要，让自己随时随地都能“上得了厅堂，下得了厨房”。因此，HR 在未来需要无边界地终身学习。

2. HR 如何终身学习

当前我们可以随时通过网络获得各种各样的信息，但同时也面临着信息过载的问题。面对庞大的信息量，我们到底应该如何学习呢？我为大家整理了高效梳理知识的逻辑。

1）广度与深度

首先，我们需要平衡学习的广度与深度，更有效地利用时间和精力。在信息爆炸时代，不少朋友很容易陷入广度为王的误区，不断涉猎新的领域。但一个人的精力是有限的，如果只是到处蜻蜓点水，什么都会但又什么都不精，就很难真正提升自己的竞争力。

我们也不能只重视专业知识的深度，因为周围的变化太快，只注重单一领域的知识同样会有风险，人工智能技术在未来一定会代替很多的岗位。因此，在学习中要同时注重广度和深度，两者是相辅相成的。

2）框架与体系

我建议每个人要基于自己过往的经历找到自身优势，并基于未来的方向逐步搭建自己的知识框架和体系。有了自己的知识框架，就有了立足点。可以在某个知识点上不断深入，扩大自己的优势。也可以不断向外拓展，不断为自己的知识体系添砖加瓦。以我自身为例，结合我过往 IT 与 HR 的经验，我将学习和研究聚焦在人力资源数字化这个细分领域上，以此作为我的优势定位。在学习过程中我逐步建立了自己在人力资源数字化领域的知识框架，并出版了《人力资源数字化转型行动指南》一书。在这个知识框架中我明确了人力资源数字化的终极目标：提升业务价值、极致员工体验和数据驱动决策。同时也把技术、数据、咨询、项目、敏捷、运营、团队等确立为人力资源数字化落地需要经历的路径节点。基于人力资源数字化的知识框架，我就可以不断学习行业趋势、最佳实践、工具技能等，在广度和深度上对自己的知识框架进行持续迭代。

3）计划与实践

有了自己的知识框架，为了更好地把控自己的学习进度，建议大家阶段性地给自己制订一些计划和小目标。一方面可以帮助自己保持专注，另一方面也能使自己有阶段性成果的积累。同时，最重要的是将学习与实践相结合，以加深对知识的理解和掌握。学习不应该只停留在理论层面，我们需要将所学的知识应用到实际工作中，并从中获取反馈和经验。当然，在飞速变化的时代，也需要根据自己的兴趣和需求不断地更新和调整计划和行动。

4）专家与智能

在信息爆炸的时代，我们非常需要想办法过滤信息，筛选出最有用和最可信的信息。一方面，可以通过专家的推荐与指导。因此，平时注意多拓展人脉，连接一些各领域的专家会很有帮助。另一方面，我们还可以借助像 AIGC 这样经过海量知识训练的人工智能工具，让人工智能帮助我们过滤信息，给我们更有效的答案，帮我们节省大量的时间。

3. 随缘散点学习法

即使有了以上的学习框架梳理，大家也会发觉学习越来越难，成人时代和学生时代不一样，很难有时间进行完整系统的学习。由于工作生活中的琐碎事情比较多，想专注地看完一本书或者学完一门网络课程没那么容易。好不容易看完了还不一定能抓住重点，对所学内容可能理解还不够深入，看的时候都看懂了，实操时又不会了。再说在知识爆炸的时代，知识更新太快，按照某本教材进行按部就班地学习好像也不太适合了。以上这些因素都会极大地影响我们的学习效率和学习动力。

因此，我与大家分享一下我自己的学习习惯和方法，叫随缘散点学习法。为什么要随缘？知识是无限的，但人的时间是有限的，学习是永远学不完的。因此，我们还是要放下心中的焦虑和压力，让学习成为一种享受，而不是一种负担，才能让自己有动力持续保持在学习状态中。随缘，顺其自然，不强求，多注重过程中的体验和收获，就可以让学习的心态更轻松、更自在。

至于我自己日常具体的一些学习习惯，我用四个字来概括：看、想、用、写。

看：看到什么学什么。我平日偶尔看到一篇文章、一个短视频、一份资料，如果觉得特别有意思或有兴趣，可能会就相关的知识进行集中学习。例如，在 AIGC 出现时，我当时正在关注各种数据分析知识，但看到 AIGC 后，觉得更有兴趣学习，于是就暂时放下数据分析一段时间，更多去尝试 AIGC 了。

想：想到什么学什么。有时脑海中会突然冒出一个念头，我可能就这个想法展开学习。例如，有一天我突然想到可以试着搭建个网站玩玩，就会立马展开相关的学习与尝试。“看到什么学什么，想到什么学什么”是对随缘散点这四个字比较好的诠释。

用：学什么就用什么。就我的学习经验而言，随时学以致用对于提升学习效果还是很重要的。例如，我在学习数据分析的相关性分析时，发觉大多数相关性分析的例子都和 HR 工作无关。所以，我就会尝试尽量在 HR 工作场景下使用，于是就尝试了敬业度调研相关性分析。将所学知识应用到实际情境中，可以通过实践来验证自己的学习效果，加深对知识的理解和掌握，并在解决问题的过程中不断迭代。随着时间的推移，还可以将过往自己学习的各种知识散点连接起来，从点到线再到面，形成自己独有的知识体系。

写：学什么就写什么。我在看、想、用这三步中得出的一些经验总结都会通过个人公众号与更多HR朋友进行分享，这就是我学习的最后一个做法，那就是把自己的所学和实践进一步输出。自己学会了还能分享给他人，其实是进一步加强了自己对某个知识点的理解程度。“学什么就用什么，学什么就写什么”是我在随缘散点学习中保证学习效果、提升学习兴趣的方式。

最后总结一下，随缘散点学习法与传统的线性学习方法不同，强调的是通过多元化的学习资源和途径，基于自己的所见所想和兴趣，随机学习散布在不同领域的知识点。对于某个知识点，我们可以从阅读书籍、观看视频、参加讲座、交流讨论等多种渠道获取信息，并通过实践和输出的方式更好地掌握。这种多元化的学习方式可以激发自身对学习的兴趣和主动性，提升学习效果。由于很多知识点都是相互关联的，通过将不同领域的知识相互交织，就更容易建立起每个人独有的完整立体的知识体系，最终也能获得全面、深入的学习效果。

结　语

在这充满变革与挑战的时代，人力资源管理的未来正以令人惊叹的速度展开。《人力资源管理的未来》虽已接近尾声，但它所开启的思考与探索之旅却永无止境。

我们看到了传统模式的局限，更看到了未来趋势中的无限可能。技术的浪潮、数据的力量、员工的体验、全球的视野、边界的突破、生态的协同、创新的领导，每一个元素都如同一颗璀璨的星辰，共同照亮了人力资源管理前行的道路。

人工智能等新技术不再是遥不可及的梦想，而是切实改变管理方式的利器；数智化转型不再是艰难的抉择，而是通向高效能组织的必由之路。从员工体验出发，激发内在动力，让组织充满活力，这是我们的共同追求。

面对全球化的浪潮和跨边界的协作，人力资源管理者们需勇敢前行，不断拓展视野，提升能力。未来已来，让我们凭借关键的胜任力和持续学习的热情紧跟时代的步伐，为企业创造更大的价值。

愿每一位人力资源从业者都能从本书中获得启发和力量，在未来的道路上，以坚定的信念和创新的精神，引领人力资源管理走向更加辉煌的明天，共同书写属于我们的精彩篇章！